税务公文处理实用手册（2023年版）

国家税务总局办公厅 编

中国税务出版社

图书在版编目（CIP）数据

税务公文处理实用手册：2023 年版 / 国家税务总局办公厅编 .—北京：中国税务出版社，2023. 7（2023.9重印）
ISBN 978-7-5678-1372-4

Ⅰ. ①税… Ⅱ. ①国… Ⅲ. ①税务部门-公文-处理-中国-手册 Ⅳ. ①F812. 42-62

中国国家版本馆 CIP 数据核字（2023）第 104408 号

书　　名： 税务公文处理实用手册（2023 年版）
SHUIWU GONGWEN CHULI SHIYONG SHOUCE（2023 NIAN BAN）
作　　者： 国家税务总局办公厅　编
责任编辑： 张　敏
责任校对： 姚浩晴
技术设计： 林立志
出版发行： 中国税务出版社
北京市丰台区广安路 9 号国投财富广场 1 号楼 11 层
邮政编码：100055
网址：https：//www. taxation. cn
投稿：https：//www. taxation. cn/qt/zztg
发行中心电话：（010）83362083/85/86
传真：（010）83362047/49
印　　刷： 保定市中画美凯印刷有限公司
规　　格： 787 毫米×1092 毫米　1/16
印　　张： 27
字　　数： 441000 字
版　　次： 2023 年 7 月第 1 版　2023 年 9 月第 3 次印刷
书　　号： ISBN 978-7-5678-1372-4
定　　价： 75. 00 元

如有印装错误　本社负责调换

前 言

《典论·论文》有云，“盖文章，经国之大业，不朽之盛事”。《文心雕龙·序志卷五十》有载，“唯文章之用，实经典枝条，五礼资之以成，六典因之致用，君臣所以炳焕，军国所以昭明，详其本源，莫非经典”。这些古语都强调文章、公文的重要作用，礼仪、法制、政务、军事等治理国家的大事都离不开著述经典、编纂公文。现代公文是党政机关实施领导、履行职能、处理公务的具有特定效力和规范体式的文书，体现着一个机关的管理水平、工作质效和整体形象，也体现着机关干部的能力素养、工作作风和精神面貌。可以说，从古至今，公文都是国家治理的重要工具，公文处理都是治国理政的重要载体。

国家税务总局历来高度重视公文处理工作。党委书记、局长王军同志多次强调要认真落实习近平总书记关于改进文风的重要论述，并专门批示指出“办好公文是机关运转的基本保障，是机关工作的形象展示，是机关干部的立身之本，是文风作风的优良传承”，要求切实完善机关制度办法措施，加强宣传辅导培训考核，用心用情搞好传帮带，不断加强和改进办文工作。近年来，税务总局深入贯彻落实习近平总书记关于改进文风的重要论述，先后修订或制定《全国税务机关公文处理办法》等多项制度办法，推广新版电子公文系统以及电子印章、版式文件，认真开展学习培训、公文展览、公文考评工作，有力推动全国税务系统办文质效持续提升。

《税务公文处理实用手册》（以下简称手册）是加强公文处理

工作辅导解读、统筹指导税务系统办文工作的一本工具书，自2005年编写出版并于2010年、2014年和2017年修订以来，在提升税务干部公文处理素质和能力，提高税务机关公文处理质量和效率方面，发挥了重要作用。对照中办、国办的新要求以及税务总局新的制度规定，原手册中的部分内容出现了一些与实际公文处理工作不相适应的地方，机关和基层税务干部建议尽快修订。为此，结合学习贯彻习近平新时代中国特色社会主义思想主题教育，落实落细税务总局党委深化巡视整改工作要求，适应全国税务系统公文处理工作发展变化情况，税务总局办公厅组织对2017年版的手册进行了修订完善。

希望各级税务机关广大干部职工深刻认识到公文处理是一项政治性很强的工作，持续学习贯彻习近平总书记关于改进文风的重要论述，深入贯彻落实党的二十大精神，深刻领悟“两个确立”的决定性意义，始终把增强“四个意识”、坚定“四个自信”、做到“两个维护”作为公文处理工作的根本遵循。结合认真落实中办、国办以及税务总局对办文工作的具体要求，通过学好用好这本手册，夯实理论素养、练好看家本领、强化办文实践，着力促进精品办文、提质增效，以实而又实、细而又细、常抓不懈、久久为功的工作作风，不断提升税务系统公文处理工作水平，切实发挥以文辅政作用，有力服务保障税收中心工作，确保党中央、国务院决策部署在税务系统更好贯彻落实，奋力推动税收现代化更好服务中国式现代化。

国家税务总局办公厅

2023年7月

修订说明

此次修订将《税务公文处理实用手册》（以下简称手册）按基本知识、处理实务、公文示例、制度规定四个专题进行分类，将原手册“第一篇 公文处理概述”拆分为“公文处理概述”和“公文处理实务”两个篇章。“第一篇 公文处理概述”对原手册相应内容进行了梳理扩充，主要介绍公文处理基本理论知识。“第二篇 公文处理实务”对原手册相应内容进行了结构调整和优化完善，如将原书中“公文保密”章节并入“公文管理实务”章节，将“精简文件”章节扩展为“精简文件改进文风为基层减负”章节，将“优化请示办理”章节补充完善为“其他办文事项”章节，同时，将党委规范性文件备案审查、税收个案批复工作等纳入问答，对其他问答进行了修订完善。“第三篇 税务机关公文种类例文”结合公文展览范文和优秀公文进行了更新。“第四篇 税务公文处理基本制度及参考资料”补充完善了 2017 年以来制发的公文处理方面的基本制度。全书所有内容均按照中办、国办以及税务总局党委对公文处理工作的要求，对照最新印发的制度文件，通过新增、删减、修改、合并、完善等方式进行修订，在确保准确性的同时，力求增强全书的实用性和操作性。

手册修订由税务总局办公厅牵头组织，上海、辽宁、安徽、福建、河南、湖北、广西、湖南省（区、市）税务局有关同志参与了修订工作，税务总局相关司局及各省、区、市税务局办公室提出了修改意见建议，在此一并表示感谢。由于能力和水平有限，书中疏漏之处在所难免，恳请读者批评指正；同时，欢迎大家随时提出宝贵意见与建议，我们将竭诚优化服务，不断改进提升。

目　录

第一篇　公文处理概述

第二篇 公文处理实务

第三篇　税务机关公文种类例文

一、决定

二、命令（令）

三、公告

四、通告

五、意见

六、通知

七、通报

八、报告

九、请示

十、批复

第一篇 公文处理概述

本篇从公文的概念、特点、作用、分类等基本概念出发，结合税务机关公文的主要特点，对公文处理的定义、原则、要求、制度及公文处理的基本内容等进行概括性阐述，为准确理解和把握税务公文处理工作夯实基础。

一、公文概述

公文是公务文书的简称，是指党政机关、社会团体、企事业单位等有关组织和单位，在公务活动中所形成的具有特定格式和现行效用的信息记录材料。

党政机关公文是党政机关实施领导、履行职能、处理公务的具有特定效力和规范体式的文书，是传达贯彻党和国家方针政策，公布法规和规章，指导、布置和商洽工作，请示和答复问题，报告、通报和交流情况的重要工具。

（一）公文的主要特点

公文作为一种应用文体，与其他文体有着明显的区别，其主要特点是：

1. 权威性。公文是制发机关根据法律法规赋予的权限和职责制作发布的，表达的内容是制发机关对特定问题的权威意见、看法和要求，相关单位和个人必须严格遵守、执行。

2. 特定性。公文的作者是特定的，只能是依法成立并且能够以自己的名义行使权力和承担义务的党政机关、社会团体、企事业单位等有关组织和单位。公文的读者也是特定的，有的公文读者是特指的受文机关，有的公文读者则是社会的全体成员。

3. 现实性。公文是根据现实需要，为解决某个特定的问题和指导某项具体工作而制发的，不仅要体现上级机关的精神，而且要结合本地区、本部门的实际。针对全局或局部工作，对布置的任务、规定的事项、提出的要求都必须具体明确。

4. 时效性。公文一般是针对已经办、正在办或将要办的事项起草的，其办理过程和执行效用均有明显的时间限度，即公文应当在一定时限内办理完毕，公文的执行在一定的时间范围内有效。

5. 规范性。公文具有严格的规范性，无论是公文的体式（包括公文的文体、文种、格式等），还是公文处理的程序，都有严格、统一的规定，必须共同遵循，不能自行其是，随意变更。

（二）公文的主要作用

公文作为党政机关传达、贯彻党和国家的方针、政策，联系和处理工作的一种工具，具有十分重要的作用。

1. 领导和指导作用。公文是上级机关对下级机关进行领导和指导的重要工具。上级机关通过制发公文，传达党的路线方针政策，颁布国家的法律法规，组织开展各种公务活动，责成下级机关严格按照所发公文的要求，采取切实有效的措施予以贯彻落实。上级机关制发的公文不一定都具有指令的性质，有的只对本行业、本系统的业务工作提出原则性的指导意见，要求下级机关结合本地区、本部门的实际情况创造性地贯彻执行。

2. 沟通和联系作用。党政机关、社会团体、企事业单位等有关组织和单位，都要通过制发公文联系和商洽工作，传递和反馈信息，介绍和交流经验。正是在各种纵向、横向的联系和沟通中，上情得以下达，下情得以上报，思想认识得以统一，各项工作能够正常有序地开展。

3. 规范和约束作用。在党政机关公文中，一部分具有法规、规章的性质，如命令（令）、决定等。这类公文是一定范围内人们行动的准则或行为的规范，具有明显的规范和约束作用，一旦生效，就必须遵照执行，不得违反。

4. 宣传和教育作用。党政机关制发的许多重要公文，在作出工作部署、提出贯彻要求的同时，往往要分析国际国内形势，阐明党的理论、路线、方针、政策和国家的法律法规，对广大干部群众进行宣传教育，以便统一思想认识，增强贯彻执行的自觉性。有一些公文，如表彰性或批评性的通报，本来就是为了达到教育的目的而制发的，其宣传教育作用更为突出。

5. 依据和凭证作用。公文作为处理公务的专用文书，反映了发文机关的意图，具有法定的效力，是收文机关作出决策、处理问题、开展工作的依据和凭证。如上级机关制发的公文（决议、决定、批复、通知等）是下级机关组织开展工作的依据和凭证；下级机关制发的公文（请示、报告、意见等）是上级机关作出决策、指导工作的依据和凭证；平级或不相隶属机关制发的公文（函）是彼此之间交流情况、商洽工作的依据和凭证。

（三）公文的语言特点

公文语言的特点主要是：准确、简明、规范、得体。

1. 准确。即用词、造句要准确贴切，句子与句子之间的逻辑关系要严谨。一是概念清楚，不能产生歧义，不能模棱两可；二是讲究语言和逻辑，句子成分要完整，造句要讲究逻辑性，句子中词语之间的搭配要恰当；三是遵守语法规范，准确使用词语，不能出现病句；四是把握分寸，掌握词意的轻重和感情色彩，以中性词为主，避免过分贬义或者过分褒义的词句出现。

2. 简明。即表达清晰，既要简洁，又要清楚。一是开门见山，直陈其事，不要兜圈子；二是用语精确，“以一当十”，用精练的语言把要表达的意思完整清楚地表达出来；三是内容精要，抓住公文的主要事实、主要矛盾，不能不分主次，横生枝节，使人不得要领。

3. 规范。即遵守公文语言的标准，按照党中央、国务院对公文的相关规定，规范撰写。一是使用规范的文字，不写错别字以及不规范的简化字；二是使用符合规范的现代汉语的书面语，禁止使用地方话；三是正确使用标点符号并按照国家标准使用汉字数字和阿拉伯数字；四是使用规范的词语，尤其是专业术语，禁止半文半白、中文中夹杂不必要的英文单词、生编硬造词语或引用网络语言。

4. 得体。即语言要做到庄重、通俗和质朴。一是庄重，一般针对上行文和平行文而言，应做到文雅庄重、严肃认真，所用词语要谦虚恭敬、诚挚恳切；二是通俗，一般针对下行文而言，应做到通俗易懂、肯定明确、朴实平易，让下级机关明确了解发文者的意图；三是质朴，就是不溢美、不虚饰，不使用空洞的言辞和浮华的辞藻。

（四）公文的分类

公文的分类是指根据公文的名称、使用范围、流向、行文方向、密级和办理时间要求等对公文进行区分，以便于了解不同公文的共性和个性。对公文进行分类处理，有助于提高公文处理的速度，保证公文处理的安全，提高公文处理的质量和效率。

1. 按照公文的文种分类。根据《党政机关公文处理工作条例》，党政公文的文种分为：决议、决定、命令（令）、公报、公告、通告、意见、通知、通报、报告、请示、批复、议案、函、纪要。

2. 按照公文的使用范围分类。公文按其使用范围可以分为专用公文和通用公文。专用公文是指在专门的业务活动中形成与使用的公文，具有很强的专业性，如税务机关使用的处罚决定书、处罚事项告知书；法院使用的刑事判决书、民事判决书、调解书、裁定书等；检察院使用的起诉书、抗诉书、批准逮捕决定书等。相对专用公文而言，通用公文是指没有专业限制的，党政机关、社会团体、企事业单位等有关组织和单位普遍使用的公文，具有广泛的适用性，如通知、报告等。

3. 按照公文的流向分类。公文按其流向可以分为收文和发文。收文是指其他机关或单位发送给本机关的公文。发文是本机关制发的公文，按其发送对象，又可以分为对内发文和对外发文。对内发文是指发给本机关内设机构的公文；对外发文是指发给本机关以外其他机关和单位的公文。

4. 按照公文的行文方向分类。公文按其行文方向可以分为上行文、平行文和下行文。向所属的上级机关请示、汇报工作或对重要问题提出建议时使用上行文，如“请示”“报告”。同级机关或不相隶属机关之间商洽工作、请求批准有关事项时使用平行文，如“函”。向所属的下级机关布置工作时使用下行文，如“通知”等。

5. 按照公文是否涉密分类。公文按其是否涉及国家秘密可以分为涉密公文和普通公文。涉密公文是指涉及国家秘密的公文，按其涉及国家秘密的等级又可分为秘密公文、机密公文和绝密公文。普通公文是指不涉及国家秘密的公文，一般可以对外公布；有些属于工作秘密或本单位、本系统内部使用的公文，也不宜对外主动公开。

6. 按照公文的办理时间要求分类。公文按照其办理时间要求可以分为常规公文和紧急公文。常规公文是指按照正常时间要求办理的公文。紧急公文是指内容重要、时间紧迫、需要打破常规提前办理的公文，紧急程度分为“特急”“加急”。

另外，公文还有其他一些分类。如：按其制发机关的不同，可以分为党内公文、行政公文、事业单位公文、企业公文、社会团体公文等；按其特点和作用，可以分为规范性公文、指示性公文、报请性公文、知照性公文、记录性公文等；按其处理要求，可以分为承办性公文和参阅性公文；按其内容不同，可以分为重要公文和一般公文；等等。

二、公文处理

公文处理是指公文拟制、办理、管理等一系列相互关联、衔接有序的工作。公文拟制包括起草、审核、签发等程序。公文办理包括收文办理、发文办理和整理归档。公文管理是公文运转的流程规则，与公文格式、行文规则的各个要素相互关联、相互衔接，共同构成公文处理的运行体系。因此，公文处理工作是一个系统工程。做好公文处理工作，应当运用科学、系统的方法，通过建立一系列工作制度和加强教育培训，来确保管理严格规范，充分发挥公文效用。

（一）公文处理的基本原则

公文处理应当坚持实事求是、准确规范、精简高效、安全保密的原则。

1. 实事求是。做好公文处理工作，必须坚持一切从实际出发，客观全面准确反映事物的本来面目。行文应根据实际需要，公文内容应具体、实在，有针对性和可操作性，从实际出发，注重实效。

2. 准确规范。文件内容必须真实、准确，公文办理各环节必须严格规范、符合程序，为此要求加大审核把关的力度，认真把好公文的质量关、程序关、出入关。

3. 精简高效。行文要少而精，内容要简洁，文风要简短精练、直截了当，要言不烦、意尽言止，观点鲜明、重点突出，克服形式主义和官僚主义，努力提高公文处理工作质量。公文处理过程中要尽量简化文件审批层次和运转中间环节，加强相互协调，转变工作作风和工作方式，提高工作效率。

4. 安全保密。公文处理各环节应当保证公文不丢失、不受损坏，电子公文不受计算机病毒和黑客的侵害，确保公文的使用安全、传递安全、保管安全和销毁安全。对于涉密公文的处理，必须严格执行国家秘密及工作秘密的有关规定。

（二）公文处理的基本要求

1. 规范化。公文处理各个工作环节都有规范的要求和处理程序。公文的格式、内容要符合标准和规范，收文、发文处理程序的基本环节不能随意削减或削弱，各环节的次序不能随意颠倒和打乱。

2. 制度化。公文处理制度是与公文处理活动有关的，各类工作人员必须共同遵守的规定、标准等。公文处理的制度化是公文处理工作内在客观规律的反映。公文处理无论是公文的拟制、办理还是管理，都对制度具有广泛的依赖性。

3. 科学化。公文处理是一个动态的、环节众多的、相互影响的过程，公文的最终效用和质量是众人共同努力的成果。科学的理念指引、科学的管理培训、科学的制度建立和操作实施，是公文处理高效率、高质量的基础，也是公文处理规范化、制度化的保障。

（三）公文处理的相关制度

1. 党政机关公文处理的法规规章。

新中国成立以来，共发布了 10 个有关公文处理工作的法规规章：

（1）1950 年 12 月 30 日，中央人民政府政务院秘书厅发布《公文处理暂行办法（草案）》。

（2）1951 年 9 月 29 日，中央人民政府政务院发布《公文处理暂行办法》。

（3）1956 年 10 月 22 日，国务院秘书厅发布《关于公文名称和体式问题的几点意见》。

（4）1981 年 2 月 27 日，国务院办公厅发布《国家行政机关公文处理暂行办法》。

（5）1987 年 2 月 18 日，国务院办公厅发布《国家行政机关公文处理办法》。

（6）1989 年 4 月 25 日，中共中央办公厅印发《中国共产党各级领导机关文件处理条例（试行）》。

（7）1993 年 11 月 21 日，国务院办公厅修订并发布《国家行政机关公文处理办法》。

（8）1996 年 5 月 3 日，中共中央办公厅印发《中国共产党机关公文处理条例》。

（9）2000 年 8 月 24 日，国务院发布《国家行政机关公文处理办法》。

（10）2012 年 4 月 16 日，中共中央办公厅、国务院办公厅联合印发《党政机关公文处理工作条例》，自 2012 年 7 月 1 日起施行。《党政机关公文处理工作条例》是全国各级党政机关开展公文处理工作的主要依据和基本准则，对推进党政机关公文处理工作规范化、制度化、科学化发挥着重要作用。

2. 税务机关公文处理的工作制度。

自 1988 年税务总局从财政部独立出来，成立国家税务局以来，税务机关公文处理工作不断探索与实践，根据不同时期党政机关公文处理的法规规章以及中央办公厅、国务院办公厅对办文工作的部署要求，先后对税务机关公文处理办法进行了多次修订与完善。

（1）1990 年 10 月 22 日发布《全国税务机关公文处理细则》，制定的依据是国务院办公厅 1987 年 2 月 18 日发布的《国家行政机关公文处理办法》。

（2）1994 年 12 月 23 日发布《全国税务机关公文处理办法》，制定的依据是国务院办公厅 1993 年 11 月 21 日修订发布的《国家行政机关公文处理办法》。

（3）1998 年 12 月 30 日修订发布《全国税务机关公文处理办法（修订稿）》，修订的依据是《国家税务总局工作规则》及其有关规定。

（4）2000 年 11 月 30 日发布《全国税务机关公文处理办法（试行）》和《全国税务机关公文处理办法实施细则（试行）》，制定的依据是国务院 2000 年 8 月 24 日发布的《国家行政机关公文处理办法》。

（5）2004 年 10 月 9 日发布《全国税务机关公文处理实施办法》，对 2000 年发布的公文处理办法进行修改、补充和完善，修订的依据是国务院 2000 年 8 月 24 日发布的《国家行政机关公文处理办法》。

（6）2012 年 10 月 10 日发布《全国税务机关公文处理办法》，制定的依据是 2012 年 4 月中共中央办公厅和国务院办公厅联合印发的《党政机关公文处理工作条例》。

（7）2022 年 11 月 21 日修订发布《全国税务机关公文处理办法》，对

2012年发布的公文处理办法进行修改、补充和完善，修订的依据是2012年4月中共中央办公厅和国务院办公厅联合印发的《党政机关公文处理工作条例》《中共国家税务总局委员会工作规则》《国家税务总局工作规则》等。

此外，国家税务总局围绕公文处理，相继制定或修订了《税务部门规章制定实施办法》《税务规范性文件制定管理办法》《税务系统党委规范性文件备案审查办法（试行）》《税收个案批复工作规程》《文秘工作规范》等制度，形成了较为完整和系统的公文处理工作机制制度体系。

三、公文处理基本内容

（一）公文种类

公文种类（文种）是公文的重要组成部分，用以简要表明公文的性质、用途与制发机关的职权范围，规范公文的结构、格式与语言的运用。正确选用文种，对于维护党政机关工作的严肃性、有效性，保证受文者准确理解发文者的意图，充分发挥公文作用具有重要的意义。

党政机关的公文种类主要有15种，其中，税务机关的公文种类主要有13种，分别是：决议、决定、命令（令）、公告、通告、意见、通知、通报、报告、请示、批复、函、纪要。税务机关的公文种类没有议案和公报。议案适用于各级人民政府按照法律程序向同级人民代表大会或者人民代表大会常务委员会提请审议事项。行政机关中只有国务院和各级人民政府才能以“议案”这一文种报请人大审议各类法律法规，税务机关没有使用“议案”这一文种的职权。公报适用于公布重要决定或者重大事项，如《中国共产党第二十届中央委员会第一次全体会议公报》，使用层级较高，税务机关一般也不用。

（二）公文格式

公文格式是表现公文的标准体式，专指法定（或称主要）文种外形结构的组织与安排，以及公文的书写、字体、用纸的规格和样式等。公文格式是公文具有法定的权威性和组织约束力在形式上的表现，是区别公文与一般文章的重要标志，也是保证公文的质量和提高办文效率的重要手段。《党政机关公文格式》（GB/T 9704—2012）是公文格式的国家标准。

税务公文格式要素一般包括份号、密级和保密期限、紧急程度、发文机关标志、发文字号、签发人、标题、主送机关、正文、附件说明、发文机关署名、成文日期、印章、附注、附件、抄送机关、承办部门名称、印发部门名称和印发日期、页码等。

（三）行文规则

行文是指以文件的形式将要发布的指示、办理的事情等发给有关方面阅办，也就是文件从拟稿到发出的整个形成过程。行文关系是指机关或单位之间在文件往来过程中存在的一种法定关系，是机关、单位之间组织关系在公文运转过程中的体现，是确定行文规则的重要因素。党政机关的行文关系主要分为领导关系、指导关系、管理关系和协作关系。

行文规则是指机关公文中必须遵守的行为规范，包括坚持公文处理原则、正确处理行文关系、准确把握行文方向、以恰当的行文方式行文等。行文规则具有强制性、关联性、对应性等特点：

1. 执行的强制性。党政机关行文必须遵循和执行行文规则，不能违背规定和原则。

2. 与文种的关联性。行文规则与文种有一定的关联。一方面，机关根据行文目的、行文方向、隶属关系和职权范围，按照一定的行文规则选用适当的文种；另一方面，机关一旦确定了行文方向、行文关系，选择了文种，则必须遵循相应的行文规则。

3. 与行文关系的对应性。行文规则的每一条款都对应着相应的行文关系。如向下级机关行文与向上级机关行文的规则，对应的是领导关系、指导关系；党委、政府的部门依据职权相互行文，对应的是管理关系、协作关系等。

（四）公文拟制

公文拟制是公文处理工作的核心环节，包括公文的起草、审核、签发等程序。做好公文拟制工作，提升公文拟制质量，对推进公文处理工作规范化具有十分重要的意义。各级税务机关拟制公文要坚持以习近平新时代中国特色社会主义思想为指导，深刻领悟“两个确立”的决定性意义，增强“四个意识”、坚定“四个自信”、做到“两个维护”，始终在思想上政治上行动上同以习近平同志为核心的党中央保持高度一致，不断增强政治判断力、政治领悟力、政治执行力。坚持以党章为根本，贯彻党的基本理论、基本路线、基本方略。坚持马克思主义立场观点方法，坚持正确的政治方向，拥护党的政治主张、政策主张和意识形态，坚持用党的创新理论最新成果武装头脑、指导实践、推动工作。把法治思维贯穿始终，增强法治意识、提高法治素养、弘扬宪法精神，严格遵守国家法律法规。

公文起草是指起草人按照领导机关或领导同志的指示精神，从领命、准备、构思到写成公文初稿的行文过程。公文起草是公文形成的第一步，是制发公文的基础和核心环节。公文起草应当符合党的路线方针政策和国家法律法规，完整准确体现发文机关意图，并同现行有关公文相衔接；一切从实际出发，分析问题实事求是，所提政策措施和办法切实可行；内容简洁，主题突出，观点鲜明，结构严谨，表述准确，文字精练；文种正确，格式规范；深入调查研究，充分进行论证，广泛听取意见；公文涉及其他部门职权范围内的事项，起草单位必须征求相关部门意见，力求达成一致；机关负责人应当主持、指导重要公文起草工作。

公文审核是指起草人拟制的公文文稿在送机关负责人签发之前所进行的层层把关、修改的程序。它是公文起草工作的延伸，是公文拟制工作中的一个重要环节。公文应从依据、文字、内容、形式、程序等方面进行审核。从依据上看，行文理由是否充分，行文依据是否准确；从文字上看，字词是否准确精练、语法是否严谨规范，人名、地名、时间、数字、段落顺序、引文等是否准确，文字、数字、计量单位和标点符号等用法是否规范；从内容上看，是否符合党的路线方针政策和国家法律法规；是否完整准确体现发文机关意图，是否同现行有关公文相衔接，所提政策措施和办法是否切实可行；从形式上看，文种是否选用正确、格式是否符合规范；从程序上看，是否严格遵照流程、沟通协调是否到位，涉及有关部门职权范围内的事项是否经过充分协商并达成一致意见。公文审核要把握好依据原则、质量原则、效率原则和精简原则。

公文签发是指机关或部门负责人对审核过的文稿进行最后审定并签署意见的程序。签发是文件定稿形成的最后环节，是机关负责人对公文进行严格把关的一项决策性程序，是公文产生效力的最终确认，也是公文质量的重要保证。

（五）发文办理

发文办理是指以本机关名义制发公文的过程，包括复核、编号、校对、印制、用印、登记、封发等程序。发文工作应做到准确、高效、安全。准确，是发文工作的核心。从复核到封发，每一环节都要准确无误，切不可疏忽大意。高效，即在实际操作中理顺工作流程，加快公文运转速度，这是税务机关转变工作作风，改进工作方式的重要体现。安全，是做好发文工作的重要原则。发出涉密文件的信封上应标明密级，传递机要公文时要按规定的渠道和方式发送。

办公厅（室）应当在公文正式印制和发出前进行复核。复核后统一编排文号。主办部门应当提供需印制的公文电子版，并以签发公文的原稿为蓝本，同清样进行校对。对已签发公文，由办公厅（室）按照规定的标准格式统一印制，并加盖印章。公文印成发出前，办公厅（室）应当对所发公文的份数、序号及发往单位、日期、文号、标题、密级、附件和封发情况等进行登记。制成的公文登记后，办公厅（室）应当按主送、抄送去向分别装封和发出。

（六）收文办理

收文办理是指对收到公文的处理过程，包括签收、审核、登记、拟办、批办、承办、传阅、催办、答复等程序。收文办理是公文办理工作中的重要环节。

收文人员收到公文后，应当在对方投递单或送文簿上签字以示收到。对下级税务机关上报并需要办理的公文，办公厅（室）应当对来文的合法性、规范性进行审核。公文签收、审核无误后，收文人员应当对来文进行登记。需要本机关办理的公文，应当由办公厅（室）提出拟办意见。机关负责人对办公厅（室）呈请批示的公文应当提出批办意见。承办部门收到交办的公文后应当及时办理，并在规定的时限内办理完毕。对阅知性公文，根据领导批示和工作需要将公文及时送传阅对象阅知或者批示；对有具体请示事项的收文，主批人应当明确签署意见、姓名和审批日期，其他审批人圈阅视为同意；没有请示事项的，圈阅表示已阅知。经机关负责人批示或者交有关部门办理的公文，办公厅（室）要负责督查催办。公文的办理结果应当及时答复来文单位，并根据需要告知相关单位。

（七）公文归档

税务档案是国家档案的重要组成部分，是各级税务机关及其工作人员在税务管理过程中，直接形成的有保存价值的各种文字、图表、电子数据、声像等不同形式的历史记录，包括税收征管、服务、执法和行政管理等多个方面。档案是原始记载，是第一手材料，有其直接性和原始性的特点。

全国税务机关档案工作由国家档案局在宏观上统筹规划、组织协调、统一制度、监督指导；国家税务总局制定具体规划，建立制度，实施检查、监督和指导；省以下各级税务机关的档案工作由办公室主管，在业务上接受上级税务机关和地方同级档案行政管理机关的监督与指导。

文书档案是档案中的一项极其重要的内容。公文办理完毕后，应当根据《中华人民共和国档案法》及档案管理有关规定，及时将公文定稿、正本和有关材料交本部门文秘人员管理、归档。个人不得保存应当归档的公文。

（八）公文管理

公文管理是公文运转的流程规则，具体指以安全保密和充分发挥公文效用为目标，在公文形成、传递、运转、存储、利用、整理归档、清退销毁等环节中所进行的规划、组织、控制、监督、保管、整理、统计、提供的职能活动。规范高效的公文管理有利于确保国家秘密安全，有利于充分发挥公文效用，也为公文运转提供保障。

公文管理应遵循以下基本要求：

1. 统一管理。税务机关公文由办公厅（室）或者专人统一管理。

2. 安全保密。县以上税务机关应当建立机要保密室和机要阅文室，并按照有关保密规定配备工作人员和必要的安全保密设施设备。公文管理中要严格执行国家保密工作法律、法规和规章，严守国家秘密，不失密、不泄密，确保公文内容安全。公文保管要防止公文丢失、错销、漏销，防止霉变、褪变、虫蛀、被盗等，确保公文实体安全。

3. 有效利用。应通过对公文的规范化、制度化、科学化管理，充分发挥公文的特定效力。

4. 完善制度。应建立健全公文管理各项制度，对密级管理、印发传达、复制汇编、清退销毁等公文处理工作各方面、各环节进行管理。

（九）电子公文

电子公文是以数字形式存储于磁盘、光盘等媒体，依赖计算机系统阅读、处理并可在通信网络上传输的电子文件，是机关、企业事业单位和社会团体实施领导、履行职能、处理公务中形成的具有特定效力和规范体式的文书，是传达贯彻方针政策，公布法规和规章，指导、布置和商洽工作，请示和答复问题，报告、通报和交流情况等的重要工具。

党政机关电子公文是指以电子数字形式拟制、办理、管理的党政机关公文，同纸质公文具有同等效力，与纸质公文在公文种类、公文格式、行文规则、公文拟制、公文办理、公文管理等方面的基本要求一致。

税务电子公文是指在国家税务总局统一部署的电子公文系统中形成的具有规范格式的公文的电子数据。税务机关制发的电子公文在税务系统内部具有行政效力，可以作为本系统、本机关内部处理公务的依据。既有电子公文，又有纸质公文的，以纸质公文为准。

电子公文处理工作应当坚持统一管理、准确规范、精简高效、安全可靠的原则。各级税务机关要高度重视电子公文处理工作，加强组织领导，强化队伍建设，建立和完善培训和考评制度等。

第二篇 公文处理实务

本篇通过问答的方式，详细介绍公文种类、公文格式、行文规则、公文拟制、发文办理、收文办理、公文归档、公文管理、电子公文、精简文件改进文风为基层减负、其他办文事项等公文处理工作实务，主要目的是帮助税务干部具体、深入地了解和掌握公文处理的制度规范与操作要求。

一、公文种类实务

1. 如何正确选用文种？

应根据行文目的、行文方向、隶属关系和职权范围，在规定的文种中正确选择文种。具体来说：

（1）在规定的范围内选用文种。税务机关有13个文种，即决议、决定、命令（令）、公告、通告、意见、通知、通报、报告、请示、批复、函、纪要，文种使用不得超出这一范围。

（2）根据行文方向选用文种。向上级机关请示、汇报工作或者对重要问题提出建议时用“请示”“报告”“意见”；同平级机关或不相隶属机关之间商洽工作，请求批准有关事项用“函”；向下级机关行文可用“通知”“批复”“通报”“决定”“意见”；对社会公开发布可用“令”“公告”“通告”。

（3）依据制发机关的职权范围选用文种。制发公文时，制发机关必须根据职权范围准确选用文种，若超越发文者法定权限选用文种，属越权行为，文件也就失去了效力。如，最基层的机关由于没有下属单位，因而不得使用“批复”文种。

（4）依据行文目的选用文种。文种选用不当，会影响公文的有效运转，达不到应有的目的。如，向上级机关请求指示或批准有关事项时，应当用“请示”文种，不适合用“报告”文种，“报告”适用于向上级机关汇报工作、反映情况，回复上级机关的询问，达不到请求上级批示和予以答复的目的。

（5）依据来文单位的隶属关系选用文种。如，对有隶属关系的下级税务机关来文请示有关事项，使用“批复”直接答复，若请示的问题具有普遍性，可使用“通知”或者其他文种行文，不再单独批复请示单位。其中，上级税务机关对下级税务机关有关特定税务行政相对人的特定事项如何适用法律、法规、规章或者税务规范性文件的请示所作的批复，需要普遍适用的，应当按照《税务规范性文件制定管理办法》规定的制定规则和制定程序另行制定税务规范性文件。

对没有隶属关系的平级单位或者其他单位来文请求批准有关事项，不能使用“批复”，应当采用“通知”或“函”。

（6）按照公文内容的差异正确选用文种。如通过会议作出有关某一重要事项的决策时，是用“决议”文种还是用“决定”文种？这就需要综合分析，慎重选用，从公文内容上进行分析判断。如果公文的内容涉及面比较广泛，是全方位并带有指导性的，应选用“决议”文种；如果公文内容集中、直接、具体，针对性较强并带有指导性的，则应选用“决定”文种。

（7）按照约定俗成的文种使用习惯、做法选用文种。如税务机关表彰某些集体和个人，可以使用“决定”“通报”这两个文种。到底选用哪个文种？应着眼于对象的性质、种类、级别、公示范围及社会影响度等具体情况，同时结合长期以来本机关、本系统、本单位文种使用的习惯恰当地选用相应的文种。如用于命名性表彰，表彰事迹比较突出、在税务系统内有较大贡献和影响，能在更大范围内起到教育和引导作用的先进集体和个人，选用“决定”这个文种；表扬一般性典型，表扬某一具体税收工作、人物或业务性质的工作，则用“通报”文种。

2. 在文种使用方面应注意避免哪些常见错误？

正确使用公文文种，是公文处理中应当把握的首要环节，文种使用错误将导致公文失去法定效力，或达不到行文的目的和效果。公文处理中应注意避免以下常见错误：

（1）缺少文种。公文无标题或者公文标题中缺少文种要素。

（2）文种重叠。如请示报告、意见报告、请示函等；又如，转发通知类公文，因转发环节多，出现“通知的通知的通知”。

（3）文种混用。主要表现为请示报告不分、决定与决议相混、决议和纪要等同、公告与通告乱用等。

（4）错用文种。如请示当函用，平级机关行文时应该用函请求批准，却错误使用了请示文种；报告当请示用，报告中夹带请示性事项等。

（5）使用非法定文种。不选用明确规定的文种，而使用总结、情况通报、任免通知、总结报告、要点、方案、计划、安排、纲要、规划、建议、汇报等，有时甚至把批转、转发也拿来当文种使用。

（6）仅使用文种作为公文标题。如将函、通知、请示、报告等作为公文标题。

（7）同类公文先后使用不同文种。如通报某类事项结果的公文，2022 年使用了通报文种，2023 年则使用了通知文种，前后不一致。

3. 决议的适用范围和主要特点是什么？

适用范围：用于会议讨论通过的重大决策事项。

主要特点：一是制发程序上的规范性。决议的形成，按照一定的组织程序，其所要贯彻的决策事项，必须经过集体讨论和表决通过后形成，并以会议名义发布。二是内容上的针对性。决议的内容主要是针对某一重要工作或重大事项。三是效力上的权威性。决议是用于统一组织、个人的思想和行为的号令与准绳，一经发布，就要坚决执行，对组织和个人有很强的约束力和强制性。四是适用对象上的普遍性。决议一经作出，就适用于所属的每一个组织、团体、个人。五是思想上的指导性。决议提出的要求、通过的观点和对事物的评价具有指导意义。六是时效上的长期性。决议具有战略性，不能朝令夕改，其作用往往具有相对的长期性和稳定性。

4. 决定的适用范围和主要特点是什么？怎样拟写决定？

适用范围：用于对重要事项作出决策和部署、奖惩有关单位和人员、变更或者撤销下级机关不适当的决定事项。决定属下行文。

主要特点：一是适用范围广泛。决定适用于党和国家的各级组织和领导机关。二是使用方式比较灵活。从应用范围看，决定既可以对事，又可以对人；从内容上看，既可以用于解决重大的方针、政策、决策、部署等问题，又可以用于处理具体的人和事。三是具有极强的约束力。决定一旦作出，有关组织和个人必须遵照执行，不能轻易改变。

决定的正文一般由决定依据、决定事项和执行要求三部分组成。决定依据应写明发布决定的原因、目的、根据、背景或意义。决定事项要写明决定的具体内容，包括对决定事项确定的原则，作出的规定和安排，提出的明确意见等。执行要求一般用于提出希望或号召，是对决定事项的强调或补充，有的决定不单写执行要求部分而将其内容列入决定事项之中。

拟写决定必须做到三点：一是要掌握政策，把握现实，抓住问题的实质和焦点，作出切合实际的判断和决策。二是要根据不同类型的决定，恰当地运用适宜的结构形式。三是要行文简练、详略得当、语气肯定、用语准确。

5. 命令（令）的适用范围和主要特点是什么？怎样拟写命令（令）？

适用范围：用于依照有关法律、行政法规发布税务部门规章，宣布施行重大强制性行政措施，嘉奖有关单位及人员。发布税务部门规章，应当按照税务部门规章制定程序进行。命令（令）属下行文，一般无主送、抄送。

主要特点：一是权威性。命令（令）的发布机关必须具有一定的权威性，使用权限受到严格限制，限定在行政机关及其法定代表人，其他单位和个人不能发布命令（令）。二是强制性。命令（令）发布后在适用范围内需要遵照执行，“令行禁止”。三是严肃性。“慎乃出令，令出惟行”，使用审慎，不轻易发布。

命令（令）公文担负着统一、指导、规范受文者行为的任务，对语言的准确性有着特殊的要求，写法力求简明、准确、鲜明、庄重。发布令由三部分组成：

发文机关标志：命令（令）格式是一种特殊的公文格式，发文机关标志由发文机关全称加“命令”或“令”字组成，居中排布。令以机关名义发出，连续编流水号。发文机关标志下空二行居中编排令号，令号下空二行编排正文。

正文：较简短，由发布对象、发布依据和发布决定三部分组成。发布对象，说明发布的规章的全称，一般写于令的文首。发布依据，说明被发布的规章通过、批准的机关或会议，写在该规章之后。在发布令中，应注明“经国家税务总局第××次局务会议通过”。发布决定，说明发布规章的实施日期。

发文机关署名、成文日期、印章：单一机关行文时，在正文（或附件说明）下空二行右空四字加盖签发人签名章，签名章左空二字标注签发人职务，以签名章为准上下居中排布；联合发布的命令，应先编排主办机关签发人职务、签名章，其余机关签发人职务、签名章依次向下编排，与主办机关签发人职务、签名章上下对齐，每行只编排一个机关的签发人职务、签名章，签发人职务应当标注全称。签名章一般用红色。在签发人签名章下空一行右空四字编排成文日期。

以国家税务总局令发布的，在全国范围内对征纳双方具有普遍约束力的税务部门规章，必须按税务部门规章制定程序进行。具体程序如下：

（1）税务部门规章起草完成后，由政策法规部门进行审查。

（2）经局务会议集体审议通过。

（3）由局长签署《国家税务总局令》公布。

（4）应当及时在《国家税务总局公报》、国家税务总局网站以及《中国税务报》上刊载。

（5）税务部门规章应当自公布之日起 30 日后施行；但是，公布后不立即施行将有碍施行的，可以自公布之日起施行。

（6）自发布后 30 日内向国务院备案。

公文中引用国家税务总局令的，应注明令标题和文号，以及修订情况，比如，《税务部门规章制定实施办法》（国家税务总局令第 1 号公布，国家税务总局令第 45 号修正）。

宣布施行重大强制性行政措施的“行政令”和嘉奖有关单位及人员的“嘉奖令”也是命令（令）这一文种的适用范围，但这类公文常见于国务院和地方各级人民政府的公文中，在税务机关的公文中鲜有使用。

6. 省级及以下税务机关是否适用“令”这一文种？

“令”适用于依照有关法律、行政法规发布税务部门规章，宣布施行重大强制性行政措施，嘉奖有关单位及人员，使用层级较高。税务系统使用“令”的情况目前只有国家税务总局发布税务部门规章时采用，省级及以下税务机关不适用“令”这一文种。

7. 公告的适用范围和主要特点是什么？怎样拟写公告？

适用范围：用于向国内外宣布重要事项或者法定事项。税务机关应当依照有关法律、法规、规章向国内外公布税务规范性文件和其他重要税收事项。公告应当公开发布，无主送、抄送。

主要特点：一是发文机关的特定性。公告仅限于国家权力机关、行政机关，以及被授权的部门适用。二是内容的庄重性。公告所宣布的事项都是有关重大的、国内外关注的事项，体现国家及其权力机关的威严，它的使用还要考虑到在国内外可能产生的政治影响。三是告知范围的广泛性。公告面向国内外。四是传播的公开性。可以通过报纸、广播、电视、网络、新媒体等广泛传播。

公告一般由发文机关标志、发文字号、标题、正文、附件说明、发文机关署名、成文日期、印章、附件、分送范围、印发机关、印发日期等部分组成。

（1）发文机关标志：国家税务总局公告、国家税务总局××省税务局公告，套红头。

（2）发文字号：按签发日期所属年度进行编号，具体为：××年第××号。

（3）标题：×××局关于发布《×××》的公告，×××局关于×××的公告。

（4）正文分两种模式：

发布“办法”“规定”“规程”“规则”的，正文分两部分：第一部分是开头，说明公告的缘由和形成过程，现予以发布，并有“特此公告”字样；第二部分是具体的“办法”“规定”“规程”“规则”。

发布其他税务规范性文件的，正文分三部分：第一部分是开头，说明公告的缘由和依据，并有“现对×××事项（问题、要求等）公告如下”字样；第二部分为公告决定事项；第三部分为结束语“特此公告。”

公告的内容一般为征纳双方应当遵守的事项。文中同时含有税务机关内部管理事项和征纳双方应当遵守事项的，应当分别行文；难以分别行文的，应当以公告形式发布。公告中不得含有国家秘密事项，不得在公告及其政策解读稿中引用涉密文件和不予公开、依申请公开文件。

拟写公告，应当做到内容具体、明确，内在逻辑严密，语言规范、简洁、准确，具有可操作性。

公文中引用国家税务总局公告的，应注明公告标题和文号，比如，《国家税务总局关于×××的公告》（××年第××号）。

（5）附件说明：注明附件的标题。公告所发布的“办法”“规定”“规程”“规则”，作为正文，不作为附件，不在“附件说明”中注明标题。

（6）发文机关署名、成文日期及印章：发文机关署名为发文机关全称或规范化简称；成文日期为局领导签发的日期；税务机关与其他机关联合发布公告，成文日期为最后一位领导签发的日期。在发文机关署名和成文日期上加盖发文机关印章；联合公告的，同时套印其他机关印章。

（7）附件：公告正文所附的其他材料。

（8）分送范围：国家税务总局公告的分送范围为国家税务总局各省、自治区、直辖市和计划单列市税务局，国家税务总局驻各地特派员办事处，中央纪委国家监委驻国家税务总局纪检监察组办公室。分送范围排在版记中。

（9）印发机关和印发日期也是公告版记的内容，印发机关为办公厅（室），印发日期为实际印制的日期。

公告制发程序，应按照《税务规范性文件制定管理办法》规定执行。

8. 市、县税务机关是否有权限发布公告？

根据《税务规范性文件制定管理办法》规定，税务规范性文件应当以公告形式发布。这里的“税务规范性文件”，是指“县以上税务机关依照法定职权和规定程序制定并发布的，影响纳税人、缴费人、扣缴义务人等税务行政相对人权利、义务，在本辖区内具有普遍约束力并在一定期限内反复适用的文件。”这里的县以上包含本级，因此市、县税务机关有发布税务规范性文件类公告的权限，但应当依据法律、法规、规章或者省以上税务机关税务规范性文件的明确授权。

9. 通告的适用范围和主要特点是什么？怎样拟写通告？

适用范围：用于在一定范围内公布应当遵守或者周知的事务性事项。通告面向社会并具有一定的约束力，可采用张贴或媒体刊播的形式公布，无主送、抄送。

主要特点：一是公开性。通告主要采用在社会上张贴或刊登新闻媒体的形式公开发布。二是周知性。用于要求一定管辖范围内的机关、团体、企事业单位、人民群众了解知晓某些事项，自觉规范自己的行为，共同维护社会公共管理秩序。三是通俗性。通告公文的内容应当尽量使用明确、流畅、通俗易懂的语言来表达，以达到“周知”与“遵守”的行文目的。

通告的正文通常由开头、主体、结尾三部分构成。开头写通告依据，要阐明原因或目的、意义；主体部分是通告的具体事项，要清楚写明需要遵守或周知的事项。结尾一般写明对违反规定事项的处置办法，也可对社会各有关方面提出希望，常以“特此通告”作为结语。

通告是面向社会的具有一定约束力的事务性事项，因此，遣词造句要准确无误，切忌产生歧义；文字要通俗易懂，简洁明了，对告知的事项说清楚即可，不必描述和议论；层次要清晰，告知事项不论多少，一定要分条列述，并按逻辑联系安排好先后顺序。

10. 意见的适用范围和主要特点是什么？怎样拟写意见？

适用范围：用于对重要问题提出见解和处理办法。意见一般分为参考建议性意见、表明意向性意见、工作指导性意见。意见可以用于上行文、下行文和平行文。

主要特点：一是原则性。意见通常不是具体的工作安排，而是从宏观上提出见解和意见，下级机关在落实意见精神时，比起执行命令会有更大灵活处理的余地。二是针对性。意见就某一重要问题制发，对下级机关起帮助和解决问题的作用。三是灵活性。意见既可以用于上行文、下行文，也可以用于平级机关相互行文。

意见作为上行文，行文时按请示的行文要求拟写。向上级机关报送对重要问题提出的见解和处理办法时，应有可行性。处理时，应按请示性公文的程序和要求办理，上级机关应当对下级机关报送的意见作出处理或给予答复。

意见作为下行文，行文时按通知的要求拟写。向下级机关提出指导性的意见时，应有针对性、可操作性。处理时，文中对贯彻执行有明确要求的，下级机关应遵照执行；无明确要求的，下级机关可参照执行。这类公文一般适用于情况较为复杂、各地之间差别较大，部署某项工作时尽量留有余地，以便各地在贯彻执行中结合本地实际采取措施，或参照文件提出的思路、原则，制定具体的操作办法。如《国家税务总局关于开展 2023 年“便民办税春风行动”的意见》等。

意见作为平行文，行文时按函的要求拟写。向平级机关答复意见时，应明确表明观点，提出意见供对方参考。如《国家税务总局办公厅关于〈外国投资者对上市公司战略投资管理办法〉（征求意见稿）的意见》。

11. 通知的适用范围和主要特点是什么？怎样拟写通知？

适用范围：用于发布、传达要求下级机关执行和有关单位周知或者执行的事项，批转、转发公文。通知主要是上级机关对下级机关行文时使用，属下行文；向有关单位知照某些事项时（如告知机构变更和召开会议等），也可作平行文使用。

主要特点：一是适用范围广。通知形式灵活，在公务活动中广泛运用，任何一级党政军机关、企事业单位、群众团体都可以在自己权限范围内发布通知。二是形式多样化。既可以以文件格式发，也可以用信函格式发。三是专项性强。通知多是专项的，一事一通知，所以内容必须具体明确，表述要求简练准确。

根据通知文种的特征和实际用途，可将其分为指示性通知、发布和转发性通知、事务性通知和知照性通知四种。

指示性通知，是上级机关对下级机关部署工作、安排活动、办理事项、处理问题、提出要求，不宜用命令或决定行文时，经常采用的一种行文方式，如《国家税务总局关于优化若干税收征管服务事项的通知》。这类通知在税务机关的公文中经常、大量地使用，这类通知的拟写一般应交代行文背景或目的、意义，明确具体的工作任务和要求。

发布和转发性通知，是发布规范性公文，批转下级机关公文或转发上级机关、同级机关和不相隶属机关的公文时，使用的一种行文方式。发布性通知，如《国家互联网信息办公室 国家税务总局 国家市场监督管理总局印发〈关于进一步规范网络直播营利行为促进行业健康发展的意见〉的通知》；批转下级机关公文的通知，如《国务院批转住房城乡建设部等部门关于进一步加强城市生活垃圾处理工作意见的通知》；转发上级机关公文的通知，如《中共国家税务总局委员会转发中央主题教育领导小组〈关于在“不忘初心、牢记使命”主题教育中对照党章党规找差距的工作方案〉的通知》；转发同级机关和不相隶属机关公文的通知，如《国家税务总局转发〈信访工作责任制实施办法〉的通知》。这类通知的拟写有较为固定的格式。一般包括写明被发布、批转和转发的文件的名称，提出贯彻执行的意见、要求或希望。

事务性通知，是上级机关向下级机关布置业务性工作，或要求下级机关办理一般性事务时经常使用的一种行文方式。向下级机关布置业务性工作，如《国家税务总局关于进一步落实落细税费优惠政策 坚决防止违规征税收费的通知》；要求下级机关办理一般性事务，如《国家税务总局办公厅关于全国税务系统税务执法资格统一考试有关事项的通知》。这类通知的拟写，针对性、业务性较强，要求具体明确，做到有话则长，无话则短。

知照性通知，是要求受文机关知晓某一事项时经常使用的一种行文方式。可用于告知某一机构的建立或撤并，有关人员的任免，召开会议等。告知某一机构的建立或撤并，如《国家税务总局关于成立应对新型冠状病毒感染肺炎疫情工作领导小组的通知》；任免人员，如《中共国家税务总局委员会关于×××同志任职的通知》；召开会议，如《中共国家税务总局委员会办公室关于召开 2023 年全国税务系统全面从严治党工作视频会议的通知》。这类通知的拟写，应文字精练，表述直截了当，告知事项准确无误，不需要阐述意义和讲道理。

12. 通报的适用范围和主要特点是什么？怎样拟写通报？

适用范围：用于表彰先进，批评错误，传达重要精神和告知重要情况。通报分为表扬性通报、批评性通报和情况通报。通报属下行文。

主要特点：一是目的性。无论是哪种类型的通报，都适用于介绍典型事例，目的性明确。表扬性通报，主要用于表扬先进集体和个人，推介先进事迹和典型经验，宣传先进思想，树立学习榜样；批评性通报，主要用于批评违规违纪事件，分析总结事故教训等；情况通报，主要用于传达上级重要指示精神、重要会议精神、交流工作情况和经验教训，指出工作的重点或必须关注的问题，或者一个时期带有倾向性的问题。二是时效性。通报针对当前工作中出现的情况和问题而制发，对当前的工作具有积极的指导意义或是促进作用。如处置突发事件的情况通报等。

一般来说，通报有“直述式”或“转述式”两种写法。“直述式”写法即直接叙述情况，要求一贯到底，适用于内容比较单一的通报。转发已有的成文或内容较多且不易归纳的通报则采用“转述式”写法，即先写转发文件的名称或主要内容、目的、意义并提出要求，然后将所通报具体内容的文件作为附件。

无论采用哪种写作方法，拟写通报均应注意以下几点：

（1）通报要实事求是。通报的情况和事实必须真实、准确，具有针对性，不得夸大或缩小，不得推测。

（2）通报的内容应具有典型性。表扬性通报和批评性通报尤其如此。否则，就不能收到“以点带面”“以一当十”的效果。

（3）通报要迅速及时。否则，时过境迁，就失去了指导、宣传和教育作用。

（4）各部分之间的内在逻辑性应紧密，写作时应一气呵成。

13. 表扬性通报、批评性通报、情况通报在结构和写法上有什么区别?

（1）表扬性通报，结构比较简单，说明表扬的依据、方法和简要过程、事迹，希望获得表扬的单位和个人戒骄戒躁、再接再厉，号召大家向先进学习。

（2）批评性通报，第一部分概括性地点明通报什么事；第二部分简要介绍事情的经过，指出其性质和危害，分析原因，宣布处理结果；第三部分从总结和汲取经验教训的角度提出要求，这一部分是写作重点，立意要深刻，语言要犀利，观点要鲜明，对有关单位和干部能起到教育、警示作用。

（3）情况通报，通常分为两个部分：前一部分是介绍情况，包括取得的成绩、存在的问题；后一部分是提出意见，下一步应该怎么做，需要注意什么问题。

14. 报告的适用范围和主要特点是什么?怎样拟写报告?

适用范围：用于向上级机关汇报工作、反映情况，回复上级机关询问。报告属上行文。

主要特点：一是单向性。报告是下级机关向上级机关单向行文，让上级机关掌握基本情况并及时对自己的工作进行指导。二是陈述性。报告的内容以陈述为主，客观真实，不夸大其词，不弄虚作假。三是事后性。多数报告都是在工作开展一段时间后，或是在某种情况发生之后向上级汇报。

报告可以按不同的标准进行分类。按其内容不同，可分为综合性报告和专题性报告；按其时限不同，可分为定期报告和不定期报告；按其作用不同，可分为工作情况报告、答复性报告和备案报告等。

拟写报告时应注意：报告的情况要真实可靠，分析要合理，重点要突出，一般采用叙述的方式，做到有情况、有分析、有观点、有重点、有措施、有针对性。无论哪一类报告，其写作模式基本相同，大体包括如下几个部分：

（1）标题。报告的标题由“发文机关+事由+文种”构成。“事由”的拟写，要求简明扼要地概括报告的核心内容。

（2）报告引据。这部分是报告正文的开头，要用简明扼要的语句交代出全文的主要内容或基本情况，也可陈述有关的背景或缘由。然后用“现将有关情况报告如下”之类的过渡语开启下文。

（3）报告事项。这部分是报告正文的主体和核心，要准确简要、条理明晰地将有关工作或事件的情况表述清楚，并加以扼要分析。撰写时要紧紧围绕行文的目的和主旨进行陈述。

汇报工作，如《国家税务总局关于 2022 年全面推进税务领域“放管服”改革情况的报告》，应首先写明工作的基本情况，其次写明主要做法和成绩，包括采取的办法、措施以及由此带来的直接效果等，最后写明存在的问题以及今后的工作思路和主要措施。在内容布局上，一般将第二层次详写，第三层次略写，不作过多铺陈。

反映情况或问题，如《国家税务总局关于当前税收形势分析的报告》，应首先对所要反映的情况或问题加以概述，然后集中分析情况的特点、产生问题的原因（包括主客观两方面原因），最后提出解决意见、办法和措施。在内容布局上，第一层次文字要简洁，第二层次、第三层次的叙写应当根据行文的目的和主旨表达需要确定详略。

答复上级机关的询问，如《国家税务总局关于进一步推动优化营商环境政策措施落实情况的报告》，应首先扼要叙述上级机关交办的事项或任务，然后写明处理的大致过程，包括采取的办法或措施，处理中遇到的问题及需要进一步陈述的事项等，最后交代处理结果，同时报告下一步工作打算。

就某项工作中的错误向上级机关检讨，应首先陈述错误事情的概况，继而分析造成错误的原因（包括直接原因和间接原因）及应当承担的责任，最后写明处理结果及今后的改进措施。

另外，按照有关法律、法规和规定，国家税务总局发布的税务部门规章在实施前，应当向国务院备案，如《国家税务总局关于〈重大税收违法失信主体信息公布管理办法〉备案的报告》。其写法格式固定，文字精练，一般按上级的要求拟写，并附上所报备案文件及其附件。国务院要求各部委备案的报告基本写法为：“现将我部（委、局）××年×月×日公布的《×××》及其说明一式五份报请备案。”无须做结尾和其他表述。

（4）结尾。与请示文种相同，报告正文的结尾一般也有较为固定的结语，常用“特此报告”，另起一段，独占一行。

15. 请示的适用范围和主要特点是什么？怎样拟写请示？

适用范围：用于向上级机关请求指示、批准。请求指示的事项一般指本级机关有权处理，但因事关重大或把握不准，希望上级机关给予指示；请求批准的事项一般指本级机关无权处理，需上级机关批准。请示一般分为政策性请示、问题性请示和事务性请示。请示属上行文。

主要特点：一是内容的针对性、规定性。按照《中共国家税务总局委员会办公室关于进一步加强和改进税务系统重大事项请示报告工作的通知》中的规定，税务总局和各省局遇到该文附件清单所列应当请示的重大事项时，都应行文请示。二是逐级请示，不得越级行文，特殊情况确需越级请示的，要抄送被越过的有隶属关系的上级机关。三是单一性，一事一请示。四是呈批性，原则上主送一个主管的上级机关即有隶属关系的直接上级机关，无论同意与否，上级机关都要给予答复。五是请示者和受理者必须是一级机关或组织，并具有隶属关系或业务指导关系。六是事前性，必须是事前请示，不能先斩后奏。

请示文种的内容结构一般由标题、正文、结尾三部分组成。

标题，由“发文机关+事由+文种”组成。拟写请示标题，必须着力写好“事由”，要简明扼要地表述出请示的中心意向，以便上级机关准确了解和把握。

正文，是请示的核心部分，要载明两方面事项：一是请示缘由。即提出请示的原因或依据，然后用“请示如下”之类的用语承启下文。二是请示事项。即要求批准、答复或具体解决的问题和事项。请示事项要写得明确具体，反映的情况和问题要真实可靠，具有代表性，提出的建议和措施要符合党和国家的方针、政策，针对性强，切实可行。提出多种解决问题的方案时，应当提出倾向性的意见。

结尾，一般有较为固定的结语，以示对上级机关的尊重。通常写法是“妥否（可否，是否可行），请批示”；或是“以上如可行，请批转有关单位执行”等。

16. 批复的适用范围和主要特点是什么？怎样拟写批复？

适用范围：用于答复下级机关请示事项。批复属下行文。上级机关批复下级机关的请示时，必须明确表态，若予否定，应写明理由。批复一般只送请示单位，若批复的事项需有关单位执行或者周知，可抄送有关单位。若请示的问题具有普遍性，可使用“通知”或其他文种行文，不再单独批复请示单位。

上级税务机关针对下级税务机关有关特定税务行政相对人的特定事项如何适用税收法律、法规、规章或税务规范性文件的请示所作的批复，需要普遍适用的，应当按照《税务规范性文件制定管理办法》的规定另行制定税务规范性文件。

批复一般分为政策性批复、问题性批复和事务性批复。

政策性批复，常用于对下级机关提出的一般性税收政策和征管办法在执行中的具体问题予以明确解释和答复。如《国家税务总局关于北京市税务局开展综合申报改革的批复》等。

问题性批复，常用于对下级机关请示项目审批、经费补助等重要事项的答复，如《国家税务总局关于国家税务总局税务干部学院专家楼维修改造项目初步设计和投资概算的批复》等。

事务性批复，常见于对下级机关一般性的具体工作安排和具体事务的请示事项给予答复，如《国家税务总局关于国家税务总局息烽县税务局车辆处置的批复》。

主要特点：一是被动性。批复的行文以下级的请示为前提，先有上报的请示，后有下发的批复，一来一往，被动行文，这一点与其他公文不同。二是针对性。批复中的内容必须针对请示事项，表明的态度、提出的意见和办理的办法都具有很强的针对性。三是权威性。批复提出的决策、意见对下级机关具有法定的约束力，下级机关必须遵照执行。

批复一般由标题、正文和结尾组成。正文包括批复依据和批复内容。

批复依据是指，通常在开头引述下级机关来文的标题和发文字号或内容要点，以说明这是根据下级机关的哪一份请示予以批复的。

批复内容是指，要根据党和国家的方针、政策和法律、法规，结合实际情况，针对请示中提出的问题，作出恰当明确的答复。内容简单的只表明同意或不同意，应该或不应该；内容复杂的，如表明不同意的态度，有的应说明不同意的理由，以便下级接受；对于同意的事项，有的也可指出如何才能保证批复事项的完成，或如何防止某些问题的出现等。

批复的结尾比较简单，可在正文下另起一行用“特此批复”“此复”结尾；也可以无需结尾，请示事项答复完毕即告结束。

17. 函的适用范围和主要特点是什么？怎样拟写函？

适用范围：用于平级机关及不相隶属机关之间商洽工作、询问和答复问题、请求批准和答复审批事项。

函属平行文，有隶属关系的上下级机关之间不得使用函。请求批准函仅用于向平级机关或有关主管部门请求批准相关事项。

根据行文内容，函分为商洽函、询问函、请求批准函、答复函、告知函。商洽函，常用于不相隶属机关之间商洽工作，如《国家税务总局办公厅关于建议增补国家税务总局为中国国际进口博览会组委会成员单位的函》。询问函，常用于询问问题，征求意见，如《国家税务总局办公厅关于征求〈车船税数据交换及协同应用合作备忘录〉意见的函》。请求批准函，仅用于向平级机关或有关主管部门请求批准相关事项，如《国家税务总局办公厅关于申请下达个税系统扩容和灾备项目中央预算内投资资金的函》。答复函，常用于答复问题或答复审批事项，如《国家税务总局办公厅关于回复推动高品位步行街建设政策建议意见的函》。告知函，常用于不相隶属机关之间告知某项工作的进展情况或处理意见，如《国家税务总局办公厅关于报送2022年及本届政府以来建议提案办理情况的函》。

根据行文往来关系，函可以分为去函和复函。

主要特点：一是广泛性。函是机关、单位公务往来中使用比较简便灵活、使用范围广、使用频率高的公文文种，平级机关和不相隶属机关都可使用。二是灵活性。凡是申请事项、建议咨询、商洽工作、通知事项、催办事情、答复询问、召开会议、报送材料均可用函，还可用来请求批准和答复审批有关事项等。三是单一性。一函一事、简短明了。

函一般由标题、正文和结尾组成。

正文主要包括两个部分：

（1）发函缘由，简要说明发函的背景、目的，如果是复函，要写明来函标题和来函单位的发文字号。

（2）发函事项，要说明函告的事项和意见，或答复对方提出的问题和要求。

结尾，如是请求批准函，多用“请批复”；询问函，多用“请函告”；商洽函，多用“请研复”“请函复”；答复函，多用“以上意见，供参考”“此复”；告知函一般不需要结束语。

函属平行文，其行文关系灵活，只要是不相隶属机关之间，无论其行政级别的高低，均应当使用函；函除具有独特的商洽、询问功能外，对平级机关还可以代行请示、报告、批复等职能。如国家税务总局向财政部商请财政经费情况，应用函而不用请示或报告。

拟写函应当一文一事，开门见山，直陈事项，语言朴实，态度诚恳，要求得当。

18. 纪要的适用范围和主要特点是什么？怎样拟写纪要？

适用范围：纪要一般指会议纪要，用于记载会议主要情况和议定事项。国家税务总局的会议纪要分为党委会议纪要、局务会议纪要、局长办公会议纪要、局领导专题会议纪要和××领导小组会议纪要等。

主要特点：一是纪实性。如实记载会议情况和议定事项。二是概括性。纪要不同于记录，纪要要集中地反映会议的精神实质，具有高度的概括性。三是内部性。会议纪要是内部文件，可以印发参会单位和其他相关单位，但不需要向社会公开。不得以会议纪要代替有关行政执法文书或文件，不得直接作为行政管理的依据。

会议纪要的格式一般由标志、编号、签发日期、签发人、纪要事项、出席人、请假人、列席人、发送单位等部分构成，会议纪要不加盖机关印章。

撰写会议纪要应注意：会议纪要是对整个会议情况及所有会议材料的概括、综合和提炼；纪要篇幅不宜过长，语言要简明；内容必须真实。

19. 决议与决定有什么区别？

这两个文种均属决策性公文，都是一级组织机关对某些重大问题的处理或重要工作事项所作出的决策规定性的意见或措施、要求；决策均出自各级领导机关，并要求下级予以贯彻执行；都是下行文。

两者不同点主要表现在：决议的内容必须经过会议集体讨论并表决通过，而决定则不一定，有的决定经过会议集体讨论通过，有的则是由行文机关直接作出；决议一般由党的组织使用而行政机关不使用，而决定则可以通用。

20. 决定与命令（令）有什么区别？

这两个文种同属指令性公文，适用于下行文。

两者不同点主要表现在：

（1）在使用权限方面，决定可较普遍地使用，命令（令）在公布行政法规和规章，宣布施行重大强制行政措施时，则要严格按照宪法规定的权限使用。

（2）在适用方面，决定既涉及特定的具体事务，也涉及一部分非特定的、具有普遍性的、反复发生的事务，命令（令）涉及的则是特定的具体事务。

（3）在表达方面，决定既表达意志、要求，又阐述一定道理，交代执行方面的要求，指明界定有关事务的标准，命令（令）则高度简洁，只表达作者的意志和要求。

（4）在内容重要性方面，决定的内容一般是一些比较重要的事项，或是涉及重大行动与活动的部署安排，而命令（令）的内容通常很重要，不是重大的任务、嘉奖、政策法规、重大问题一般不用命令（令），常见的命令（令）用于国家最高级别的表彰与授予某些作出突出贡献的人荣誉称号，又或是重大的人事任免。

（5）在制发单位范围方面，决定的制发单位范围较宽，上至党和国家最高权力机关，下至地方基层部门以及社会团体等都可以使用决定；而命令的制发单位是有明确要求的，只有中华人民共和国主席、中华人民共和国国务院总理、国务院组成部门和直属机构以及县级以上地方各级人民政府才有权发布命令（令）。

（6）在执行的强制力度方面，决定所涉及的事项，有关机构和人员要认真落实并贯彻执行，如果上级作出了不正确的决定，在上级机关和制发单位未作出修改之前，有关方面可以提出意见，但是不能够进行公开对抗，拒绝执行；而命令（令）一发布，有关下级机关和人员都必须无条件地贯彻执行。

21. 决定、意见与通知有什么区别？

决定、意见、通知均可用于就某些工作或重大活动作出安排部署，具有共同的性质、任务、作用和特征，但又有一定区别。

决定，一般用于重要决策的出台和重大活动的部署，通常是较长时期的工作，带有较强的决策性和严肃性，短时期的工作一般不宜用“决定”。

意见，用于部署安排重要工作时，所决策的事项没有“决定”那么重大，语气没有“决定”那么严肃，时效可长可短；没有“通知”那么具体。各级党政机关部署原则性、指导性较强的工作时，多用“意见”。

通知，用于向下级布置工作时，一般比较具体，随机性较强。相对于“决定”“意见”，“通知”显得灵活一些，内容可多可少，篇幅可长可短，有较大的回旋余地。

总体而言，三者的区别主要体现在：从涉及的内容看，“决定”属宏观，“意见”属中观，“通知”属微观；从表述的方法和特点看，“决定”的战略性、政策性强一些，“意见”侧重突出指导性，“通知”则就事论事，明快直观。

22. 决定与通报有什么区别？

这两个文种的共同点是，适用范围都有表彰（表扬）先进和批评错误过失的内容。

用于表彰（表扬）先进时：决定主要用于命名性表彰，表彰的事项、事迹比较突出，表彰在全国或某一地区、某一系统内有较大贡献、较大影响，能在更大范围内起到教育和引导作用的先进集体和个人；通报则用于表扬一般性典型，对于某一具体工作、人物或者业务工作性质的表扬，制发机关层级较低，越是基层单位越应多用通报少用决定文种表扬先进。

用于批评、惩戒错误时：决定适用于惩戒错误或过失比较严重、造成严重影响的有关单位和人员，具有一定的普遍教育作用；通报则适用于错误或过失有一定影响但有一定限度，主要目的是引起警惕，吸取教训。

23. 决定与纪要有什么区别？

（1）决定只针对重要事项，纪要所记载的是会议的主要情况和议定事项。

（2）决定必须是完全确定的决策，不必反映其他意见，纪要不仅仅反映会议议定的事项，还要记载会议提出的其他方面的事项、要求等。

（3）决定的内容可根据有关规则由与会者中的多数人确认并通过即为有效，产生法定效力，纪要中的议定事项则是有关与会各方确立的意见。

（4）在表达方面，纪要需综合反映会议的全面情况，对有关意见和观点进行阐述，决定则一般无这些内容。

24. 公告与通告有什么区别?

这两个文种均属告知性公文，均可以通过新闻媒体或在社会上张贴等方式公开发布。

两者不同点主要表现在：一是从使用者看，公告的制发者是国家权力机关、行政机关，以及被授权的部门；通告则不然，各级机关、人民团体、企事业单位均可使用。二是从发布内容看，公告适用于向国内外宣布重要事项或法定事项，法定性特点明显；通告适用于公布社会各有关方面应当遵守或周知的事项，事务性特点明显。三是从公布范围看，公告是面向国内外的，范围广；通告则是针对社会的某一方面，用于局部范围。四是从时效性看，公告特别是法定性公告一经公布，需要长期遵循、反复适用；通告事项具有明显的一次性特点，一事一告，不反复适用。五是从写法上看，公告要求文字简短，语言精确，注重严谨性；通告要求层次清楚，条理清晰，注重周知性，可长可短。

25. 意见与报告有什么区别?

报告属上行文，意见可以用于上行文。

两者不同点主要表现在：在行文方向上，意见可多方向行文，既可作上行文使用，也可作下行文和平行文使用，报告仅用作上行文；在行文内容上，作为上行文的意见用于对重要问题提出见解和处理办法，报告则主要是汇报工作，反映情况，答复上级询问；在处理方法上，意见作为上行文时，一般按办件的程序和要求办理，报告一般只作为阅知性公文处理。

26. 意见与请示有什么区别?

请示属上行文，意见可以用于上行文。

两者不同点主要表现在：在行文方向上，意见可用作上行文、下行文、平行文，请示仅用作上行文。在行文内容上，意见若为上行文，只能用于对重要问题提出见解和处理办法的建议，而请示则无此限制，对符合请示条件的所有请求指示和批准的事项均可涉及；意见必须对重要问题表态并提出处理问题的办法，请示则可以直接提出问题，请求上级机关指示或批准。

27. 通告与通知有什么区别？

这两个文种均属告知性公文。

两者不同点主要表现在：

（1）适用的内容不同。通告适用于公布社会各方面应当遵守或者周知的事项；通知适用于发布、传达要求下级机关执行和有关单位周知或执行的事项，批转、转发公文。

（2）告知的范围不同。通告是向社会有关方面公布应当遵守或周知的事项，其告知对象比较广泛，一般应当采取张贴或媒体刊播的形式公之于众；通知具有受文单位的专指性，一般不需要张贴或刊播。

（3）作用的对象不同。通告的对象主要是社会公众，一般不专指某些人或单位；通知的对象一般只限于某些人或单位。

（4）效力不同。通告的事项社会公众一般只需知晓和遵守；通知的事项受文单位一般需要办理和执行。

28. 通告与通报有什么区别？

（1）适用范围不同。通告适用于在一定范围内公布应当遵守或者周知的事项，可在媒体上刊播或在公共场所张贴；通报适用于表扬先进，批评错误，传达重要精神或者情况，其只是在一定范围内告知有关方面，不刊播，不张贴，具有内部文告性。

（2）目的不同。通告的主要目的在于向社会公开告知或要求一定范围内的人们遵守的事项；通报的主要目的在于传播信息，沟通情况，交流经验，批评错误。

（3）效力不同。通告要求人们遵守其内容，具有约束力和指挥性；通报主要让人们知晓其内容，具有指导性和宣传教育的作用。

29. 通知与通报有什么区别？

这两个文种均属告知性公文。

两者的不同点主要表现在：通知的内容侧重于直提要求、明确界限，通报的内容侧重于说明、介绍某一事物或问题的情况；通知（指示性）有工作的意见与要求，而通报既可以提出下一步工作要求（如指导性通报），也可以不提任何要求（如情况性通报）；通知可用来批转、转发、印发公文，通报则无此功用。

30. 报告与请示有什么区别？

报告与请示是两个不同的文种。报告与请示的相同之处在于它们都是上行文。区别在于：

（1）行文目的不同。报告是陈述性公文，适用于向上级汇报工作、反映情况、答复询问，以便上级了解下情，上级机关对报告不予答复或批准，下级机关也不得要求上级机关给予答复或批准；请示是请求性公文，需要上级对下级有明确的答复。

（2）行文时间不同。报告可根据实际情况随时行文，既可事后，也可事中，还可事前；请示必须事前行文，不允许先斩后奏。

（3）内容的容量不同。报告内容宽泛，既可以一文一事，也可以一文多事，但不得夹带请示事项；请示要求一文一事，不得多项请示，对与请示事项无关的内容，不需要向上级汇报。

在行文中，应当严格区分报告与请示，避免文种混用现象的发生，以利于上级机关准确了解下级机关的行文目的和内容，及时处理下级机关需要上级答复的事项，提高公文处理工作的效率。

31. “请示”与请示性“函”有什么区别？

公文处理中，“请示”与请示性“函”往往容易混淆，如国家税务总局向国家机关事务管理局申请固定资产、公务用车等事项时，就不应用“请示”，而应该用“函”。这里的“函”就是请示性“函”，具有请示的性质。

“请示”与请示性“函”比较，虽然都是请示批准事项，但它们有以下明显的区别：

（1）“请示”是上行文，请示性“函”是平行文。

（2）“请示”的受文单位和制发单位之间的关系是领导与被领导的关系，请示性“函”的制发单位与受文单位是平级或不相隶属的关系。

32. 什么是签报？怎样拟写签报？

签报是机关内部使用的简便呈文，是内部工作的一种文书形式，不属于正式的公文文种，也不是正式的公文。常用于机关内部下级向上级请示工作或反映情况并提出意见。

签报一般由签报处理单和签报正文两部分组成。签报处理单主要由主办单位、紧急程度、标题、主送、会签等部分组成。

（1）紧急程度。签报的紧急程度分“特急”“加急”两种。只有特急的签报，才在分管局领导外出时，报有关领导批阅。签报事项的紧急程度，由各司局根据工作需要确定。

（2）标题。一般为“关于×××问题的请示”“关于×××的报告”。

（3）主送。报税务总局领导审批、阅示的签报，主送统称“局领导”，也可具体写明某位局领导的称谓。为方便签报的呈批，除某位局领导直接交办事项外，主送一律写“局领导”。主送写明某位局领导的签报，不管紧急与否，一律报该领导阅批。报司局领导批阅的签报，主送的写法由司局确定。但是，不得将司领导与税务总局领导并列，写成“××司领导并局领导”。

（4）正文。按照请示、报告公文的写作要求拟写。即明确请示、报告的缘由和具体事项，结束用语一般应用“妥否，请批示”或“特此报告”等字样。

（5）落款。主送局领导或司领导的签报，应写明单位名称和日期。签报要由部门负责人（一般为主要负责人）审签后呈报局领导或司领导，重要签报必须由主要负责人审签。

（6）会签。签报事项涉及其他司局主管业务的，应在“批示”栏写明应会签的单位，会签后再报税务总局领导阅批。

省级及以下税务机关可参照《文秘工作规范》有关规定使用签报。

拟写签报要做到以下几点：一是叙述清楚，表达清晰，准确表述需要请示或报告的事项。二是逻辑清晰，结构严谨，在主旨确立、写作思路、段落顺序方面有逻辑性，各部分内容划分合理、布局安排恰当。三是详略得当，言简意赅，使领导一目了然。四是分析到位，有理有据，理由充分可靠，数据详实准确。

33. 为什么拟写签报要有标题？

（1）标题是呈文不可缺少的组成部分，是呈文格式的首要内容。作为机关内部使用的简便呈文，规范的签报一定要有标题。

（2）节约办文时间，提高工作效率。标题可以用简短、概括的语言把签报的主要内容准确、完整地表现出来。有了标题，领导可以通过标题了解签报的主要事项，也能一目了然地区分内容的轻重缓急，提高阅示、阅处签报的工作效率。

（3）有利于签报的管理。签报在处理过程中，需登记、传递、归档和检索，有了标题就方便许多。没有标题，就难以及时、准确地查找。

34. 国家税务总局机关签报运转有哪些要求？

（1）需要报税务总局领导批、阅的签报由办公厅统一管理。除内容特别敏感外，各司局均应以正式签报的形式起草呈税务总局领导批、阅的请示、报告，办公厅在文件运转过程中发现不符合要求的“白头”文件时，将退承办司局重新起草办理。

（2）各司局报税务总局领导批、阅的签报应当由本司局综合处进行登记后送办公厅（局长办公室）登记、编号、运转。通常情况下，签报应通过文件交换箱运转；对于时限特别紧急、内容特别重要或敏感的签报，承办司局应指定专人直送办公厅局长办公室（文件室）登记后全程跑签。对于有特别办理要求的，从其规定。

（3）签报运转全程应做到纸质件与电子件同步运转（密件除外），各司局在将签报投入智能文件交换系统“局长办收文”箱或直送至办公厅局长办公室（文件室）时，应同时将电子件通过电子公文系统发送到文件室。

（4）签报内容涉及其他司局主管业务的，应当送相关司局进行会签；会签后，由主办司局综合处按签报运转要求办理。

（5）税务总局领导对签报进行审批后，由办公厅局长办公室（文件室）汇总批示、销号后退相关司局。各司局跑签的签报应在税务总局领导做出批示后及时到办公厅局长办公室（文件室）履行销号手续。

35. 签报与正式公文的请示、报告有什么区别？

签报与请示、报告都是下级向上级请示、报告工作时的文书，二者行文目的、基本结构相同，都要求尽可能简洁、准确、明白地将请示、报告事项表达清楚。

签报与请示、报告的不同之处表现在以下两点：

（1）请示、报告是文种，具有法定效力，广泛运用于各种行政机关的公务活动中；而签报不是文种，是一种内部公文形式，也不是对外发送的公文，一般只在机关内部使用。

（2）请示、报告一般只能主送给上级单位，并以拟文部门的名义上报；签报则大多数直接送给上级领导个人。

二、公文格式实务

36. 什么是公文份号？如何正确标注公文份号？

公文份号是公文印制份数的顺序号。涉密公文应当标注份号。份号一般用6位3号阿拉伯数字，顶格编排在版心左上角第一行。非正式涉密公文、翻印的涉密文件参照执行。

37. 什么是公文的密级和保密期限？如何正确标注公文密级和保密期限？

公文的密级是指公文涉及国家秘密程度的等级。涉密公文应当根据涉密程度分别标注“绝密”“机密”“秘密”和保密期限。公文的密级和保密期限一般用3号黑体字，顶格编排在版心左上角第二行，标注为“密级★保密期限”。保密期限中的数字用阿拉伯数字标注。国家秘密的保密期限，除另有规定外，绝密级不超过30年，机密级不超过20年，秘密级不超过10年。回复涉密公文时，应当依据来文的密级和保密期限依法进行派生定密。非正式涉密公文参照执行。

38. 什么是紧急公文？公文和电报的紧急程度是如何规定的？

紧急公文是指内容重要，时间紧迫，需要打破常规提前办理的公文。划分公文的紧急程度，有利于分清轻重缓急，以确保紧急公文的及时优先传递和处理。

根据紧急程度，紧急公文应当分别标注“特急”“加急”，电报应当分别标注“特提”“特急”“加急”“平急”。

紧急公文中的“特急”是指：内容重要并特别紧急，已临近规定的办结时限，需特别优先传递处理的公文。“加急”是指：内容重要并紧急，需打破工作常规，优先传递处理的公文。

电报中的“特提”，适用于要求即刻办理的十分紧急事项，注明“特提”等级的电报，发电单位要提前通知收文单位机要部门。“特急”适用于2日内要办的紧急事项；“加急”适用于 4 日内要办的较急事项；“平急”适用于 6 日内要办的稍缓事项。

39. 如何正确标注紧急程度？

公文的紧急程度一般用 3 号黑体字，顶格编排在公文首页版心左上角。如需同时标注份号、密级和保密期限、紧急程度，按照份号、密级和保密期限、紧急程度的顺序自上而下分行排列。

公文的紧急程度是对受文单位办理文件的时限要求。公文的紧急程度应该根据文件的内容标注，不能随意标注。特急件、加急件，要随到随办。

40. 发文机关标志主要有哪几种形式？

发文机关标志是公文版头部分的核心。主要有两种形式：一是发文机关全称或者规范化简称加“文件”；二是使用发文机关全称或者规范化简称。根据发文机关标志的不同，前者称为公文的“文件格式”，后者称为公文的“信函格式”，两者均为具有法定效力和规范体式的正式公文。

联合行文时，发文机关标志可以并用联合发文机关名称，也可以单独用主办机关名称。需要同时标注联合发文机关名称的，一般应使主办机关名称在前，如有“文件”二字置于发文机关名称右侧，以联署发文机关名称为准上下居中排布。

发文机关标志居中排布，上边缘至版心上边缘为 35mm。发文机关标志一般使用小标宋体字，颜色为红色，以醒目、美观、庄重为原则。

41. 什么是发文字号？如何正确标识？

发文字号是党政机关制发公文的编号，由发文机关代字、年份、发文顺序号组成，机关代字要求准确、规范、精练、无歧义、易识别，并固定使用，避免与上级机关、同级机关的机关代字雷同。

公文标注发文字号，一方面可表明该公文出自什么单位，另一方面可表明形成的年度及顺序，便于公文的管理和统计，并可有效地利用发文字号进行查询检索，同时方便公文引用，有利于提高公文处理工作的效率。

发文字号编排在发文机关标志下空二行位置，居中排布。年份、发文顺序号用阿拉伯数字标注；年份应标全称，用六角括号“〔〕”括入；发文顺序号不加“第”字，不编虚位（即 1 不编为 01），在阿拉伯数字后加“号”字。上行文的发文字号居左空一字编排，与最后一个签发人姓名处在同一行。发文字号之下 4mm 处居中印一条与版心等宽的红色分隔线。

联合行文时，使用主办机关的发文字号。

明码、密码电报由办公厅（室）按明电和密电的有关规定分别编号处理。

42. 国家税务总局党的组织发文字号有哪几种形式？

国家税务总局党的组织发文字号有 5 种形式，分别是：（1）税总党委发〔公元年份〕×号；（2）税总党委函〔公元年份〕×号；（3）税总党委任〔公元年份〕×号；（4）税总党委办发〔公元年份〕×号；（5）税总党委办函〔公元年份〕×号。

43. 税总党委发发文字号的适用范围是什么？

税总党委发〔公元年份〕×号，适用于：向上级党的机关请示、报告和提出意见；制定税务总局党委重要工作制度；向下级党委部署重要工作等；转发上级党的机关的重要文件。

44. 税总党委函发文字号的适用范围是什么？

税总党委函〔公元年份〕×号，适用于：向下级党委部署一般事务性工作；与平级党的机关商洽事宜、回复意见或者报送需平级党的机关核批的事项等；转发上级党的机关的一般文件和平级党的机关的文件。

45. 税总党委任发文字号的适用范围是什么？

税总党委任〔公元年份〕×号，适用于：任免干部党内职务。

46. 税总党委办发发文字号的适用范围是什么？

税总党委办发〔公元年份〕×号，适用于：印发省级税务局、副省级城市税务局等税务机构的“三定”方案；代表税务总局党委向下级党委部署阶段性、临时性、日常性事务工作等。

47. 税总党委办函发文字号的适用范围是什么？

税总党委办函〔公元年份〕×号，适用于：印发税务机构的设置、变动批复文件；税务总局党委各职能部门与平级党的机关内设机构商洽事宜、报送情况；征求下级党委意见；下发税务总局党委组织的重要会议、培训（包括视频）通知等。

48. 国家税务总局行政公文的发文字号有哪几种形式？

国家税务总局行政公文的发文字号有5种形式，分别是：（1）税总××发〔公元年份〕×号；（2）税总××函〔公元年份〕×号；（3）税总任〔公元年份〕×号；（4）税总办××发〔公元年份〕×号；（5）税总办××函〔公元年份〕×号。国家税务总局各省、自治区、直辖市和计划单列市税务局，国家税务总局驻各地特派员办事处的发文字号，可参照国家税务总局公文的发文字号，根据工作需要确定。

49. 税总××发发文字号的适用范围是什么？

税总××发〔公元年份〕×号，适用于：向上级机关请示、报告和提出意见；向下级机关部署全局性税收工作，制定工作制度，提出指导性意见；下达年度税务经费安排；对税收收入、重要工作、重大事件的情况通报；对下级机关或个人给予重大奖励、表彰或批评、惩处；转发上级机关的重要文件；与平级机关或有关团体单位的联合发文；其他有关重要事项的通知。

50. 税总××函发文字号的适用范围是什么？

税总××函〔公元年份〕×号，适用于：向下级机关部署局部的、阶段性的或临时性的工作；对税务经费作局部和临时性的安排；对税务工作情况的通报；一般性的表扬或批评；与平级机关商洽事宜、答复问题或报送需要平级机关核批的事项；转发上级机关的一般性文件、平级机关与税收工作有关的文件；对下级机关的请示事项予以批复；对人大议案、建议和政协提案的答复等。

51. 税总任发文字号的适用范围是什么？

税总任〔公元年份〕×号，适用于：按照干部管理权限，任免干部行政职务（职级）。

52. 税总办××发发文字号的适用范围是什么？

税总办××发〔公元年份〕×号，适用于：代表国家税务总局发布税务系统内部适用的各类制度规定；布置日常性的事务工作；通报有关情况等。

53. 税总办××函发文字号的适用范围是什么？

税总办××函〔公元年份〕×号，适用于：代表国家税务总局向平级单位的有关部门或其他单位行文，通报有关情况，商洽事宜；向上级机关的有关部门报送有关情况，提出意见和建议；就有关重要事项向下级税务机关征求意见；下发国家税务总局组织的重要会议、培训（包括视频）通知，向有关单位发出邀请；向有关单位提供证明等。

54. 国家税务总局公文特定格式有哪些？

（1）国家税务总局令第××号，适用于：依照有关法律、行政法规发布税务部门规章；宣布施行重大强制性行政措施；嘉奖有关单位及人员。

（2）国家税务总局公告××年第××号，适用于：向国内外公布税务规范性文件；向国内外公布其他重要税收事项。

（3）国家税务总局通告××年第××号，适用于：在一定范围内公布应当遵守或者周知的事务性事项。

除上述3种特定格式外，还有信函格式和纪要格式2种特定格式。

55. 什么情况下要标注签发人？怎样标注签发人？

上行文应当标注签发人姓名。签发人由“签发人”三字加全角冒号和签发人姓名组成，居右空一字，与发文字号平行，编排在发文机关标志下空二行位置。“签发人”三字用3号仿宋体字，签发人姓名用3号楷体字。

如有多个签发人，签发人姓名按发文机关的排列顺序从左到右、自上而下依次均匀编排，一般每行排两个姓名，回行时与上一行第一个签发人姓名对齐。

56. 什么是公文标题？怎样拟写公文标题？

公文标题是文件的总提要，具有揭示文件内容和主题的功能。结构完整、表述准确规范的标题，对受文者具有一定的提示作用，有助于了解公文的制发机关、内容、性质，既便于公文的登记、阅处、查询，又便于运用计算机进行公文管理和公文归档、检索。因此，准确拟写公文标题十分重要。

公文标题由发文机关名称、发文事由和文种组成，应当准确简要地概括公文的主要内容并标明公文种类。公文标题的拟写一般有以下几种形式：

（1）完整式标题，即由“发文机关名称+发文事由+文种”构成。税务公文标题中的发文机关名称使用全称。如《国家税务总局关于开展第 32 个全国税收宣传月活动的通知》。

（2）复式标题，其构成要素与完整式标题基本相同，但事由部分则由批转、转发、发布的文件原标题构成。复式标题通常应用于转发、批转文件，发布和印发规范性文件。如《国家税务总局关于印发〈全面推行税务证明事项告知承诺制实施方案〉的通知》。

（3）特殊式标题，与完整式标题的构成要素相同，对属于内容十分重要，时限紧迫，或有所补充的公文，一般应在标题中加“重要”“紧急”“补充”等字样，表明该公文的性质，这类标题有提示受文者引起注意的作用。如《国家税务总局办公厅关于召开全国税务工作会议的紧急通知》。

57. 转发公文时如何解决标题重复冗长的问题？

对于转发的公文，为避免标题过于累赘、重复，下级单位转发时，标题一般为“本机关名称+转发+被转发文件的标题+的通知”；多层转发的，根据主要事由自拟标题，但标题中应含“转发”字样，并在正文中将各级机关的转发层次及要求加以说明；不得以被转发文件的发文字号作为标题。

如“国家税务总局××省税务局关于转发《国家税务总局转发〈财政部关于做好×××工作的通知〉的通知》的通知”，标题中出现了 2 个“关于”、2 个“转发”、3 个“通知”，如果再到基层，重复会更严重。有的单位为了避免标题冗长，拟写标题只引上级机关的发文字号，虽然解决了标题重复冗长的问题，但从发文字号中无法揭示文件的主要内容，既失去了公文标题的基本功能，又不符合公文处理的有关规定。为解决标题重复冗长的问题，撰写这类标题时，各单位可结合实际情况和工作需要，自行拟制合适的标题，如上述标题可以拟为“国家税务总局××省税务局转发关于做好×××工作的通知”，在正文首段中，将国家税务总局转发财政部通知的事项加以说明，上级文件可作为附件，正文中应提出本单位贯彻落实的具体要求。

58. 在标题中使用“印发”“转发”“批转”有什么不同？

“印发”“转发”“批转”这三个词含义不同，使用方法也不同。

印发：将本单位的规范性文件以通知的形式发送给受文单位时，在标题中使用“印发”一词。如《国家税务总局关于印发〈全面推行税务证明事项告知承诺制实施方案〉的通知》。

转发：把上级机关和不相隶属机关的公文以通知的形式发往受文单位时，在标题中使用“转发”一词。如《国家税务总局关于转发〈中共中央宣传部等关于加强民法典学习宣传的通知〉的通知》。

批转：对下级机关报来的对全面工作有借鉴、指导作用或参考价值的文件，加注批示后以通知的形式发往受文单位时，标题中使用“批转”一词。如《国务院批转住房城乡建设部等部门关于进一步加强城市生活垃圾处理工作意见的通知》。

59. 公文标题应注意哪些问题？

主要问题有：一是冗长累赘，对标题的事由概述不够精练、准确、完整。二是转发性文件，文种重复、标题繁琐。三是标题与正文不符，不能体现公文的主要内容。四是公文标题排列形式不够美观，如排成“金字塔形”“沙漏形”等。五是有的标题在回行时词义不完整。六是标题中乱用标点。七是公文标题中文种使用错误。

60. 公文标题应如何排列？

根据《党政机关公文格式》（GB/T 9704—2012）规定，公文标题“一般用2号小标宋体字，编排于红色分隔线下空二行位置，分一行或多行居中排布；回行时，要做到词意完整，排列对称，长短适宜，间距恰当，标题排列应当使用梯形或菱形。”具体排列布局方式一般有：

（1）正梯形。例如：

中共国家税务总局委员会关于印发
《国家税务总局领导干部配偶、子女及其
配偶经商办企业禁业范围（试行）》的通知

（2）倒梯形。例如：

国家税务总局学习贯彻习近平新时代中国特色社会主义思想
主题教育领导小组办公室关于学习《习近平著作选读》
第一卷、第二卷及其他学习材料的通知

（3）菱形。例如：

国家税务总局关于印发
《全国税务机关文件材料归档范围和文书档案
保管期限规定》的通知

此外应注意，公文标题应尽可能控制在 3 行以内，否则应在内容表达上求简，尽量避免出现 4 行甚至更多行数。同时，要注意保持词或词组的相对完整，不要随意割裂，将其分置两行之中。

61. 公文标题中的标点符号如何处理？

公文标题中除法律、法规、规章和规范性文件名称加书名号外，一般不用标点符号。如确有必要可以使用书名号、双引号、括号、间隔号和连接号，原则上不用顿号、逗号、分号、句号等。此外，国家税务总局印发的实施方案、管理办法、工作规程等具有约束力的内部规范性文件，在标题中也可以使用书名号。例如：中共国家税务总局委员会关于印发《中共国家税务总局委员会工作规则》的通知。

62. 什么是主送机关和抄送机关？如何正确标识？

主送机关即公文的主要受理机关，应当使用机关全称、规范化简称或者同类型机关统称。

抄送机关即除主送机关外需要执行或者知晓公文内容的其他机关，应当使用全称、规范化简称或者同类型机关统称。

抄送机关应当根据工作需要确定，不得随意扩大范围。

主送机关编排于标题下空一行位置，居左顶格，回行时仍顶格，最后一个机关名称后标全角冒号。

抄送机关编排在公文最后一页的下方位置。一般用 4 号仿宋体字，在印发部门和印发日期之上一行、左右各空一字编排。“抄送”二字后加全角冒号和抄送机关名称，回行时与冒号后的首字对齐，最后一个抄送机关名称后标句号。

如机关名称过多导致公文首页不能显示正文时，应将主送机关名称移至版记部分，除将“抄送”二字改为“主送”外，编排方法同抄送机关。既有主送机关又有抄送机关时，应将主送机关置于抄送机关之上一行，之间不加分隔线。

63. 税务机关的主送和抄送标注的相关规定有哪些?

（1）主送、抄送机关应当使用全称或者规范化的简称，其中主送和抄送为税务机关时应当使用全称，即“国家税务总局××省（自治区、直辖市、计划单列市）税务局”〔党委文件为“中共国家税务总局××省（自治区、直辖市、计划单列市）税务局委员会”〕、“国家税务总局驻××特派员办事处”（党委文件为“中共国家税务总局驻××特派员办事处委员会”）、“国家税务总局税务干部学院”（党委文件为“中共国家税务总局税务干部学院委员会”）。

（2）若主送或者抄送税务系统时，统称为“国家税务总局各省、自治区、直辖市和计划单列市税务局，国家税务总局驻各地特派员办事处”（党委文件为“中共国家税务总局各省、自治区、直辖市和计划单列市税务局委员会，中共国家税务总局驻各地特派员办事处委员会”）。

（3）若主送或者抄送部分省税务机关时，一般按照行政区划排序，统一表述为：“国家税务总局××、××、××省（区、市）税务局，国家税务总局驻××、××、××特派员办事处”〔党委文件为“中共国家税务总局××、××、××省（区、市）税务局委员会，中共国家税务总局驻××、××、××特派员办事处委员会”〕。

（4）主送或者抄送机关数量多，不发的机关少时，可以在“国家税务总局各省、自治区、直辖市和计划单列市税务局”（党委文件为“中共国家税务总局各省、自治区、直辖市和计划单列市税务局委员会”）后注明“（不发××、××）”，如“（不发西藏、大连）”。

（5）主送机关中同时有各地税务机关和局内相关单位的，局内相关单位排列在后。

（6）抄送机关涉及不同级别单位时，按照上级机关、平级机关、下级机关次序排列；同级机关按照党委、人大、政府、政协、监委、军队、法院、检察院、人民团体、民主党派的次序排列。

（7）司局便函如涉及多个司局工作、需省税务局多个处室共同落实的，可联合发文，采用主办司局发文字号，同时主送各司局对口的省税务局相关处室。如采用会签形式，主送主办司局对口的省税务局相关处室，抄送会签司局对口的省税务局相关处室。

64. 主送机关、抄送机关中标点符号如何运用？

主送、抄送机关中标点符号的运用按以下原则把握：

（1）并列关系的单位组合序列之间用“，”。

（2）一个单位组合序列当中各组成单位之间用“、”。

（3）最后一个主送机关后用“：”，主送机关移至版记时用“。”；最后一个抄送机关后用“。”。

65. 主送机关标注上应注意哪些问题？

（1）随意编造主送机关的简称，没有使用机关全称、规范化简称或者同类型机关统称。

（2）标注位置不正确。

（3）向下级机关普发公文时，每次的主送栏排序不一样。

（4）主送机关之间标点符号使用不规范。

66. 抄送机关标注上应注意哪些问题？

（1）给上级机关的行文仍用“抄报”。

（2）将有些不是领导直接交办的请示、报告类公文直接抄送给领导个人。

（3）将向上级的请示性公文“抄送”给直属下级机关。

（4）随意编造抄送机关的简称，没有使用全称、规范化简称或者同类型机关统称。

67. 对上行文抄送机关有何要求？

上行文原则上主送一个上级机关，根据需要同时抄送相关上级机关和平级机关，不抄送下级机关。

68. 主送机关、抄送机关的排列顺序有何规定？

一般应按以下原则排列：

（1）主送机关先地方后中央。

（2）同级机关之间一般按照党委、人大、政府、政协、监委、军队、法院、检察院、人民团体、民主党派等次序排列。

（3）地方排列顺序根据行政区划的顺序确定。

（4）抄送机关按上级机关、平级机关、下级机关次序排列。不同级别的抄送机关之间用句号，分段排列。

69. 公文中的数字用法是怎样规定的？

（1）用于计量的数字、用于标号的数字、已定型的含阿拉伯数字的词语，应使用阿拉伯数字。如：100~150kg；文号；5G 手机。

（2）非公历纪年、概数、已定型的含汉字数字的词语，应使用汉字数字。如：癸卯年十月十五日；二十几；七上八下。

（3）表达计量或者编号所需要用到的数字个数不多，选择汉字数字还是阿拉伯数字在书写的简洁性和辨识的清晰性两方面没有明显差异时，使用阿拉伯数字与汉字数字均可。如：4 个月（四个月）。

（4）突出简洁醒目的表达效果，应使用阿拉伯数字；突出庄重典雅的表达效果，应使用汉字数字。如：北京时间 2021 年 7 月 1 日上午 8 时；六方会谈。

（5）在同一场合出现的数字，应遵循“同类型同形式”原则来选择数字的书写形式。如果数字的表达功能类别相同（比如都是表达年月日时间的数字），或者两数字在上下文中所处的层级相同（比如文章目录中同级标题的编号），应选用相同的形式。反之，如果两数字表达的功能不同，或者所处层次不同，可以选用不同的形式。

（6）标示时间、地点起止时，宜用一字线，标示数量范围时，宜用浪纹线。使用浪纹线表示数值范围时应当注意，在不引起歧义的情况下，一般只在后一数值后加计量单位，在前一数值后不加计量单位。例如：10 月 10 日—11 日；50~120 米。

70. 公文中如何准确表述“以上”“以下”等情形？

公文中所称“以上”“以下”含本数或者本级，不加括号说明；不含本数或者本级，要加括号说明。满多少，包括本数；不满多少，不包括本数。超过多少，不包括本数；不超过多少，包括本数。

71. 公文中结构层次序数如何标注？

公文中的结构层次序数，第一层为“一、”，第二层为“（一）”，第三层为“1.”，第四层为“（1）”。一般第一层用黑体字，第二层用楷体字，第三层和第四层用仿宋体字标注。

72. 公文中引用其他公文或外文时应注意什么？

（1）引用公文应先引标题，后引发文字号，发文字号在公文的标题后用圆括号注明。文中多次引用同一份文件，有文号的，下次可直接引用文号；无文号的，第一次引用时可在文件名称后面加括号注明简称。

（2）引用法律条文以及办法等制度类文件中具体条、款、项、目时，该条、款、项、目的序号不加括号，表述为“第×条”“第×款”“第×项”“第×目”，不表述为“第（×）条”“第（×）款”“第（×）项”“第（×）目”。在表述连续的条、款、项、目时，要使用完整的表述。如：第一款、第二款，第三项至第六项。不使用：第一、二款，第三至第六项。

（3）公告的格式较为特殊，按以下示例引用：

公告标题中有发文机关，如《财政部 税务总局关于进一步加大增值税期末留抵退税政策实施力度的公告》（2022 年第 14 号），同一文件中再次引用时，可直接表述为“财政部、税务总局公告 2022 年第 14 号”。

公告标题中无发文机关，如海关总署、农业农村部《关于防止厄立特里亚等国家非洲马瘟传入我国的公告》（2023 年第 23 号），同一文件中再次引用时，可直接表述为“海关总署、农业农村部公告 2023 年第 23 号”。

公告无标题，如财政部、中央文明办、国家发展改革委、工业和信息化部、公安部、民政部、文化和旅游部、人民银行、市场监管总局、体育总局、国家网信办、银保监会公告 2018 年第 105 号，同一文件中再次引用时，与第一次引用的表述相同。

（4）单独引用文件印发或修订的制度、办法等，按以下示例引用：

如《国家税务总局办公厅关于修订〈税务系统信息化服务商失信行为记录名单制度（试行）〉的通知》（税总办征科发〔2022〕1 号），可引用表述为“《税务系统信息化服务商失信行为记录名单制度（试行）》（税总办征科发〔2022〕1 号）”。

（5）引用公文时，要全面、准确地理解所引公文的内容，不能断章取义，所引用的部分不能偏离或歪曲原意。人名、地名、数字引用要准确无误。若引用公文是带密级的公文，所引公文是何密级，所办公文也应定为该密级。

（6）引用外文时，应当注明中文含义。使用国际组织外文名称或者其缩写形式，应当在第一次出现时注明准确的中文译名。

73. 公文中年、月、日的写法有什么要求？

（1）文件标题和内容以及成文日期中公历纪元的年、月、日、时均使用阿拉伯数字，不能用汉字书写。

（2）公文中日期的表述应当完整，四位数字表示的年份不应简写为两位数字，如不能将“2023 年”写成“23 年”。

（3）公文中日期一般应写明具体的年、月、日，在连续性的表述中，年度、月份相同时，可以省略年度或者年度和月份。

（4）要慎重使用“前年”“去年”“明年”“上月”“昨天”“上一年”“前 5 年”等词语。在使用时，要考虑时间前后关系，要特别注意起草文件时间与成文时间之间的关系。

（5）表述“年代”，应将所属世纪写出。如“上世纪九十年代”应为“20 世纪 90 年代”。

（6）用表示月、日的数字来指称事件、节日、纪念日时，不论事件、节日、纪念日的知名度如何，一律加引号，且在一、十一、十二这三个月份后加间隔号“·”，其他月份不加。例如：“一·二八”事变；“五一”劳动节；“一二·九”运动。

74. 公文中使用简称应注意什么问题？

（1）公文中机构名称一般使用全称，如果使用简称，必须是规范化的简称。国务院机构全称和简称，国务院机构英文译名，税务总局机关司局全称和简称、英文译名，税务机构称谓的使用要求参见《文秘工作规范》相关附件，不得随意概括。

（2）公文中使用非规范化的简称，应当先用全称，再用括号注明简称。简称中必须保留关键词或者语素，如《著作权集体管理条例（草案）》后面可注明“（以下简称《管理条例》）”或“（以下简称《草案》）”；若不是简略而来，而是另取的名称，可以表述为“以下称送审稿”。加括号说明简称的位置应紧接在简称对象之后。

75. 公文中使用标点符号应注意什么？

标点符号的使用要符合汉语语言规范，在公文中要注意以下几点：

（1）文中的层次标题如为单独一行，后面不紧接其他段落，一般不加标点符号；否则应加标点符号。

（2）标有引号的并列成分之间、标有书名号的并列成分之间通常不用顿号。若有其他成分插在并列的引号之间或并列的书名号之间（如引语或书名号之后还有括注），宜用顿号。

（3）表示概数不应用顿号隔开。例如：七八个。

（4）若两数字连用为缩略形式，宜用顿号。例如：二、三产业。

（5）用分号隔开的几个并列分句不能由逗号统领或总结。例如：

各职能部门要强化统筹、各司其职，推动综合治理工作取得新成效，市场监督管理部门负责……工作；税务部门负责……工作；公安部门负责……工作。（错误）

各职能部门要强化统筹、各司其职，推动综合治理工作取得新成效。市场监督管理部门负责……工作；税务部门负责……工作；公安部门负责……工作。（正确）

（6）分项列举的各项或多项已包含句号时，各项的末尾不能再用分号。

例如：

一要严格审核把关。强化责任意识，杜绝只签字不审核等现象；二要认真校对修改。办文人员在校对时要仔细对比检查，发现错误及时修改。（错误）

一要严格审核把关。强化责任意识，杜绝只签字不审核等现象。二要认真校对修改。办文人员在校对时要仔细对比检查，发现错误及时修改。（正确）

（7）课题、奖品奖状、证明、会议、活动等名称，不用书名号。某某课题如果是作品名称，使用书名号。

（8）版本说明要放在书名号之外，而“草案”“征求意见稿”“初稿”等，则宜加括号放在书名号内。例如：《汉语大词典》（缩印本）、《住房租赁条例（征求意见稿）》。

（9）书名号内标示停顿时用空格，不用顿号。例如：《国家税务总局 国家互联网信息办公室 国家市场监督管理总局关于规范涉税中介服务行为 促进涉税中介行业健康发展的通知》。

（10）图或表的说明文字，最后结尾处不用句号。图或表的短语式说明文字，中间可用逗号，但末尾不用句号。即使有时说明文字较长，前面的语段已经出现句号，最后结尾处仍不用句号。

（11）提示语后分号显示出并列的几种情况时，提示语后宜用冒号。例如：

会议研究了以下几项内容：一是×××；二是×××；三是×××。

（12）栏目名称宜加书名号。例如：央视栏目《新闻联播》。

（13）同一句中，不宜套用冒号。在列举式或条文式公文中，不得不套用冒号时，应当分行来写。例如：

遗产按照下列顺序继承：

第一顺序：配偶、子女、父母。

第二顺序：兄弟姐妹、祖父母、外祖父母。

（14）括号内行文末尾需要时可用问号、叹号和省略号。除此之外，句内括号行文末尾通常不用标点符号。例如：

为加强×××工作，决定成立×××工作领导小组（领导小组组长由分管局领导担任），负责该项工作的协调处理。

句内括号外是否用点号取决于括号所处位置，若句内括号处于句子停顿处，应用点号。例如：

3 分钟过去了（仅仅才 3 分钟！），从眼前穿梭而过的出租车竟达 32 辆！

句外括号行文末尾是否用句号由括号内的语段结构决定，若语段较长、内容复杂，应用句号。句外括号外通常不用点号。

例如：

应把夏朝看作原始公社向奴隶制国家过渡时期。（龙山文化遗址里，也有俯身葬。俯身者很可能就是奴隶。）

76. 如何处置公文中的表格？

公文如需附表，对于横排 A4 纸型表格，页码位置与公文其他页码保持一致。单页码表头在订口一边，双页码表头在切口一边。

公文如需附 A3 纸型表格，一般折叠订成 A4 表格放在文内或文后。

77. 什么是附件说明？填写附件说明应注意什么问题？

附件说明是指公文附件的顺序号和名称。公文如有附件，在正文下空一行左空二字位置编排“附件”二字，后标全角冒号和附件名称。如有多个附件，使用阿拉伯数字标注附件顺序号（如“附件：1. ×××”）；附件名称后不加标点符号。附件名称较长需回行时，应与上行附件名称的首字对齐。

填写“附件说明”要注意以下几个方面：

（1）印发规章、办法等公文或者转发公文时，正文标题已经标明所印发或者转发公文标题时，正文末不再将所印发或者转发的公文列为附件。规章、办法等有附件的，作为公文正文附件。

（2）附件只发给部分主、抄送单位时，填写时应注明“（不发××单位）”或者“（只发××单位）”字样。

（3）附件分缮的，附件标题相同时，文件中印制附件标题；附件标题不同的，印制“附件分缮”。

（4）为避免混乱，附件中的附件不填在“附件说明”中，应写在所附附件的后面；为了区分两个层次的附件，在附件中的附件只注明“附”。

（5）标注附件名称不加书名号。

（6）发文处理单附件说明中的附件标注、正文中的附件说明应与附件标题保持一致。

78. 什么是发文机关署名？发文机关署名应注意什么？

发文机关署名是指在公文正文结束之后，署发文机关全称或者规范化简称。

单一机关行文时，在成文日期之上、以成文日期为准居中编排发文机关署名。联合行文时，应将各发文机关署名按发文机关顺序整齐排列在相应位置。

79. 什么是公文的成文日期？确定公文成文日期的原则是什么？

成文日期是公文的生效时间，是党政机关公文生效的重要标志。

确定成文日期的原则是：会议通过的决议、决定等以会议正式通过的日期为准；经机关负责人签发的公文，以签发日期为准；经多位局领导审核的公文，以最后一位局领导签发的日期为准；联合行文，以最后签发的机关负责人签发的日期为准。

成文日期一般右空四字编排于发文机关署名之下，用阿拉伯数字将年、月、日标全，年份应标全称，月、日不编虚位（即 1 不编为 01）。

80. 公文印章的作用是什么？公文用印有何要求？

公文印章是体现公文效力的表现形式，是公文生效的标志，是鉴定公文真伪最重要的依据之一。

公文中有发文机关署名的，应当加盖发文机关印章，并与署名机关相符。印章用红色，不得出现空白印章。

单一机关行文时，印章端正、居中下压发文机关署名和成文日期，使发文机关署名和成文日期居印章中心偏下位置，印章顶端应上距正文（或附件说明）一行之内。

联合行文时，应使印章与各发文机关署名一一对应，端正、居中下压发文机关署名，最后一个印章端正、居中下压发文机关署名和成文日期，印章之间排列整齐、互不相交或相切，每排印章两端不得超出版心，首排印章顶端应上距正文（或附件说明）一行之内。

公文排版后所剩空白处不能容下印章或签发人签名章、成文日期时，应当对行距、字距进行调整。

电报应当署签发人姓名，不需加盖发文机关印章，但应当在电报首页右上角“签批盖章”处加盖机关“发电专用章”。

已启用电子印章的税务机关，对电子公文应当加盖电子印章。

81. 什么是公文附注？公文附注应当标注在什么位置？

公文附注是指公文印发传达范围、联系人等需要说明的事项，如“对税务系统内只发电子文件”“联系人和联系电话”等。

附注的位置：居左空二字加圆括号编排在成文日期下一行，结尾不用句号。

82. 什么是公文附件？编排附件应注意什么问题？

公文附件是公文正文的说明、补充或者参考资料。

附件应另面编排，一般应在版记之前，与公文正文一起装订。“附件”二字及附件顺序号用 3 号黑体字顶格编排在版心左上角第一行。附件标题居中编排在版心第三行。附件顺序号和附件标题应与附件说明的表述一致。附件格式要求同正文。附件与正文不能一起装订的，应在附件左上角第一行顶格编排公文的发文字号并在其后标注“附件”二字及附件顺序号。如果附件不需打印或者不发，应当注明。

83. 承办部门、印发部门和印发日期在编排上有哪些规定？

一般用 4 号仿宋体字，编排在末条分隔线之上，承办部门左空一字，印发部门和印发日期右空一字，用阿拉伯数字将年、月、日标全，年份应标全称，月、日不编虚位（即 1 不编为 01），后加“印发”二字。

84. 为什么公文要标注页码？公文附件与正文一起装订时，页码如何编排？

页码即公文页数顺序号。公文需要标注页码，一是由于页码是公文整体不可或缺的一部分；二是便于对公文进行查阅、统计、检索、印制和装订；三是有助于公文的防伪。

公文的附件与正文一起装订时，页码应当连续编排。公文页数顺序号一般用 4 号半角宋体阿拉伯数字，编排在公文版心下边缘之下，数字左右各放一条一字线；一字线上距版心下边缘 7mm。单页码居右空一字，双页码居左空一字。

公文版记页前有空白页的，空白页和版记页均不编排页码。公文的版记在偶数页。

85. 什么是公文版记？通用公文版记的设置有哪些规定？

公文版记是指在公文最后一页底端，首条分隔线和末条分隔线之间记录有关事项的部分，一般包括两个要素：抄送机关，承办部门名称和印发部门名称及印发日期。

版记中如有其他要素，应当将其与承办部门、印发部门和印发日期用一条细分隔线隔开。

版记中的分隔线与版心等宽，首条分隔线和末条分隔线用粗线（0. 35mm），中间的分隔线用细线（0. 25mm）。首条分隔线位于版记中第一个要素之上，末条分隔线与公文最后一面的版心下边缘重合。

86. 什么是公文的信函格式？信函格式公文有何具体要求？

公文的信函格式是被广泛采用的一种公文特殊格式，主要用于发布、传达要求下级机关执行和有关单位周知或执行的事项，商洽、询问、答复或者说明某件具体事项。较文件格式，信函格式相对简单，易操作，在各级行政机关的公文中广泛使用，常见于通知、批复、函等文种的公文中。

信函格式公文的具体格式要求是：

（1）首页的发文机关标志使用发文机关全称或者规范化简称，居中排布，上边缘至上页边为 30mm，使用红色小标宋体字。联合行文时，使用主办机关标志。

（2）发文机关标志下 4mm 处印一条红色双线（上粗下细），距下页边 20mm 处为一条红色双线（上细下粗），线长均为 170mm，居中排布。

（3）如需标注份号、密级和保密期限、紧急程度，顶格居版心左边缘编排在第一条红色双线下，按照份号、密级和保密期限、紧急程度的顺序自上而下分行排列，第一个要素与该线的距离为 3 号汉字高度的 7/8。

（4）发文字号顶格居版心右边缘编排在第一条红色双线下，与该线的距离为 3 号汉字高度的 7/8。

（5）标题居中编排，与其上最后一个要素相距二行。

（6）第二条红色双线上一行如有文字，与该线的距离为 3 号汉字高度的 7/8。

（7）首页不显示页码。

（8）版记中不加分隔线，位于公文最后一面版心内最下方。

87. 信函格式与作为文种的“函”有什么区别？

信函格式是区别于文件格式的另一种公文格式，即版头上没有“文件”字样。目前，国家税务总局发文字号“税总党委函”“税总党委办函”“税总××函”“税总办××函”均使用信函格式。

信函格式可用于平行文和下行文，行文时可以使用“函”文种，也可以使用“通知”“意见”等其他文种；而“函”则是机关公文的法定文种之一，仅适用于平行文。

二者的根本区别在于，信函格式是公文的一种格式，“函”作为文种，是公文制发形式所承载内容中使用的法定文种。

88. 什么是发文处理单？为什么要正确填写发文处理单？

发文处理单是由公文拟稿人在起草公文时填写的记录。国家税务总局发文处理单一般由公文密级、缓急、发文字号、签发、局外签发、局外会签、办公厅核稿、办公厅审核、局内会签、主办部门、电话、拟稿人、处领导、司核稿、司领导、标题、信息公开、政策解读、主送、抄送、局内抄送、附件说明、附注、印刷份数、排版、校对等栏目组成。

草拟公文后，填写发文处理单，如果错漏较多，该公文就不可能准确及时地按公文运转的程序进行审核、签发、复核、编号、校对、印制、用印、登记和封发。

89. 如何正确填写国家税务总局的发文处理单？

（1）拟稿人应当按照公文处理办法和公文内容正确填写主办部门、拟稿人姓名及电话、标题、信息公开选项、政策解读、主送机关、抄送机关、发文机关代字、公元年份等，不得遗漏。涉密公文应当填写密级；紧急公文应当填写紧急程度；需要会签局外单位和局内单位的，应当分别填写局外单位和局内单位名称；联合发文应当在局外签发栏填写局外单位名称；公文有附件的，应当按顺序号填写公文附件名称。

（2）公文办理各环节的有关人员，应当按照规定的职责权限在处领导、司核稿、司领导、办公厅核稿、办公厅审核、局内会签、签发、排版、校对等相关栏目正确填写姓名和日期，以及该公文的发文字号、印刷份数，不得遗漏。

（3）填写发文处理单，其书写和字迹材料应当符合有关规定，不得使用圆珠笔和铅笔，不得使用除黑色以外其他颜色的墨水。

90. 什么是办文说明？国家税务总局如何起草办文说明？

办文说明是机关内部在拟文时对办文背景、过程、依据、理由等情况进行说明的内部材料。

为便于领导和有关会签、审核公文的人员了解发文的背景等情况，及时稳妥审签公文，拟稿人一般应随同公文稿起草、运转办文说明。文稿的主办部门负责人应对办文说明进行审核、修改、把关。

办文说明应标明办文的主办部门、日期。办文说明应拟写简明的标题，即“关于×××的说明”，正文主要对办文的背景、过程、依据、理由等进行说明，必要时对主要内容进行解释，目的在于方便文稿的审核、会签和签发。

以下情形必须在办文说明中进行说明：

（1）对预留时间不足 5 日的紧急正式发文，主办单位必须在办文说明中详细说明理由和办理过程。

（2）对主办单位与会签单位经协商仍不能达成一致的正式发文，主办单位应在办文说明中列明各方意见及理由、依据，提出办理意见，会签后报局领导决定。

（3）凡是国家税务总局拟发文件内容涉及信息系统调整（软件开发）的，必须会签国家税务总局网信办（征管科技司），并在“办文说明”中注明是否涉及信息系统调整（软件开发）。各司局起草正式文件对下部署业务工作时，凡需要省局配套资源的，需在办文说明中增加关于省局配套信息化相关资源的说明，并会签征管科技司、电子税务中心和数据风险局，在办文说明中写明“需要省局配套建设或升级应用系统，需要配备 IT 基础资源（包括：网络、软件及硬件）等的具体情况”。如不需要省局资源的，也须在办文说明中写明“不需要省局配套建设或升级应用系统，不需要省局配套 IT 基础资源”。

（4）各司局在以国家税务总局或办公厅名义拟制公文时，应明确信息公开属性，对拟不公开的应依法依规在办文说明中说明理由。

（5）主办司局如根据局领导批示要求办文，需在办文说明开头写明“按照局领导在××上的批示要求”，并附上局领导批示复印件或者批示抄清件。主办司局如根据局领导指示要求办文，需在办文说明开头写明局领导指示的核心内容和要求。

91. 在公文格式方面应注意避免哪些常见错误？

（1）发文字号不规范。如发文字号空缺或填写不属于规定的发文字号，或发文字号与发文机关标志不相符等。

（2）签发人标注不规范。如上行文（包括请示、报告及用于上行文的意见）不标注“签发人”，不是机关主要负责人或主持工作的负责人签发，联合行文只标注本机关签发人的姓名等。

（3）缺少标题或标题不规范。如未标注发文机关。

（4）主送机关不规范。如未按规定或习惯顺序排列，税务机关名称未使用全称等。

（5）附件说明、附件、附注不规范。如带附件材料的行文，不标注附件或者标注不规范；主件与附件能装订在一起而未装订在一起或份数不一致；公文末页的附注使用“此页无正文”；上行文未标注联系人和联系电话等。

（6）成文日期标注不规范。如成文日期用汉字标注等。

（7）公文用印不当或不规范。如正式发出的公文不盖印章或所盖印章与机关名称不相符；用印位置不当，上下倒置或用印清晰度差等。

（8）印发机关、印发日期缺项或书写不规范，版记内容不符合要求等。

（9）抄送机关不规范。如应当抄送的不抄送，不应当抄送的抄送；或抄送机关简称不规范，排列顺序混乱等。

三、行文规则实务

92. 税务公文行文的基本规则是什么?

(1) 行文应当确有必要，讲求实效，注重针对性和可操作性。无实质内容，无具体措施，无针对性，无指导性，缺乏操作性的，可发可不发的，一律不得行文。

(2) 各级税务机关应当根据隶属关系和工作需要，在职权范围内行文。涉及其他单位职权范围的，应当会签有关单位或者联合行文。

(3) 各级税务机关一般不得越级行文。因特殊情况（如重大灾害、重大案件、重大事故等）必须越级行文时，应当抄送被越过的上级机关（下级机关反映其直接上级机关和领导人问题的除外）。上级机关批复越级上报的请示时，也应当抄送被越过的机关。

(4) 各级税务机关的办公厅（室）根据授权可以代表本级机关行文。

(5) 税务系统内部，除特殊情况外，党的组织和行政机关之间一般不交叉行文。不以行政机关的名义向党的组织发布命令、决定，除特殊情况外，不就具体行政事务向党的组织直接报告工作，请求指示。党的组织也不向行政机关请示或者报告工作，除特殊情况外，不直接向行政机关下达命令或者决定，一般应向行政机关中的党组织行文。党的组织和行政机关的发文机关标志、发文字号和印章不得混用。

93. 向上级机关行文，应当遵循哪些规则?

(1) 原则上主送一个上级机关，根据需要同时抄送相关上级机关和同级机关，不抄送下级机关。

(2) 下级税务机关向上级税务机关请示、报告重大事项，应当同时遵循本级党委、政府的有关规定；属于职权范围内的事项应当直接报送上级税务机关。

(3) 下级机关的请示事项，如需以本机关名义向上级机关请示，应当提出倾向性意见后上报，不得原文转报上级机关。

（4）请示必须在事前，应当一文一事，不得在报告等非请示性公文中夹带请示事项。正文末应当有请示语。

（5）除上级机关负责人直接交办事项外，不得以本机关名义向上级机关负责人报送公文，不得以本机关负责人名义向上级机关报送公文。

（6）受双重领导的机关向一个上级机关行文，必要时抄送另一个上级机关。

（7）在公文附注处注明联系人的姓名和电话。

94. 向下级机关行文，应当遵循哪些规则？

（1）主送受理机关，根据需要抄送相关机关。重要行文应当同时抄送发文机关的直接上级机关。

（2）各级税务机关不得向下级党委、政府发布指令性公文或者在公文中向下级党委、政府提出指令性要求。需经政府审批的具体事项，经政府同意后可以由税务机关行文，文中须注明已经政府同意。

（3）各级税务机关可以以函的形式向下一级政府行文，商洽工作、询问和答复问题、审批事项。

（4）涉及其他部门职权范围内的事务，未协商一致的，不得向下行文；擅自行文的，上级税务机关应当责令其纠正或者撤销。

（5）上级机关向受双重领导的下级机关行文，必要时抄送该下级机关的另一个上级机关。

95. 税务机关内设机构发文，应当遵循哪些规则？

各级税务机关的内设机构根据工作需要，在规定的职权范围内，向上、下级税务机关的内设机构和其他机关的有关内设机构行非正式公文时使用便函，机关内设机构之间根据工作需要也可以使用便函。便函不得以单位为行文对象，应当以单位的内设机构为行文对象。例如：不得以“国家税务总局××省（自治区、直辖市、计划单列市）税务局”为行文对象，应当以“国家税务总局××省（自治区、直辖市、计划单列市）税务局××处”为行文对象。

各级税务机关的内设机构除办公厅（室）和法律规定具有独立执法权的

机构外不得对外正式行文。

96. 税务部门与外单位联合行文，应当遵循哪些规则？

各级税务机关可以与同级党政各部门、下一级党委政府、相应的军队机关、同级人民团体和具有行政职能的事业单位联合行文。联合行文应当明确主办单位。

一般来说，行政机关与党委机关联合行文，党委机关排列在前；行政机关与军队机关联合行文，行政机关排列在前；行政机关与人民团体或具有行政职能的事业单位联合行文，行政机关排列在前，行政机关之间联合行文，主办机关排列在前。

97. 税务部门向外单位行文，应当遵循哪些规则？

各级税务机关在职权范围内可以向其他党政部门行文。

向同级机关行文可以抄送其他同级机关；转发上级机关、同级机关和不相隶属机关的公文，如无补充内容，可不抄送被转发机关。

各级税务机关的内设机构除办公厅（室）和法律规定具有独立执法权的机构外不得对外正式行文。即不得向本部门以外的其他机关（包括本系统）制发政策性和规范性文件，不得代替机关审批下达应当由机关审批下达的事项。

各级税务机关应当按照各级人大、政协规定的程序、时限、格式等要求办理人大代表的议案、建议和政协委员的提案。除答复人大建议和政协提案外，一般不对个人行文。

98. 上级税务机关普发性、告知性的文件，是否可以直接分发下级税务机关？

省以下各级税务机关贯彻落实上级文件精神，如没有实质性的贯彻意见，可不再制发文件，应采取翻印的形式下发或通过电子公文系统将原文件分发到下级税务机关。

99. 什么是上行文？哪些文种属于上行文？

上行文指下级机关向上级领导机关或有业务指导关系的上级机关发出的文件。

在《全国税务机关公文处理办法》规定的 13 种主要文种中，请示、报告属于上行文文种，意见也可以作为上行文使用。

100. 为什么向上级机关行文时原则上只主送一个上级机关，并不抄送下级机关？

向上级机关行文“原则上主送一个上级机关”，主要是为了明确主办机关的责任，防止推诿、扯皮。某些特殊情况或者跨系统的工作，需要同时向两个上级机关请示、报告工作的，两个下级机关联合行文时，可以主送两个上级机关。

“不抄送下级机关”，是指向上级行文，大部分为未定事宜，有的还涉及保密、敏感或不宜向下级机关通报的事项，在上级机关决定前抄送下级机关，容易引起混乱。

101. 国家税务总局向党中央、国务院报送文件应注意哪些问题？

（1）按照中央文件年度制定计划要求，税务总局应当根据党中央、国务院决策部署，结合税务总局职责和年度工作重点，研究提出拟提请以党中央、国务院名义或以中央办公厅、国务院办公厅名义联合制发的文件项目，报送中央办公厅报批后实施。计划实施过程中发文项目根据实际情况需要调整的，税务总局应当及时向中央办公厅提出调整建议，由中央办公厅报批后实施。对未列入年度制定计划的临时性项目，税务总局应当按照一事一报原则向中央办公厅申报立项，报党中央审定。

（2）税务总局拟提请以党中央、国务院名义或以中央办公厅、国务院办公厅名义联合发文的，须向党中央、国务院报送请示且代拟文件稿应先报国务院审议或审批，原则上不直接向中央领导同志报送发文请示。拟提请以国务院或国办名义发文的，须向国务院报送请示。

（3）上报发文请示时，请示内容须说明发文依据、起草过程包括征求意见情况、发文形式和印发范围建议、拟标注密级和保密期限以及是否公开发布等（依法应当保密、未公开征求意见的，应附情况说明）。如有时限等特殊要求的，应当在请示中注明。报送材料一般包括发文请示、代拟通知稿、文件送审稿、部门内部合法性审查意见、政策出台评估情况、政策解读、舆情应对方案、征求部门意见反馈函、电子文档等。凡需配套制定分工方案的，原则上应将分工方案作为附件一并上报审批。若因特殊情况不能将分工方案一并报批的，应予以说明。

（4）上报请示事项，应抓紧做好前期准备工作，留出足够时间供领导同志研究、决策。一般请示事项，须给国务院留出不得少于14个工作日；紧急请示事项不得少于7个工作日；特别紧急的请示事项，应事先与国务院办公厅沟通说明，抓紧办理，尽快报送，无特殊情况，请示文件不标注“加急”或“特急”。

（5）上报党中央、国务院的文件，如有中央领导同志、国务院领导同志关于此事项的批示，须将该批示的复印件作为附件附在正文之后，涉密批示件按有关保密规定办理。

（6）除中央领导同志、国务院领导同志直接交办的事项外，上报文件一律报送党中央、国务院，不得直接报送领导同志个人。

（7）若向党中央、国务院上报事项，涉及其他部门职权范围的，须附上有关部门的会签或回复意见。

（8）上报党中央、国务院的文件，应当充分体现党中央、国务院决策部署，准确表述党的路线方针政策，与党内法规和国家法律法规相协调衔接，符合客观实际，坚持问题导向，加强调查研究，勇于改革创新，提出科学可行的实招、硬招、新招。发扬“短、实、新”的优良文风，突出针对性、指导性和可操作性，做到务实管用。文件主办部门和办公厅要切实把好政治关、政策关、法律关、文字关、舆情关，确保文风端正，结构严谨，条理清楚，文字精练，格式规范。

（9）同时主送党中央、国务院的报告以中共国家税务总局委员会、国家税务总局联合发文形式上报，发文机关标志为中共国家税务总局委员会、国家税务总局文件，发文字号选用“税总党委发”，发文机关署名为中共国家税务总局委员会、国家税务总局。

（10）上报党中央、国务院的文件由税务总局主要负责人或者主持工作的负责人签发，并遵循集体审议或者传批审定相关要求。

102. 向中央纪委国家监委驻国家税务总局纪检监察组行文应注意哪些问题？

（1）与驻税务总局纪检监察组商洽工作、沟通情况，须正式行文的，可以税务总局党委名义发函，发文字号为“税总党委函”。

（2）发文字号为“税总党委发”“税总党委函”的文件，需要抄送驻税务总局纪检监察组的，使用全称“中央纪委国家监委驻国家税务总局纪检监察组”。

（3）税务总局上报党中央、国务院的报告，涉及落实党中央、国务院决策部署的，均抄送“中央纪委国家监委驻国家税务总局纪检监察组”。

（4）发文字号为“税总党委办发”“税总党委办函”的文件，需要主送、抄送驻税务总局纪检监察组办公室的，使用全称“中央纪委国家监委驻国家税务总局纪检监察组办公室”，列在“中共国家税务总局各省、自治区、直辖市和计划单列市税务局委员会，中共国家税务总局驻各地特派员办事处委员会，中共国家税务总局税务干部学院委员会，局内各单位”之前。

（5）税务总局其他行政发文（包括以税务总局或办公厅名义）需要主送、抄送驻税务总局纪检监察组办公室的，使用全称“中央纪委国家监委驻国家税务总局纪检监察组办公室”，列在“国家税务总局各省、自治区、直辖市和计划单列市税务局，国家税务总局驻各地特派员办事处，局内各单位”之前。

（6）以税务总局机关党委、机关工会、机关团委名义印发涉及基层党组织建设、基层工会组织建设、基层团组织建设的公文，分别主送驻税务总局纪检监察组党支部、分工会、团支部。涉及行政管理及后勤保障等事务的须按要求执行的，以及以妇工委名义印发涉及基层妇女组织建设的公文，主送驻税务总局纪检监察组办公室。

（7）凡各司局层面工作向驻税务总局纪检监察组办公室征求意见的，原则上应沟通后标明“经与驻税务总局纪检监察组办公室商研”。须会签驻税务总局纪检监察组办公室的文件，拟稿司局完成内部程序后送驻税务总局纪检监察组办公室。

（8）税务总局党委文件和行政文件，在主送、抄送中，使用全称：中央纪委国家监委驻国家税务总局纪检监察组（办公室）；在标题和正文中，使用简称：驻税务总局纪检监察组（办公室）；发文机关署名，使用相应全称。

103. 什么是平行文？哪些文种属于平行文？

平行文指向同系统的平级机关或不相隶属的任何机关发出的文件。向不相隶属机关发文，不受机关级别的限制。

函属于平行文，知照性通知也可以是平行文，意见也可以作为平行文使用。

104. 什么是下行文？哪些文种属于下行文？

下行文指在具有隶属关系的系统内，上级机关向下级机关或业务的被指导机关发出的文件。

在《全国税务机关公文处理办法》规定的13种主要文种中，决议、决定、命令（令）、公告、通告、通报、批复属于下行文，通知一般也是下行文，意见也可以作为下行文使用。

105. 向下级机关行文时，哪些行文应当同时抄送发文机关的直接上级机关？

向下级机关的重要行文应当同时抄送发文机关的直接上级机关。重要行文是指贯彻上级机关的重大决策、决议、决定等文件精神的实施意见，涉及全局性工作的重要部署、重大决策和重要事项的办理，处置重大事件、突发事件的预案和措施等方面的文件。

106. 什么情况下税务机关可以对下一级政府正式行文？

各级税务机关在职权范围内，与下一级政府商洽工作、询问和答复问题、审批事项时，可以用“函”这个文种向下一级政府正式行文，但不得发布指令性公文，或者在公文中提出指令性要求。需经政府审批的具体事项，经政府同意后可以由税务机关行文，文中须注明已经政府同意。

107. 什么是联合行文？联合行文的目的是什么？联合行文应注意哪些问题？

联合行文是指由两个及两个以上机关就同一事项共同发文。联合行文的目的是共同贯彻执行党的路线方针政策和国家法律法规，推动落实共同管理的工作或与联署机关有关的工作。

联合行文应该注意以下几个问题：

（1）联合行文应当确有必要。

（2）联署单位不宜过多。

（3）联合行文的机关应该是同一级别、同一层次。

（4）联合行文应当明确主办部门。

（5）行政机关联合行文，主办机关应当排列在前，编主办机关发文字号；行政机关与同级或相应的党的机关、军队机关、人民团体联合发文，按照党、政、军、群的顺序排列，文号一般使用排列在前的机关发文字号，也可以协商确定，但只能标注一个机关的发文字号。

（6）联合发文的签发，应由主办机关负责人先签发，协办单位依次会签，一般不得使用复印件会签。

（7）联合上报的上行文，由主办机关加盖印章；联合下发的文件，联合发文的机关都必须加盖印章。

（8）联合发文，主办部门一般要给每个联合发文部门印制文件存档，但在“抄送机关”栏中不能标注抄送任何一家联合发文单位的名称。

（9）联合发文的成文日期应为联合发文单位中最后签发的时间。

108. 什么是越级行文？为什么一般不得越级行文？特殊情况的越级行文包括哪些情况？

越级行文是指下级机关越过其直接的上级机关，向更高一级的机关直接行文；或上级机关越过其直接的下级机关，向更下一级的机关直接行文。实际工作中一般指越级向上级行文。

越级向上级行文，一是扰乱了正常的工作秩序，增加了上级机关的负担；二是绕开了公文处理的必要运转程序，违反了行文规则，破坏了行政管辖的一般原则；三是不利于发挥各级机关应有的职能作用，甚至造成机关与机关之间的矛盾。

可以越级行文的特殊情况主要有：

（1）遇有重大突发事件，包括重大自然灾害、重大事故灾难、重大公共卫生事件和社会治安事件等，按照逐级行文的方式不利于重大突发事件处理的，在这种紧急情况下，从有利于工作出发，可采取越级上行文的方式行文，同时应当抄送被越过的上级机关。

（2）直接的上级机关和领导人乱作为，或者违法违纪的，可以越级行文举报上级机关和领导人。

109. 为什么一般不得以机关名义向领导个人行正式公文？

以机关名义向领导个人正式行文，与公文处理的有关规定相违背，越过了公文处理的必要运转程序，违反了行文规则。这样做，绕开了办公厅（室）的审核和统一运转，使批示人在不了解有关背景和相关规定的情况下提出批示意见，容易造成领导之间对同一个公文作出相互矛盾的批示，既不利于有关部门内部协商和把关，也不利于公文的正常运转，容易造成空档，无人催办落实，造成公文的错漏、延误。

110. 部门内设机构除办公厅（室）外，不得对外正式行文的含义是什么？

《党政机关公文处理工作条例》规定，部门内设机构除办公厅（室）外不得对外正式行文。这是规范部门内设机构行文的规则，是从部门内设机构的职能出发作出的规定，其目的是确保部门的领导管理政令统一。正式行文是指代表本部门行使职权、履行职能活动、制发正式文件的行为。办公厅（室）是部门的办事机构，因工作需要，经部门同意或者授权，办公厅（室）可以代表本部门对外正式行文，答复应当由部门审批的事项。部门其他内设机构没有这个职权。部门其他内设机构在各自职权范围内可与相应机关的内设机构以“函”等形式联系工作。

111. 各级税务机关办公厅（室）对外正式行文应包括哪些内容？

各级税务机关办公厅（室）对外正式行文有两种情况：一是办公厅（室）依据自身职责权限自行对外正式行文；二是各内设机构因工作需要以办公厅（室）名义对外正式行文。主要包括以下内容：

（1）代表机关向下级税务机关布置日常性的事务工作，通报有关情况。

（2）发布机关内部适用的各类制度规定。

（3）通报机关内部的有关情况。

（4）代表机关向平级单位的有关部门或其他单位行文，通报有关情况，商洽事宜。

（5）代表机关向上级机关的有关部门报送有关情况，提出意见和建议。

（6）就有关重要事项向下级税务机关征求意见。

（7）代表机关下发重要的会议、培训（包括视频）通知，向有关部门发出邀请。

（8）代表机关向有关单位提供证明。

（9）其他有必要以办公厅（室）名义对外明确的事宜。

112. 什么是“便函”？税务机关内设机构使用“便函”有何具体规定？

各级税务机关的内设机构根据工作需要，在规定的职权范围内，向上、下级税务机关的内设机构和其他机关的有关内设机构行非正式公文时使用便函，机关内设机构之间根据工作需要也可以使用便函。

便函适用于商洽工作，通报情况，询问和答复一般事务性问题，安排其他一般性、事务性、临时性内部工作。以下情况一般使用便函：

（1）召开四类会议、视频会议、组织培训（包括视频培训）的通知。

（2）开展集中办公、调研、系统测试的通知。

（3）通报各内设机构年度重点工作安排或要点的通知。

（4）下发一般性软件补丁升级的通知。

（5）要求下级税务机关内设机构报送各类数据、信息、经验材料、工作总结等通知。

（6）以对等原则使用便函回复征求意见。

（7）通报本单位日常性、事务性工作开展情况。

（8）安排其他一般性、事务性、临时性内部工作。

（9）确因工作需要可以便函行文的其他情况。

以下情况不得使用便函：

（1）不得发布行政许可、行政审批、行政处罚等事项。

（2）不得规定税务系统内部管理审批事项。

（3）不得进行税费政策解释。

（4）不得进行税费征管问题解释。

（5）不得部署直接面向纳税人缴费人的具体税费征管工作。

（6）不得部署检查、调查、核查纳税人缴费人工作。

（7）不得发布书刊征订等事宜。

（8）其他不得以便函行文的情况。

合理使用便捷方式办理事项，有效减少便函数量：

（1）向局内各单位征求和反馈意见建议、提供素材、资料等非涉密件应当以“便笺”或“会签意见”形式办理。

（2）商借人员、通报借调人员工作鉴定等事项，可以只出现本单位文头并盖章、不使用便函文号的“便笺”方式办理。

（3）对非涉密、非敏感、临时性、一次性、事务性事项适宜通过电话、传真、可控 FTP 及内网邮箱等方式办理，不得使用便函办理。

便函不得以“国家税务总局××省（自治区、直辖市、计划单列市）税务局，国家税务总局驻各地特派员办事处”为行文对象。

便函的版头由税务机关名称和内设机构名称组成，不加“文件”字样。便函的发文字号按内设机构代字自行编号，成文日期上署内设机构名称，加盖内设机构印章，无版记。

《全国税务机关公文处理办法》对“便函”版头颜色没有明确规定为红色或者黑色。主要是考虑到所发“便函”在内容和行政效力以及受文单位的要求上各有不同，各地可以根据工作需要作出具体规定。实际工作中，当前国家税务总局司局“便函”版头颜色为黑色。

113. 国家税务总局各司局便函可否转发？

根据便函内容和实际工作需要，确有必要的，省税务机关对口处室可以转发或直接下发。

114. 通过便函布置工作，回复时应以什么形式？

上级税务机关内设机构通过便函布置工作的，下级税务机关内设机构一般也应通过便函回复，主送上级税务机关对口内设机构，也可根据实际需要通过电话、内网邮件、可控 FTP 等便捷方式回复。

115. 国家税务总局驻各地特派员办事处与相关省税务局之间一般如何行文？

国家税务总局驻各地特派员办事处与相关省税务局告知事项、商洽工作、征求意见等，需要行文的，按照同级机关之间的行文规则执行，主要使用通知、意见、函三个文种，发文字号一般使用“函的形式”。

116. 公文处理中在行文规则方面应注意避免哪些常见错误？

公文处理中在行文规则方面应注意避免以下常见错误：

（1）向领导个人行正式公文。按规定，除领导要求本机关以正式公文报送本人外，一般不得对领导个人行正式公文。

（2）多头请示。向上级机关行“请示”文，主送两个或两个以上单位。

按规定“请示”原则上只能主送一个单位，如确需同时报送其他上级机关，应采取抄送形式标列于抄送栏内。

（3）报告中夹带请示事项。

（4）以行政公文替代党委文件或以党委文件替代行政公文。

（5）先签后核。先由机关负责人签发后，再送办公厅（室）核稿。

（6）超越职权范围行文。涉及其他单位的事项，不会签有关单位而自发公文；或机关之间对有关问题未经协商一致，各自向下行文。

（7）超越必经程序行文。如：机关内部主办部门起草的公文，违反税务部门规章、税务规范性文件、税收个案批复文件制定程序行文。

（8）下级机关的请示事项，以本机关名义向上级机关请示时，未提出倾向性意见就上报，或直接原文转报上级机关。

四、公文拟制实务

117. 起草税务公文应当如何切实维护党的路线方针政策和国家法律法规的统一性和权威性？

各级税务机关起草公文要切实对标对表，坚持以习近平新时代中国特色社会主义思想为指导，坚持以党章为根本，贯彻党的基本理论、基本路线、基本方略。贯彻党中央和国务院决策部署，严格遵守国家法律法规。

各级税务机关应当规范和完善文件审核工作机制，健全分级分类审核、要素审核、主办人负责制等制度，不断提高文件审核质量和水平。办公厅（室）要切实把好政治关、政策关、法律关，并会同有关部门共同做好党委规范性文件和税务规范性文件的备案审查工作，严格规范开展政治性审查、合法合规性审查、合理性审查、规范性审查、权益性审核等工作，确保税务公文符合党的路线方针政策和国家法律法规。

118. 起草税务公文应当怎样大力改进文风？

起草税务公文要严格落实习近平总书记关于改进文风的重要讲话精神，反对“长、空、假”，倡导“短、实、新”。

（1）“短”就是要力求简短精练、直截了当，要言不烦、意尽言止，观点鲜明、重点突出，切忌洋洋洒洒、下笔千言，拖拉冗杂、离题万里。

（2）“实”就是要力求实事求是、务实管用，深入浅出、通俗明白，有的放矢、言之有物，切忌照搬照抄、移花接木，空话连篇、无病呻吟。要做到发文确有需要、确有必要，坚持用事实说话、用数据说话，坚持触及实际问题、回应社会关切，确保字字句句经得起推敲、经得住检验。

（3）“新”就是要力求思想深刻、富有新意，善于用新观念、新思维去研究解决新情况、新问题，善于把中央精神和上级要求与本地区本部门实际结合起来，善于运用清新鲜活、富含时代气息、感染力强的语言，确保角度新、材料新、语言表达新。

119. 起草税务公文时如何做好与现行有关公文的衔接？

（1）要维护上级机关公文的权威性，做到令行禁止。一方面，不能违背上级机关公文精神，起草的公文要和上级公文精神一致；另一方面，必须贯彻执行到位，要结合实际提出具体措施，真正把上级机关公文要求落到实处，力戒照抄照转、生搬硬套。

（2）要保持本级机关公文的严肃性，保证工作连续。当新制发的公文对现行公文的有关规定作出某些改变时，应对此有所交代或以其他方式说明。

（3）要保持同级机关公文的协同性，避免矛盾冲突。规范做好与同级机关之间的征求意见和会签工作，避免部门之间公文“打架”，让执行者无所适从，保证所制定公文得到有效贯彻施行。

120. 起草税务公文时提出政策措施如何做到有效管用？

（1）立足工作大局。制定政策措施要全面学习党中央、国务院关于相关工作的决策部署及上级税务机关、地方党委政府的工作要求，全面把握相关工作的背景、现状和发展趋势，准确查找需要解决的问题，做到顾今虑远，守正创新。

（2）坚持人民立场。制定政策措施要坚持以人民为中心的发展思想，涉及纳税人缴费人利益的，要广泛听取纳税人缴费人或行业协会商会的意见，切实解决纳税人缴费人急难愁盼问题。

（3）注重调查研究。制定政策措施要全面深入了解实际情况，特别是考虑不同地区的差异开展调查研究，同税收中心工作和决策需要紧密结合，增强针对性和可操作性，避免不接地气的“空中政策”和相互打架的“本位政策”。

（4）持续改进提升。制定政策措施在正式发文前，要向基层税务机关征求意见，加强统筹，注重实效。政策措施执行中要注意听取基层干部和纳税人缴费人反映，了解具体落实情况，及时答疑解惑，持续跟踪问效，适时调整完善。

121. 各级税务领导干部应当如何指导重要公文起草工作？

（1）亲自参与。各级税务领导干部应当亲自参与重要公文的起草，出思想、谈看法、拿主意，必要时带队开展调查研究或主持召开座谈会，充分听取意见建议，确保公文政治立场坚定、主题观点鲜明、措施具体可行。

（2）严格把关。各级税务领导干部应当切实提高公文处理能力和水平，审核签字时要在思想主旨、内容结构、文字表述等方面把好关，要认真细致修改公文，坚决杜绝简单画圈签名上报，确保公文质量。

（3）注重传承。各级税务领导干部应当充分认识到“拿笔杆是实行领导的主要方法”，切实改进文风，带头讲短话、讲实话、讲新话；要作好表率，注重传承，手把手教，一对一带，坚持常抓细抓，持续提升本单位本系统整体公文水平。

122. 起草税务公文时谋篇布局如何做到详略得当？

“详略得当”就是对公文素材进行科学合理的分配，使公文有轻有重，有主有次，疏密有致，重点突出，节约篇幅。

“详”与“略”应注意以下方面：一是重点内容部分要详写，非重点部分可略写。二是受众不太熟悉的要详写，熟悉的可略写。三是新任务、新要求要详写，强调过多次的工作可略写。四是上级文件或会议精神与本地本部门工作关联度强的要详写，关联度不强的可略写。五是实质性的要详写，过程性的可略写。尤其在回顾总结工作和引用典型事例时要注意这一点。六是关键性的段落（即文章的主要层次，与主题关系密切的段落）要详写，一般性的段落（如“帽子段”、过渡段和文章结束之前的附加段）可略写。

123. 起草税务公文时如何避免照抄照搬？

（1）吃透“上情”。认真学习上级有关文件和领导讲话，理解领会，把精神吃透。判断吃透的标准是要做到能把制发这份文件的意义和作用说清楚，能把关键性的观点、提法和要求等说清楚。

（2）摸清“下情”。把本地本部门的有关材料找来看一看，或者到有关部门和基层去走一走，了解某方面的实际情况如何，再对照上级文件，哪些方面做得好，哪些方面做得不好，要采取什么措施来解决。如果上级文件所部署的是一项新的工作，则要把执行该文件的客观条件、工作基础摸清楚，并对可能发生的情况进行预测。

（3）有机结合。在吃透“上情”，摸清“下情”的基础上，“上挂下联，虚实相生”。“上挂”就是遵循上级文件精神，“下联”就是结合本地实际；“虚实相生”就是把上级精神和实际情况有机结合在一起，变成自己的话来说，使文件既贯穿着上级精神，又与实际情况相吻合。

124. 起草税务公文时的常用词汇有何特点？

（1）带政治色彩的词汇用得较多，如思想、认识、精神、品质、政策、观点、方针、导向、世界观、方法论等，此外还有一些专用词汇，如以习近平同志为核心的党中央、“两个维护”、中国式现代化等。

（2）带确定性、祈使性的词汇用得较多，如必须、要、务必、一定、应当、不能、不得、不允许、杜绝、禁止等。

（3）动宾结构用得较多，如统一思想、提高认识、改进作风、转变观念等。

（4）介词结构用得较多，如为了……、关于……、除了……、根据……、遵照……、自从……、对于……、通过……等。

（5）某些约定俗成的文言词句用得较多，如兹因、总之、为此、鉴于、可否、此复等。

（6）带行政色彩的动词用得较多，如指出、强调、认为、要求、提倡、推动、形成、分析、领会、理解等。

（7）带转折性的词汇用得较多，如但是、然而、不过等。

（8）关联词用得较多，如和、同、与、以及、并且等。

125. 起草税务公文时应如何避免相关词语的错用？

（1）避免滥用与领导同志有关的专用词汇。如×××领导的“重要指示”“重要讲话”，对中央领导可以用，对其他级别的领导则不能用。中央领导下基层才可用“视察”，其他级别的领导到基层检查工作不能用“视察”，只能用“考察工作”“指导工作”或“调查研究”等。各级领导参加的各种活动，慎用“亲自”等词。

（2）避免滥用副词。一些文稿为了加重语气、强调某项工作的重要，在动词前面加上一大堆副词，如“进一步坚决落实”，不宜将二者重叠起来使用。

（3）避免滥用“必须”“要”等指令词。上行文提出下步工作打算时，应用“将”。

（4）避免过多重复用词。短距离内尽量不要重复，尤其在一句话中要力戒重复。

（5）避免乱用助词。注意“的”“地”“得”的区别，“的”字用于定语，“地”字用于状语，“得”字用于补语。

（6）避免乱用简称。简称必须是符合规范，大家都已接受、一说就明白的。

（7）避免搭配不当。如“提高营商环境”应为“优化营商环境”。

126. 如何正确认识税务公文修改的必要性？

“文章不厌千回改”，好公文是改出来的，经过反复打磨的公文，才能经得起受众的考验和时间的检验。

（1）修改是提高公文质量的重要手段。文章是对客观事物的反映，客观事物是复杂曲折的，需要一个反复思索、逐步深化和去伪存真、去粗取精的过程。修改文章就是对事物的认识进一步明确、深刻、全面的过程，也是文章的表现形式趋于完善的过程。

（2）修改是提升写作水平的有效途径。起草者只有对文章不断进行修改，才能发现问题、总结教训，积累经验、掌握技巧，从而不断提升写作水平。

（3）修改是改进机关作风的良好契机。认真修改、精益求精，有利于增强起草者的事业心和责任感；充分研究讨论、发挥集体智慧，有利于增强机关团结协作、互助互促的工作氛围。

127. 税务公文审核的基本要求和原则有哪些？

税务公文审核的基本要求包括：

（1）从文字上看，字词准确精练、语法严谨规范；

（2）从内容上看，观点客观鲜明、材料充分有力；

（3）从形式上看，文种选用正确、格式符合规范；

（4）从程序上看，严格遵照流程、沟通协调到位。

税务公文审核的基本原则包括：

（1）依据原则，就是指公文文稿审核工作中提出的意见要有法可依、有据可查；

（2）质量原则，就是指公文文稿审核的全部工作都以保证公文质量、提升公文质量为出发点和落脚点；

（3）效率原则，就是指公文文稿审核工作中要优化流程、科学组织、加快节奏、缩短时间，保证公文的时效性；

（4）精简原则，就是指既要精简公文制发的数量，又要精简每一篇公文的篇幅，实现少发文、发短文。

128. 税务机关主办部门审核公文的重点是什么？

（1）政策关。即行文是否符合党和国家的方针、政策，与相关法律、法规、规章和规定是否相一致，政策规定是否明确和切实可行。

公文内容必须符合党和国家的方针、政策，不得与法律、法规相抵触。如税务机关公文在涉及党的机关、人大机关、法院、检察机关时，在提法上、内容上必须严格按照党章、党的理论和路线方针政策，宪法和法律的规定执行。

审核公文内容与现行政策有无矛盾。公文应保持政策的连续性和一致性，正式公文内容在对现行政策作出调整和新规定的同时，应与原规定相衔接，即对原规定如何处理应有明确交代，或废止或撤销等。

审核公文政策规定是否明确和切实可行，公文提出的政策措施应当具体明确，便于基层和税务行政相对人理解掌握和操作执行。凡是涉及征纳双方的税务部门规章和规范性公文，在送办公厅（室）审核前应先送本机关的纳税服务部门和政策法规部门，开展权益性审核、公平竞争审查、合法性审核、世界贸易组织规则合规性评估。

（2）程序关。审核拟制发的税务部门规章和重要税务规范性文件是否经局务会议等相关会议审议。特别要审核公文是否应当会签有关部门和其他单位。拟制的公文，如果涉及本机关内其他部门职权范围或者涉及外单位职权范围的，应商得其他部门或单位同意或征求意见。

（3）内容关。审核文稿是否符合发文意图，内容是否真实有据，情况可靠，数据准确无误，观点正确，提法妥当，措施要求符合实际、切实可行，切忌似是而非；结构是否严谨，做到层次条理清晰，庄重严谨，简洁明了；语言是否符合公文要求，准确精练。

（4）体式关。审核文种使用是否正确、标题是否准确鲜明、发文范围是否适当，发文字号、信息公开和解读选项等是否符合要求，附件是否完备。

（5）文字关。审核遣词造句是否合乎逻辑、符合语法、准确凝练，有无不通、不准、不明之处；标点符号、数字计量、人名地名、专用术语是否正确、规范；文稿的措辞、语气、基调是否适当。

（6）定密关。主办部门定密责任人要切实担负定密职责，审核文稿是否为保密公文。属于保密公文的，应按照密级划分，在发文处理单标注密级和保密期限。

要审核文稿是否为税务工作秘密。不属于国家秘密，但属于税务工作秘密的公文，应当在发文处理单标注“内部”字样，并在附注位置明确相应管理要求。此外，对其他公文还要进行政府信息公开审核，审核行政公文公开属性选用是否正确。

129. 税务机关办公厅（室）审核公文的重点是什么？

（1）行文关。审核要不要行文，应当向谁行文，以什么形式和什么名义行文，行文的方向、级别和方式是否妥当。在实际操作中，把好行文关应着力落实中央八项规定及其实施细则精神及国家税务总局党委关于贯彻落实实施细则的实施办法中关于精简文件、改进文风、严格控制发文数量和范围的要求。对确定不以局机关或办公厅（室）名义行文的文稿，只提出处理意见，不作修改加工，按程序经办公厅（室）或局领导同意后，退拟稿部门自行处理。

（2）程序关。审核文稿是否按制发公文的规定程序办理，起草部门各环节是否已按规定审核文稿；是否需要会签有关单位或部门，会签单位是否取得一致意见，不同意见是否如实反映；应当经集体审议讨论通过的要经过集体审议讨论通过后行文等。

（3）体式关。审核拟制的公文是否符合行文规则和公文处理程序，是否符合文种使用和公文格式的有关规定。采用哪种发文字号，公文的标题、主送单位、抄送单位、密级、紧急程度、信息公开和解读选项等是否符合拟制公文的有关要求，公文的各个组成部分有无遗漏、标注是否规范等。

对上行文的审核要注意：是否越级行文。是否向上级机关负责人个人行文。请示事项是否与情况报告分开，情况报告中是否夹杂请示事项。请示的事项是否涉及其他单位的职责，是否与其他单位协商一致；未能达成一致的，是否将有关单位的意见及理据等作为附件。请示文是否一文一事，请示是否标明联系人和联系电话。

（4）政策关。审核文稿是否符合党和国家的方针政策，是否符合国家的法律、法规及有关规定，提出的政策、规定是否与已发布的文件矛盾或者重复，新出台的政策和措施是否具有操作性，与过去发的文件不一致的表述是否需要解释和说明等。

（5）内容关。审核文稿是否准确体现了领导决策意图，观点是否正确、符合实际，中心思想是否集中、突出，材料选用是否真实、准确、充实，详略是否得当，结构布局是否完整、合理，层次条理是否清楚，段落安排是否合乎逻辑，联系过渡是否连贯自然，有关内容是否符合拟制公文的有关规定。

（6）文字关。审核文稿遣词造句是否符合语法、准确凝练，有无不通、不准、不明之处；标点符号、数字计量、人名地名、专用术语是否正确、规范；文稿的措辞、语气、基调是否适当。

（7）定密关。审核文稿是否需要标注密级，定密等级是否准确，保密期限是否适当。紧急公文是否标注了紧急程度及标注是否正确。税务工作秘密标注和管理要求是否正确。

130. 税务机关办公厅（室）修改文稿的原则是什么？

对已确认可以以局机关或办公厅（室）名义行文的文稿，要针对审核中发现的问题，认真进行修改。文稿基础较差、需作较大改动的，退回主办部门修改；基础较好、无需作大改动的，由办公厅（室）修改。

办公厅（室）修改公文文稿应遵循以下原则：

（1）文字和技术性修改由办公厅（室）负责。

（2）涉及实质性内容的修改应征求主办部门和有关部门的意见。如意见不一致，应通过协调在取得一致意见后作出修改；实质性内容改动较大的，应请主办部门负责人审阅修改稿并签署意见，必要时请有关会签部门负责人审阅并签署意见。

131. 税务机关办公厅（室）修改文稿的范围是什么？

（1）主题修正。拟稿人有时事先对主题思想把握不准，修改时应首先对主题进行修正。问题严重的，退回主办部门重新办理。

（2）观点订正。订正观点是准确体现主题的关键之一，对错误的或片面的观点必须予以订正。衡量观点正确与否的依据，是看其是否符合客观实际情况，同时还要考虑是否符合上级指示精神以及领导意图。

（3）材料增删。材料的增删应本着观点统领材料、观点和材料相统一的原则，全面进行审查。删除堆砌臃肿、情况不实，或泛泛空论的文字，增添准确、典型、能表现主题的材料。

（4）结构调整。调整结构的目的是为了增强文章的逻辑性。调整结构时，应对文稿的层次、段落、开头、结尾和各部分的详略、衔接等，作出全面分析，经调整力求层次清楚，段落合理，详略得体，照应俱全。

（5）论证强化。使论证严密有力，体现论据和论点之间的必然联系，材料能够充分说明观点，从论据中推导出合乎逻辑的论点。

（6）数据校正。对涉及影响公文政策和内容的主要数据，应当按其逻辑关系进行认真对照，发现错误或有疑问的，应与主办人员沟通、确认或更正。

（7）前后衔接。正文与附件、正文与解读稿要同步修改，修改完毕后要对全文再次进行通读，对修改处进行点校，避免改前不改后或改后不改前。

（8）字句锤炼。主要是斟酌不准确的字句，冗杂的改简明，生涩的改通顺，选用恰当的字、词和修辞方法。

132. 经审核后需要退回的税务公文应如何处理？

通常有两种情况：经审核不宜发文的公文文稿，应当退回起草部门并说明理由；符合发文条件但内容需作进一步研究和修改的，由起草部门修改后重新报送。

133. 税务机关主办单位在起草文件时，如何做好征求意见工作？

为提高文件的协调性、可操作性，主办单位应根据起草文件内容的相关性，充分征求相关单位包括基层的意见和建议，合理安排反馈时间，提高征求意见质效。其中，对涉及重大公共利益和公众权益的重要决策，除依法应当保密之外，须通过征求意见、听证座谈、咨询协商、列席会议、媒体吹风等方式扩大公众参与。

公开征求意见的采纳情况应予说明或公布，对反映合理或较为集中的意见，应尽可能在制发文件中采纳吸收；对不能吸收的也应及时沟通，争取理解，其中对相对集中的意见不予采纳的，要阐述理由。

134. 税务机关公文会签有哪些类型？

公文会签分为内部会签和外部会签。

内部会签，是指机关内主办部门起草的公文，涉及其他部门职权范围，应商其他部门同意或征求意见。会签前，主办部门应明确签署意见，再送其他部门。

外部会签，是指本机关起草的公文，涉及其他单位职权范围的，应商其他单位同意或征求意见。会签前，本机关负责人应先签发。

135. 税务机关在加强内部会签方面有哪些规定？

（1）本机关主办部门起草的公文，涉及其他内设机构职权范围内的事项，主办部门应当主动与有关职能部门协商、会签。

上报上级党委、政府及其工作部门的重要文件，应当会签办公厅（室）。办理税费政策性文件，应当会签法规部门；起草公告，相关部门会签后，送办公厅（室）核稿前，应送纳税服务部门进行权益性审核、送法规部门进行合法性审查、合规性评估和公平竞争审查。主办部门拟作出税收个案批复的，送办公厅（室）核稿前，应将批复文本送相关业务部门、纳税服务部门、督察内审部门会签后，将全部案卷材料送法规部门进行合法性审查。涉及调整税收征管业务流程的公文，应当会签征管科技部门。要求纳税人端提供数据的公文，应当会签数据风险部门。涉及千户集团企业涉税具体事项的公文，应当会签大企业管理部门。涉及调整机构、人员、编制的公文，应当会签人事部门。涉及财务支出事项的公文，应当会签财务部门。涉及税收规划统计、会计核算的公文，应当会签规划核算部门。涉及局内相关议事协调机构职责的公文，应当会签负责议事协调机构日常工作的部门。

税务总局下发涉及省税务局配套 IT 资源、系统调整的公文，应当会签征管科技司、数据风险局、电子税务中心，并在办文说明中注明。

（2）凡需会签的公文，主办部门应当与会办部门取得一致意见后行文。

办文如有意见分歧，主办部门应当主动与会办部门协商，会办部门应当予以配合。经协商不能取得一致意见的，主办部门应当列明各方意见及理由和依据，提出建设性意见，并与有关部门会签后报请机关负责人协调或裁定。

对会签的公文，会办部门如无不同意见，由部门负责人签署姓名和日期；如有不同意见，应当提出书面会签意见，经会办部门负责人签字后送主办部门。重要公文由会办部门主要负责人会签。主要负责人外出时可授权其他负责人会签，其他负责人应在会签栏注明“已向主要负责人报告”。

遇有重大问题的会签公文，会办部门应当充分讨论后提出会签意见。

对会签的公文，应当由主办部门根据办文需要和会办部门工作实际，明确办理时限。无时限要求的，会办部门一般应当在 2 个工作日提出会签意见。加急件应当在 1 个工作日内会签，特急件应当随到随签。

（3）主办部门起草文件应在办文说明中对征求意见和文件会签的情况予以详细说明，特别是对没有采纳的不同意见，要充分说明理由和沟通情况，以便于领导决策。

136. 税务机关在加强外部会签方面有哪些规定？

（1）本机关起草的公文，涉及其他单位职权范围的，应商其他单位同意或征求意见。会签前，本机关负责人应当在发文处理单签发栏内明确签署意见，再送有关单位。需紧急办理的，可派人持会签文直接送该单位；如需会签的单位较多，可将会签文复印后分头送达。

如会签单位返回修改意见，本机关对起草的公文作出相应调整的，应当再次送本机关负责人明确签署意见。

（2）对外单位主办的联合行文和外单位来会签的公文，应当由办公厅（室）提出拟办意见交有关部门办理。本机关主办部门对来文应当按办文程序提出会签意见，报机关负责人审签后，将会签文稿复印 1 份备查。

对外单位主办的联合行文和外单位来会签的公文，如无不同意见，由机关负责人签署姓名和日期；如有修改意见，应当在来文中进行修改，并征得来文单位同意后，由机关负责人签署姓名和日期；如不同意会签，机关负责人不签署姓名，并由主办部门向来文单位说明理由，将来文退回。

联合发文由所有联署机关的负责人会签。

137. 国家税务总局机关哪些文件必须由主要负责人会签？如何会签？

向党中央、国务院以及中央纪委、中央组织部、中央宣传部、中央办公厅、国务院办公厅等上级单位报送的文件，涉及全局性、重点性工作且主办部门认定的重要文件，必须由会签部门主要负责人会签。主办部门在转有关部门会签时，应注明“请主要负责人会签”。

会签部门在集体研究讨论后，如无不同意见，由主要负责人在会签栏签署姓名和日期；如有不同意见，应当提出书面意见，经主要负责人签字后送主办部门。

对需要紧急会签的重要文件，会签部门主要负责人外出时，经办人员应向主要负责人报告，经主要负责人同意可授权其他负责人会签，并在会签栏中注明“已向主要负责人报告”。

138. 国家税务总局机关文件会签过程中，如何合理安排会签时间？

主办部门在办理文件会签时，应为会签部门预留时间研究讨论。

局内会签时间原则上为 1~2 个工作日，具体由主办部门在充分考虑会签部门工作实际和办文需要的前提下，提出合理的时限要求，并与会签部门积极沟通。

加急件应当在 1 个工作日内会签，特急件应当随到随签。对限办时间超过 5 个工作日的文件，主办部门原则上不能按特急件送相关部门会签。

对临近办理时限的，主办部门要安排专人跟踪运转，会签部门应积极配合，确保文件按时报出。

139. 税务机关办公厅（室）在审核公文时如何强化对会签情况的把关？

办公厅（室）要加强对文件会签的审核把关，对主办部门应会签没有会签、会签部门对文件有异议而主办部门未经协商一致且未说明情况，以及重要文件不是由主要负责人会签且未注明“已向主要负责人报告”的，应退主办部门补会签或补充说明后再予核稿。

140. 税务机关会签文件为什么要抄送会签部门？

会签文涉及会签部门的职权范围，该部门会签同意并对其负责，对该部门职权范围内的业务具有约束力。因此，会签文要抄送会签部门。

141. 什么是先签后核？为什么不允许先签后核？税务公文如何避免出现先签后核问题？

先签后核，是指在审签公文文稿时，主办部门未经办公厅（室）审核文稿，直接报送机关负责人签发，然后再将文稿送办公厅（室）进行审核。

先签后核违反了公文处理的基本程序。这种做法，容易造成政出多门、政策交叉差错、遗漏等问题，既不利于部门之间相互协商，也不利于办公厅（室）行使公文把关职责，还可能因工作程序不当，造成工作混乱甚至贻误工作。因此，不允许先签后核。

为了避免出现先签后核问题，一方面，要加强宣传引导，持续开展《全国税务机关公文处理办法》《文秘工作规范》等公文处理制度的宣传落实工作，采取流程图等方式重点宣传发文处理流程，使“签发人不见核稿栏签字不签发”等公文处理有关规定深入人心。另一方面，要树牢责任意识，各层级严格审核把关，非涉密件一律采用电子公文流转，坚决做到先核后签。

142. 税务公文签发有哪几种方式？

公文签发是指机关或部门负责人对审核过的文稿进行最后审定并签署意见的程序。签发是文件定稿形成的最后环节，是机关负责人对公文进行严格把关的一项决策性程序，是公文产生效力的最终确认，也是公文质量的重要保证。

公文签发分为正签、代签、核签、会签。正签是指签发人在自身职权范围内签发公文；代签是指根据授权代他人签发公文；核签（又称加签）是指上级机关负责人签发下级机关的重要公文；会签是指两个或两个以上机关联合行文时，由各机关的负责人共同签发公文。

143. 税务公文的签发权限有何具体规定？

各级税务机关签发公文必须遵循以下规定：

（1）以机关名义制发的公文，由机关负责人签发。其中，对应当集体审议或者传批审定的公文，由主要负责人或者主要负责人授权的其他负责人签发；以本机关名义制发的上行文，由主要负责人或者主持工作的负责人签发；

以本机关名义制发的平行文或下行文，由其他负责人签发，重要事项报主要负责人签发。

（2）本机关主办与其他单位联合制发或者会签的公文，由本机关主办部门分管负责人签发，涉及重要事项的，由分管负责人审核后报主要负责人签发。

（3）本机关协办与其他单位联合制发或者会签的公文，按照对等原则，由本机关主办部门分管负责人或者主要负责人签发，涉及重要事项的，须报主要负责人审核同意后签发。

（4）纪要由会议主持人签发。

（5）电报的签发按照《税务系统密码电报使用和管理规定》执行。

（6）拟稿人不得签发自己草拟的公文。

（7）以办公厅（室）名义代表本机关制发的公文，由其他负责人或者授权的办公厅（室）负责人签发，重要事项须报主要负责人审核同意后签发。

（8）未经办公厅（室）审核的公文，机关负责人不予签发。

144. 做好税务公文签发的基本要求是什么？

（1）依权限签发。党政机关负责人只能签发自身权限所及的公文，对自己职权范围内的公文负责。

（2）负责任签发。签发人要充分认识签发公文所承担的责任，在批注前，应对文稿作全面审核，进行必要的修改、纠正和补充，确认无误后明确具体地签注核准意见、姓名和日期。签名的视为同意。

（3）按程序签发。对应当集体审议或者传批审定，但未履行相关程序的，发文机关负责人不予签发。公文须审核完毕后签发，未经发文机关办公厅（室）审核的文稿，发文机关负责人不予签发。

（4）做好联合会签。联合行文时须做好会签工作，使各部门负责人均履行签发手续，承担相应责任。主办单位如发现涉及其他部门职责范围或相关地方管理权限而未会签，应先送请完成会签再转入后续发文办理程序。会签要注意时效，主办单位应主动做好与会签部门的衔接，对未及时会签的要催办。

（5）按规范格式及书写要求签发。签发公文时，签发人应在规定的签发栏内用符合存档要求的笔签批，签批字迹应当具有耐久性，可选用碳素墨水钢笔、黑色签字笔或毛笔书写。联合行文时非主办机关的负责人应在会签栏内签字。签发、会签公文应写明签批意见，签注完整的姓名和日期。其他审批人圈阅，视为同意。圈阅也要写姓名全称和日期。

145. 公文审批签发的程序有何规定？

机关内部签发公文，一般是先下级、后上级，先副职、后正职。同一级别，先分管领导、后其他领导，先排名靠后的领导、后排名靠前的领导。

联合发文或会签公文，一般由主办单位负责人签发后依次送联合发文单位或会签单位负责人签发。

《中共国家税务总局委员会工作规则》和《国家税务总局工作规则》规定，以国家税务总局党委名义发布或者上报的文件应当事先经党委集体讨论或者传批审定。起草需提请国务院审议的税收法律、行政法规草案，制定党委规范性文件、税务部门规章、税制改革等税务总局工作中的重大决策和重要事项的文件，以及税收政策调整、税费征管政策和措施等涉及重大公共利益，或者可能对税务行政相对人合法权益和税收管理产生重大影响的文件，由党委会议、局务会议、局长办公会议或局领导专题会议集体研究决定。

146. 签发税务公文常用语言有哪些？

（1）“发”。

（2）“请×××核后发”（需请职位高者审核后发时用）。

（3）“请×××阅后发”（需请职位低者阅知后发时用）。

（4）“请会签后发”（需请其他部门会签后发时用）。

（5）外单位主办的联合发文，签发时不用批语，可直接在签发栏内签署姓名和日期。

147. 税务公文签发中的主要问题有哪些？

（1）非主要负责人越权签发。按规定应由发文机关主要负责人签发的公文，其他负责人未经请示和报告有关情况便自行签发。

（2）不经认真审核随意签发。有的发文机关负责人对公文签发的重要性认识不到位，公文不经过认真、全面审核便随意签发，未起到核查把关的作用。

（3）未经办公厅（室）审核先行签发。

（4）签发要素不全。只签批意见不签名、不写签批意见、姓名未写全、未写完整日期等情况。

（5）签发人格式不规范。签发人位置错误，签发意见未写在发文办理单的签发栏；签发人文字难认；笔墨不符合要求，使用不利于归档保存和利用的铅笔、圆珠笔、红墨水、纯蓝墨水等。

148. 税务机关拟制和办理紧急公文应遵循哪些规定？

拟制紧急公文，应当体现紧急的原因，根据实际需要标明紧急程度，于拟发文时间前 2 个工作日送办公厅（室）审核；有特殊时限要求的，主办部门全程跟踪办理。

向下级布置工作或下达任务的紧急公文，应当在文中明确合理的时限要求。制发需要税务系统尽快层层落实或上报材料的涉密文件，应当为基层预留必要的文件运转时间，对于特别紧急事项，可以密码电报形式制发。

149. 制发税务规范性文件有哪些要求？

（1）准确界定税务规范性文件。判断是否属于税务规范性文件，主要从四个方面把握：一是由县以上税务机关依照法定职权和规定程序制定并发布（不包括财税字文件）；二是涉及税务行政相对人（主要是纳税人、缴费人、扣缴义务人）的权利义务；三是适用于不特定的相对人，具有普遍约束力，并可反复适用；四是对税务机关和相对人具有约束力，是税收执法的依据。同时具备上述四方面特点的，应为税务规范性文件。

（2）严格遵守税务规范性文件的发布规则。税务规范性文件应当经过纳税服务部门的权益性审核及政策法规部门的合法性审核、世界贸易组织规则合规性评估、公平竞争审查。

税务规范性文件应当以公告形式发布；未以公告形式发布的，不得作为税务机关执法依据。

（3）准确区分情况选用正确的文种。凡是涉及相对人权利义务且需要普遍执行的，应当以公告形式制定税务规范性文件，不得在内部发文中规定相对人的权利和义务。内部管理事项与对相对人有普遍约束力的事项应当分别行文。确实难以分别行文的，只要该文件的内容涉及相对人的权利义务且需普遍适用，就应当使用公告形式。

针对特定相对人的特定事项如何适用税收法律、法规、规章或者规范性文件的请示，应当使用税收个案批复的形式。原则上，如果税收个案批复确定的原则或者标准具有普遍性需要普遍适用的，应当以公告形式发布税务规范性文件。但是，如果存在制定税务规范性文件条件尚未成熟等原因，也可以选择税收个案批复的方式。

不涉及相对人权利义务的内部管理事项，应当使用通知或者其他文件形式。

不易判定是否属于税务规范性文件的，起草部门应当主动征求政策法规部门和办公厅（室）的意见，结合文件内容综合认定。

（4）严格执行税务规范性文件制定要求。认真遵守《税务规范性文件制定管理办法》有关规定，依照法定权限和程序制定税务规范性文件。落实征求意见、权益性审核、合法性审核、合规性评估、公平竞争审查、备案审查等制度，维护税收法制统一，提高制度建设质量。严格执行保密制度规定，税务规范性文件不得含有国家秘密和工作秘密事项。不得在税务规范性文件及其政策解读稿中引用涉密文件和不予公开、依申请公开文件。涉及相对人权利义务、应当由税务规范性文件规定的内容，不得在文件中略去而仅在其政策解读稿中出现。

（5）加强对文件的审核把关。文件主办部门、会签部门、纳税服务部门、政策法规部门、办公厅（室）等与制定文件相关的部门，应当强化责任意识，层层审核把关。纳税服务部门应当认真履行权益性审核职责；政策法规部门应当认真履行合法性审核和合规性评估、公平竞争审查职责，加强税务规范性文件的归口管理。办公厅（室）在核稿过程中，对于以非公告形式制发的文件，应注意审核文件内容是否涉及相对人权利义务且需普遍适用，应加强与主办部门的沟通，必要时可商请政策法规部门协助判定，避免以非公告形式制定涉及相对人权利义务且需普遍适用的文件，保证税收执法依据的统一、规范。

150. 如何做好政策解读？如何审核政策解读稿？

要坚持“以解读为原则、不解读为例外”，按照税收政策和解读稿同步起草、同步审批、同步发布的“三同步”要求，对税收政策文件进行解读，提高解读的科学性、权威性、针对性、通俗性，并及时关注和回应税收政策执行中的舆情反映。

（1）税务规范性文件必须解读。根据《税务规范性文件制定管理办法》规定，影响税务行政相对人权利、义务，具有普遍约束力并反复适用的税务规范性文件，应当以“公告”形式发布，并必须进行解读。解读稿由主办单位按照“三同步”要求办理。与外部门联合下发的税务规范性文件，主办单位要在与外部门充分沟通达成一致的基础上，认真做好解读稿的起草工作。对于应解读而没有解读的税务规范性文件，政策法规部门在合法性审查时予以退回补充解读。仍没有解读的，办公厅（室）不予核稿，局领导不予签发。

（2）其他税收文件根据需要解读。税务规范性文件以外的其他税收文件根据其是否涉及税务行政相对人、是否需要广泛知晓、是否有一定的社会影响等情形，由主办单位确定解读与否。对需要解读的，解读稿由主办单位按照“三同步”要求办理。在文件运转中，政策法规部门和税收宣传管理部门认为有必要解读而没有解读的，可提请主办单位补充解读；意见不一致的，提请分管领导审定。

（3）及时关注和回应税收政策执行中的舆情反映。各级税务机关要密切关注税收政策执行过程中的各方反映，对在执行中遇到的具体问题，必要时进行连续性解读，通过记者答问、在线访谈、问答专栏等形式，及时予以回应。

审核政策解读稿的要求：

（1）解读内容完备。税收政策的解读内容应包括文件出台的背景、意义，文件内容的重点、理解的难点，文件之间的衔接，执行的口径及起止时间，落实的措施要求等。

（2）解读形式规范。解读稿的形式一般为问答式，设问的角度要考虑纳税人缴费人的需求和社会各界容易产生的不同理解。解读稿的语言文字要通俗易懂，避免过于专业化和公文化。

（3）解读流程严谨。所有对外发布的税收文件及其解读稿按规定程序审批后，均应按政府信息公开程序进行审核，由税收宣传管理部门通知税务网站管理部门对外发布。国家税务总局发布的税收文件及其解读稿只有通过国家税务总局官方网站发布后，其他税务网站方可发布。

五、发文办理实务

151. 什么是公文复核？公文复核的重点有哪些？

公文复核是指机关负责人签发后的公文，在正式印制和发出前，办公厅（室）对公文的办理程序、格式和有关材料等进行全面检查的程序。公文复核是公文印制和发出前必经的一道把关程序，是避免公文差错、遗漏和失误，确保公文质量的重要环节。

公文复核的重点是：

（1）审批、签发手续是否完全；

（2）附件材料是否齐全；

（3）格式是否统一、规范。

对不符合要求的公文，不予缮印和发出。经复核需要对文稿进行实质性修改的，应当提请签发人复审并签名。

152. 什么是公文编号？公文编号应注意哪些问题？

公文编号是指办公厅（室）对签发后的公文统一连续编排文号的程序。

编号后取消发文的，当年发生的，空出的号，在为新文件编号时补上；跨年度的，原文号不再使用。

文件印发后发现错误，需要重印的，仍使用原文号。在重印的文件上标明“前文作废，此文为准”。

编号当中遗漏号，并且在当年发现的，用新的文件替补；次年发现的，不再填补。

错用文件代字、错编文件序号的，重新编号。原文号用当年新的文件替补。

涉密文件的编号：涉密文件应从电子公文系统中获取发文顺序号，在专用的纸质《涉密文件登记簿》上登记发文字号和顺序号、标题、主办单位、拟稿人、主送单位、密级。

153. 什么是公文排版？公文排版的标准和要求是什么？

公文排版是指将公文格式各要素在版面上调整位置、大小等，使版面布局符合公文格式要求的过程。

正式公文严格按照《党政机关公文格式》（GB/T 9704—2012）和《党政机关电子公文标准》（GB/T 33476~33483—2016）的要求对纸质文件和电子文件进行排版。主办部门应当提供需印制的公文电子版，排版后的文件清样退回主办部门校对。

便函、议事协调机构发文、情况通报、税务简报、税收经济调研、其他简报等文件资料，参照《党政机关公文格式》（GB/T 9704—2012）和《党政机关电子公文标准》（GB/T 33476~33483—2016）要求排版，文稿应格式规范、字迹清晰、内容无误、页码连续。

排版只对公文格式要素进行编排，不得对文字表述等实质性内容进行修改。

154. 什么是公文校对？公文校对的重点是什么？

公文校对是指在文件印制过程中，以签发的原稿为蓝本同打印的清样进行校对的程序。公文签发后，由办公厅（室）统一登记、编号、印制。公文校对的重点包括以下内容：

（1）校正与原稿不符的部分；

（2）补正被遗漏的部分；

（3）校正错别字词；

（4）校正标点符号、公式、图表等方面的错漏；

（5）纠正格式方面的差错；

（6）查找公文中的疏漏。

为杜绝差错，公文校对一般分为初校和终校。初校是指主办部门的拟稿人对照签发原稿同清样进行校对的程序，重要公文要采取两人交叉念读校对的方式；终校是指在初校的基础上，办公厅（室）有关人员或专业校对人员对照签发原稿同初校后的清样进行校对的程序。

主办部门初校时，发现错字、别字、漏字、标点符号等文字错误问题的，应商办公厅（室）进行修改。发现文件内容需要修改的（包括文中数字统计计算错误需要进行调整的)，应经本部门领导和办公厅（室）领导同意后进行修改，是否报签发人审批由办公厅（室）领导和主办部门领导确定。修改文件清样的同时，应对原文稿作相应修改。

办公厅（室）终校时，发现错字、别字、漏字、标点符号等文字错误问题的，应当向公文核稿人员反映。发现文件内容需要修改的（包括文中数字统计计算错误需要进行调整的)，应经办公厅（室）领导和主办部门领导同意后进行修改，是否报签发人审批由办公厅（室）领导和主办部门领导确定。修改文件清样的同时，应对原文稿作相应修改。

校对应当使用《校对符号及其用法》（GB/T 14706—1993）中规定的符号。改错用引线引到页面白边处再加批改，引线不要相互交叉。说明性文字不可与原稿中的文字相混淆。

公文的校对，有时限要求的，按照时限要求完成；没有时限要求的，应在 1 个工作日内完成。

155. 什么是公文印制？公文印制的基本要求是什么？

公文印制是指对完成拟制程序的公文，严格按照经过终校的文件清样和已确定的纸质文件印制数量，印制成正式文本的程序。对完成拟制程序的公文，由办公厅（室）按照规定的标准格式，即《党政机关公文格式》（GB/T 9704—2012）统一印制。公文用纸幅面采用国际标准 A4 型。特殊形式的公文用纸幅面，根据实际需要确定。

公文印制要遵循以下三项基本要求：

（1）确保质量。公文印制必须以负责人签发的原稿为依据，不得改动。严格履行校对、制版、印刷、装订等工序，印制的成品文件要确保质量。

（2）确保时效。对于标注有紧急程度或者要求限时发出的公文，要严格按照时限印制完毕，不得压误。对于紧急程度未作具体要求的公文，也要及时印制，防止公文实际发出时间与版记标注印发时间相隔过长。

（3）确保安全保密。印制涉密公文，应当在符合安全保密要求的场所进行，原则上在本机关文印部门印刷，使用符合要求的设备，不得委托无印刷资质、无保密资质的单位印制公文。

156. 公文印制时应注意哪些问题?

（1）印制文件以负责人签发的原稿为依据，不得改动。

（2）公文制版应当版面干净无底灰，字迹清楚无断划，尺寸标准，版心不斜，误差不超过 1mm。

（3）公文应当左侧装订，不掉页，两页页码之间误差不超过 4mm，裁切后的成品尺寸允许误差为±2mm，四角成 90°，无毛茬或缺损。骑马订或平订的公文应当注意以下几个方面：

订位为两钉外订眼距版面上下边缘各 70mm 处，允许误差±4mm；

无坏钉、漏钉，钉脚平伏牢固；

骑马订钉锯均订在折缝线上，平订钉锯与书脊间的距离为 3~5mm；

包本装订公文的封皮（封面、书脊、封底）与书芯应吻合、包紧、包平、不脱落。

（4）涉密公文应当在符合保密要求的场所印制。

157. 印制份数应怎样确定?

公文的印制份数应根据主送单位数量、抄送单位数量（包括局内抄送）、分送局领导数量、退主办单位存档数量、分送局内各单位数量以及办公厅（室）留存数量相加而得。

联合发文的印制份数应根据各联合发文单位所需份数相加而得。

158. 什么是发文登记?发文登记的主要内容是什么?

发文登记是指公文印成发出前，由办公厅（室）对所发公文的基本特征和去向进行记录的程序。

发文登记的主要内容包括：所发公文的份数、序号及发往单位、日期、文号、标题、密级、附件和封发情况等。

159. 国家税务总局机关各司局向外发送信件的渠道有哪些?具体范围是什么?

国家税务总局机关各司局通过办公厅向外单位发送信件的渠道有：中央国家机关机要文件交换站（以下简称交换站）、北京市机要局（以下简称机要局)、邮政局。收件单位为经交换站注册的单位及其代管单位的，应当通过交换站发送信件。包括：人大、政协、高法院、高检院，国务院部门，中央、军队、民主党派、银行、人民团体、新闻报社，院所、中心、市属各部门，中央企业、北京市企业及其他，共6类。收件单位不在上述范围内的，涉密信件通过机要局发送，非涉密信件通过邮局发送。

局内各单位向外单位发送信件的范围为：文件（含司局便函)、信息简报等公务活动的信件。下列材料、物品不得通过上述渠道发送：

(1）各种非文件类物品，包括贺年片、明信片、挂历、照片、货币、有价证券、图书杂志、私人信函等。

(2）印刷品、音像制品。

(3）按照有关规定不得发送的其他材料物品。

160. 国家税务总局机关各司局人员如何填写和封装发送信件的信封？

信封封面栏目要填写完整，字迹端正清晰。

通过交换站发送的信件，信封的正面中间填写被交换单位名称，右下角填写“国家税务总局××司（局、社、所、中心)。”

通过机要局发送的信件，要填写收文单位所在城市和单位名称，还要标明密级；一件中有多种密级文件材料的，按照其中最高涉密等级标注。

通过邮局发送的信件，要填写收件单位邮政编码、详细地址和名称，发件单位邮政编码、详细地址和名称。

使用交换、机要、邮政部门规定的标准信封封装材料，粘实封口。发送涉密文件材料时，要严格按照保密规定，使用加厚或者双层封套，加盖密级标记并密封。其中发送“绝密”级文件材料的，应当使用由防透视材料制作的、周边缝有韧线的专用信封，信封的封口及中缝处应当加盖密封章或者加贴密封条。

机要信件和交换、邮局挂号信件，要在信封上贴条形码，登记条形码号备查，分别投入智能文件交换系统的交换站箱、机要局箱、邮局箱。

161. 什么是公文封发？封发公文时应注意哪些问题？

公文封发是指将制成的公文登记后，由办公厅（室）按主送、抄送的去向分别装封和发出的程序。

封发公文时，应注意以下几点：

（1）清点公文份数。

（2）对发送范围、密级、时限、有无附件、是否用印等逐项检查，准确无误后再装封。

（3）收件机关的名称、地址、邮编要书写准确、清晰。

（4）对于密件、急件，要在封套上标注密级、紧急程度并进行登记。

（5）装封后，封口要严，不得用书钉装订，不得粘住封内公文。

涉密公文应当通过机要交通、邮政机要通信、城市机要文件交换站或者收发件机关机要收发人员进行传递，通过密码电报或者符合国家保密规定的计算机信息系统进行传输。

公文发出后，因发现错误需要追回的，办公厅（室）应当及时通知发送范围内的所有单位，有关单位应当配合做好公文收回工作。

162. 怎样处理分缮的文件？

实际工作中有一些公文，除受文单位、公文正文和附件数据不同外，其他内容相同，如下达某一指标，或批复某项经费等，这类公文属于分缮文件。通常，这类文件在领导签发后，由主办部门根据受文对象，分别填写主送机关、抄送机关名称，正文和附件中空出相关数据。其处理程序如下：

（1）分别主送不同单位的分缮文件，只编一个文号，发一个文件。

（2）公文拟制时，由主办部门在主送、抄送栏内填写主送、抄送机关名称，用括号标明“分缮”字样。正文中内容不相同的部分空着不填；正文内容相同，附件需要分缮的，在附件说明栏附件标题后加括号，标注“分缮”字样。

（3）公文运转时，文件应当附送相关数据总表，供领导审核、签发。

（4）印制公文时，主送或抄送机关、文中数据空着不填，需要分缮的附件分别印制，待文件发出前，由主办部门分别填写主送、抄送单位名称和正文中空出的相关数据或项目，将需要分缮的附件附在对应的主送或抄送机关正文后。

（5）公文用印时，应当根据领导签发公文所附的相关数据总表，逐一核对所填写的主送、抄送机关名称和正文中空出的相关数据或项目以及需要分缮的附件内容，确认无误后方可用印。

（6）公文封发时，应逐一核对主送、抄送机关名称与信封上收件单位名称是否相符，分缮文件不发电子文件。

163. 使用国家税务总局党委（含党委办公室）和行政印章（含印模）有哪些规定？

税务总局党委印章、税务总局党委办公室印章、税务总局印章（含印模）由办公厅（党委办公室）负责管理。印章必须保存在保险柜里，密码和钥匙由发文岗位人员管理。使用税务总局党委印章、税务总局党委办公室印章、税务总局印章，均应由税务总局领导或者办公厅领导批准。

使用上述印章（含印模）应遵守以下规定：

（1）经税务总局领导签发的文件，按照文件印制份数用印，一件一印。对需要盖税务总局党委印章、税务总局党委办公室印章、税务总局印章的材料，按照经税务总局领导、办公厅领导审批的签报所注明的材料名称、份数用印。签报未注明份数和用印次数的，视为领导批准用印一次。经税务总局领导、办公厅领导审批的印章使用申请单所标注的材料，按照标注的材料名称、份数用印。

（2）印章的使用，由发文人员负责。大批量证书、奖状等，需要用印的，主办部门应商办公厅进行套印。没有套印，需要逐份盖印的，可委托主办部门工作人员盖印，办公厅工作人员必须进行监督，并清点份数、核对内容。不得将印章拿到印章存放办公室以外的地方使用。

（3）其他单位与税务总局的联合发文，需要使用税务总局印模的，办公厅工作人员应主动配合，并核对税务总局领导会签的文稿、印制份数，履行印模借还手续。

六、收文办理实务

164. 国家税务总局收文主要来源有哪些？

国家税务总局收文主要有以下来源：

（1）通过中央国家机关机要文件交换站收到的文件。

（2）北京市机要局送达的文件。

（3）邮政局邮递的文件。

（4）直送、直取文件（直送文件是指外单位机要人员直接送到税务总局的文件；直取文件是指由税务总局机关机要交换人员直接到上级机关、同级机关及领导同志处取回的文件）。

（5）通过传真收到的文件。

（6）明码电报以及通过“两办专网”收到的文件（中央文件、密码电报除外）。

（7）通过相关系统收到的电子文件（电子公文分为中办、国办电子公文和税务系统电子公文。中办电子公文是指法规业务平台发送的文件；国办电子公文是指政府系统的电子公文交换、电子邮件等系统发送的文件；税务系统电子公文是指税务系统报送的请示、报告和其他类文件）。

165. 下级税务机关报送上级税务机关的公文，报送方面有何要求？省级税务机关上报国家税务总局的文件，哪些还需要报送纸质文件？

各级税务机关报送上级税务机关的公文，不得同时报送上级税务机关的内设机构；邮寄时，收件人（单位）应与公文主送单位一致。省级税务机关报送国家税务总局的公文，数量为 1 份。省级税务机关主送国家税务总局的请示，需要同时报送电子文件和纸质文件；涉及国家秘密的文件和不便于电子化传输的文件，只报送纸质文件。

166. 国家税务总局承办司局直接收到各地报送的公文后应如何处理？

承办司局直接收到来文单位主送为“中共国家税务总局委员会”“中共国家税务总局委员会办公室”“国家税务总局”“国家税务总局办公厅”的公文后，应送办公厅（文秘处）收文岗登记分办，否则不得办理。收到主送本司局的公文，填写司局收文处理单报批办理。

167. 什么是公文签收？公文签收时应注意哪些问题？

公文签收是指收文人员收到公文后，在对方投递单或送文簿上签字，表示收到的程序。签收是收文办理的开始，签收公文时，应做好清点和分类工作，并注意以下几点：

（1）清点实收文件，与对方的投递单或送文簿核对，查看是否相符，包装和封口是否牢固，确认无误后再签收。

（2）收到绝密级公文后，必须在机要室存放，专人保管。阅后按页清退的绝密文件要逐页清点，注意有无缺页，确认无误后再签收。

（3）发现错投应当及时退回或转投，有散包或被拆后重封等现象的应当立即追查原因。

（4）机关各内设机构收到外单位的来文，需要以机关名义办理的，应当交办公厅（室）签收。

对于不符合要求的文件应当及时退回，这样既可以保证签收公文的准确、安全，又可以提高公文的处理效率。

168. 什么是收文审核？收文审核的重点是什么？

收文审核是指上级机关收到下级机关上报的需要办理的公文，办公厅（室）对其合法性、规范性进行审核的程序。做好收文审核把关工作，既有利于纠正来文机关行文的错误，体现公文的严肃性和规范性，又有利于收文的及时、有效办理。审核的重点是：

（1）是否应由本机关办理。

（2）内容是否符合国家法律、法规及其他有关规定。

（3）文种、格式是否规范。

（4）是否符合行文规则。

（5）涉及其他单位或地区的事项是否已协商、会签。

（6）是否符合公文起草的其他要求。

此外，对来文标有“特急”或“加急”字样的，收文部门应当优先进行审核，及时送下一环节处理。

169. 收文审核时需退回文件的有哪几种情况？

审核中发现来文出现以下情况的，应及时退回并说明理由：

（1）不应当由本机关办理的。

（2）与有关法律、法规及规章相抵触的。

（3）文种使用不当，违反行文规则的。

（4）上行文未注明签发人、联系人及联系方式的。

（5）发文机关标志与发文机关代字不相符的。

（6）用印有误，未注明附件或附件有缺漏的。

（7）其他违反《党政机关公文处理工作条例》或《全国税务机关公文处理办法》的。

170. 什么是收文登记？收文登记有哪些要求？

收文登记是指公文签收、审核无误后，收文人员对来文进行编号、记录主要内容和处理情况的程序。

收文登记是文件处理的重要依据，也是文秘人员一项经常性的工作。签收的公文要根据文件的秘密程度、文件的性质、实际工作需要、文件数量、处理情况等进行登记。要严格按照登记项目逐项登记，不得漏项，不得出现重号和跳号现象。文件的登记范围没有统一的界限。但是，上级机关文件、下级机关需要办理的文件、重要的带有密级的刊物和资料、其他机关商洽问题和需要答复的文件、上级机关开会印发的会议文件材料等必须登记。

收文登记的主要内容包括：收文编号、日期、来文机关、文号、标题、密级、保密期限、紧急程度、附件、份数、处理情况等。登记方法主要有两种：

（1）流水式登记法。将收到文件按照时间顺序不分种类依次登记，同时将文件办理过程和转送手续摘要记载在同一登记簿上。这种方法一般适用于来源单一、收文较少的单位。

（2）分类式登记法。根据本单位确定的文件分类标准分类进行登记。既可以按来文单位的级次划分为上级机关文件、下级机关文件和其他单位文件；也可以按来文是否需要本机关办理划分为“办件”和“阅件”；还可以采用上述两种分类相结合的方法进行分类登记。

分类式登记法，是各级机关普遍采用的登记方法，它有利于区别来文的主次和轻重缓急，便于对重要公文进行重点管理和督促落实，有利于提高公文处理工作的质量和效率。

171. 什么是公文拟办？拟办公文有哪些基本原则？应该注意哪些问题？

公文拟办是指办公厅（室）对文件认真分析研究后，提出办理意见的程序。

公文拟办应遵循职责分工、请示确定、沟通协商、急件优先的原则。同时，根据职责的法定性、工作的明确性、业务的主要性、任务的连续性、上下的一致性、事项的联系性来拟办公文。其基本要求是：

（1）掌握文件内容，弄清请示事项；

（2）把握政策规定，领会领导意图；

（3）查找档案资料，对照先例比较；

（4）尊重部门意见，统筹协商协调；

（5）理论有根有据，建议完整准确；

（6）用语规范简洁，答复简明得体。

拟办意见应当明确、具体。需要两个以上部门办理的公文，应当明确主办部门。紧急公文，应当明确办理时限。

一般性公文由办公厅（室）提出拟办意见后，送承办部门办理；重要公文由办公厅（室）提出拟办意见后，呈机关负责人批办。

172. 国家税务总局公文分类批（拟）办有哪些规定？

收文人员要了解税务总局领导批示指示精神和有关工作要求，熟悉各司局主要工作任务、重要工作动态，来文内容比较复杂的，要加强与来文单位联系，与各司局综合处或者承办处室沟通，了解来文的背景和办理需求，及时、准确向办公厅领导提出拟办意见。具体如下：

（1）来文涉及一个业务司局税费政策的，由该业务司局承办，并会签法规司。

（2）来文涉及两个及以上业务司局税费政策的，由法规司牵头承办。

（3）来文涉及税费相关法律、法规、规章、规范性文件的，由相关司局牵头承办。

（4）来文涉及国家层面的其他法律、法规、规章、规范性文件及中长期规划等的，由法规司牵头承办。

（5）来文涉及政策执行、落实层面的，由相应的业务司局承办或者指定业务司局牵头承办。

（6）来文涉及征收管理类的，由征管科技司牵头承办。

（7）来文涉及对外提供税收数据的，按照《税务总局机关对外提供税费数据流程》等制度执行。来文涉及对外提供单个税种数据的，由主管业务司局牵头承办。

（8）党和国家以及各部委表彰评优评先，需协查法人或者个人是否违反税法的，由稽查局牵头承办。

（9）党和国家以及各部委表彰评优评先，需要税务总局参加、报名的，由党建工作局牵头承办。

（10）来文涉及偷逃税款、骗取退税、虚开发票等，配合银行、外汇、证券、保险等部门办理企业或者个人涉及违反税法事项的，由稽查局牵头承办。

（11）来文涉及审计类的，由督察内审司牵头承办。

（12）来文涉及“放管服”整体工作的，由征管科技司牵头承办，涉及单项工作据实研判承办部门。

（13）来文涉及“诚信体系建设”“营商环境”类的，由纳税服务司牵头承办。

（14）来文涉及“减税降费”政策类的，由法规司牵头承办；数据类的，单一税费种政策的数据由相应的业务司局承办；跨司局的减税降费数据由法规司牵头承办；减税降费总规模数据由规划核算司承办。

（15）来文涉及税务系统财务、资产、基建等工作的，由财务司牵头承办。

（16）来文涉及国际税收合作、国际区域合作、“税收协定”、“一带一路”类的，由国际税务司牵头承办。

（17）来文涉及相关“部际联席会议成员单位”完成的工作，由联络员单位承办。

173. 怎样拟办上级机关下发或交办的重要公文？

收到上级机关下发或交办的重要公文，应当由办公厅（室）提出拟办意见，报机关负责人批示后，按批示的要求交有关部门办理。比如，国家税务总局规定，收到国务院交办件、国秘复印件等重要公文，由办公厅呈报机关主要负责人或者其他负责人批示，再分送有关司局按领导批示意见办理。

174. 怎样拟办不易归口的公文？

对于机关内设机构之间职责交叉或内容复杂不易归口的公文，由办公厅（室）负责协调，确定主办部门；如办公厅（室）确定的主办部门办理仍有困难，应由该主办部门的主要负责人及时签注意见，讲明理由，由办公厅（室）报请局领导确定主办部门。

175. 什么是公文批办？批办公文有哪些要求？

公文批办是指机关负责人对办公厅（室）呈请批示的公文提出办理意见的程序。

机关负责人一般应提出明确的批办意见。如对拟办意见无异议，负责人圈阅视为同意。如拟办意见为呈请负责人阅示的，或者对拟办意见有补充以及不同意拟办意见的，负责人应当作出明确的批示。

对有具体请示事项的收文，主批人应当明确签署意见、姓名和审批日期，其他审批人圈阅视为同意；没有请示事项的，圈阅表示已阅知。

176. 机关内设机构收文应注意哪些问题？

（1）机关内设机构文秘人员（内勤）收到办公厅（室）转送的公文及其他渠道的公文后，应做好文件登记签收工作，每份文件都应认真登记在专用收文本上，清楚记录文件的运转方向，以保证文件安全，便于查询。

（2）机关内设机构文秘人员（内勤）收文后，应根据公文内容及时提出拟办意见，或送本部门领导批示，或直接交承办单位、承办人员及时处理，不得拖延。对于不属于由本部门办理的收文，应说明原因，经主要负责人签署意见后及时退回办公厅（室）。

（3）具体承办部门收文后应尽快确定承办人，并按规定时限研复。

177. 什么是公文承办？承办公文应注意哪些问题？

公文承办是指承办部门按批（拟）办意见和公文本身要求进行具体办理的程序。承办关系到公文内容的落实和问题的解决，是关键性的环节。

承办公文应注意以下问题：

（1）承办部门阅文后如发现批办意见与公文中的具体要求不一致，应及时向批办人报告，待批办人说明原因或重新批办后再办理。凡批办意见中要求承办部门先提出办理意见的，要及时、认真地提出办理意见，并附上有关公文和资料一并送原批办人审示。

（2）承办部门收到交办的公文后应当及时办理，不得延误、推诿，在规定的时限内办理完毕。紧急公文应当按时限要求优先办理，确有困难的，应当及时与来文单位沟通协商，并向交办的办公厅（室）说明。对不属于本部门职权范围或者不宜由本部门办理的，应当说明理由，并经承办部门主要负责人签署意见后及时退回办公厅（室）。

（3）承办部门要根据公文的内容及领导的批办意见，采取不同的承办方式。对于有具体批办意见的公文，承办部门在认真研究公文内容和批办意见后，可采取正式发文（或其他书面形式）答复、电话答复、复印批件等方式，及时办理。对需要传达贯彻的公文，可先拟出工作方案，请示领导同意后再办理。

（4）公文承办中遇有涉及外单位职权范围内的事项，主办部门应当主动与外单位对应部门协商。如有分歧，主办单位负责人要出面协调，协调后如仍不能取得一致意见，可以报请上级机关协调或裁定。

（5）公文承办中遇有涉及本机关其他内设机构职权范围内的事项，主办部门应当主动与有关部门协商，会办部门应当予以配合。经协商不能取得一致意见的，主办部门应当列明各方意见及理据，提出建设性意见，并与有关部门会签后报请机关负责人协调或裁定。

178. 国家税务总局对限时件、特急件的收文办理有哪些规定？

（1）办公厅办理限时件、特急件的规定：

总的原则是随到随办。收件人为国家税务总局或国家税务总局办公厅的限时件、特急件的，先需要经办公厅拟办和批办；收件人为国家税务总局或国家税务总局办公厅以外的限时件和特急件的，不需要办公厅拟办。之后，收文人员应将上述两类限时件、特急件通过电话（手机）依次通知相关部门文秘人员、综合处长、司领导，并做好记录；相关部门应及时派人取回文件；30分钟内联系不上，收文人员应将文件报请办公厅领导研提处理意见。

（2）承办部门办理限时件、特急件的规定：

承办部门签收限时件、特急件后，及时登记，批办，交承办人在规定时限内抓紧办理，因特殊情况不能按期办结的，要与来文单位协商，重要事项须报分管局领导同意。

限时件、特急件涉及两个以上承办部门的，由主办部门牵头负责汇总和协调督办，会办部门要积极配合。

限时件、特急件办理中，对无正当理由拖延推诿、误时误事的，要进行通报批评，对造成重大影响的，要依照有关规定追究有关负责人和经办人员的责任。

179. 什么是公文传阅？

公文传阅是指根据机关负责人批示和工作需要将公文及时送传阅对象阅知或批示。传阅一般由文秘人员组织实施，以文秘人员为传阅对象的中心节点，将公文依次或同时送阅批人，阅批人阅批后退文秘人员，经检查无误后继续传阅或作进一步处理。文秘人员应当随时掌握公文传阅的去向和进度，避免漏传、误传和延误，确保公文传递信息的可靠，同时根据实际情况合理调整传阅次序和节奏。

180. 公文传阅有哪几种方式？

根据传阅文件份数和传阅先后次序的不同，分为“按顺序传批”和“分传”：

（1）按顺序传批。即将一份文件按照特定顺序依次送多位阅批人阅批的传阅方式，适用于只有一份文件且需要许多人阅批的公文传阅。根据传阅顺序的不同，可以分为正传和倒传。

正传，是指按阅批人排序由前往后依次传阅，一般多用于阅知类公文。

倒传，是指按阅批人排序由后往前依次传阅，一般多用于请示类公文。

在正传或倒传的过程中，如遇特殊情况，可以采取回传方式，即将传阅中机关负责人的有关批示意见，按一定顺序送已阅批过的机关负责人贯彻落实或再次批示。

（2）分传。即将公文同时分送机关所有相关负责人阅批，适用于多位阅批人，并且时限特别紧急的请示类公文或者内容较多、阅读耗时的阅知性公文。

实际工作中，对于保密要求特别严格的公文，可以采用专传的方式，即指定专人负责将公文在规定时间内送机关有关负责人阅批完毕；对于时限紧急的公文，可采用分送汇总的方式，即先同时分送机关部分负责人阅批，再将阅批意见汇总按顺序送机关其余负责人阅批，一般适用于请示类公文。

以上是常规的传阅方式。在公文处理实践中，为了加快传阅速度、提高传阅效率，还可根据实际情况采用多种方式组织开展公文传阅工作，如开设阅文室并指定时间阅文，利用各种会议集中传达传阅公文，利用计算机网络、传真等现代通讯设备和技术手段传阅公文等。

181. 传阅公文时应注意哪些事项？

（1）随时掌握公文传阅去向和进度。实际工作中，有的单位往往不采用文秘人员组织传阅方式，而是任由公文在阅批人之间横向传阅，即公文从文秘部门送出后，第一阅批人阅毕后直接将公文交给第二阅批人，传阅文件像接力棒一样在各阅批人之间相互传递，直至最后一位阅批人将文件退回文秘部门。采用这种传阅方式，文秘人员无法掌握和控制公文传阅的去向、进度和安全，容易导致公文延误、丢失甚至失泄密事故，也不利于明确责任。

（2）控制公文传阅周期。传阅文件的递送要准确无误，并在规定时限内办理完毕。遇有机关负责人外出时，可与该机关负责人或秘书沟通后在传阅单上注明并继续传阅，而不能使传阅长时间搁置，耽误公文整体运转。

（3）严格公文传阅范围。公文传阅要按照机关负责人批示范围或有关规定进行，不得擅自扩大或缩小传阅范围。遇有机关负责人外出暂时无法送阅，要注意补传、防止漏传，待机关负责人返回后及时送阅。

（4）减轻机关负责人阅文负担。对文字较长的阅件，可摘编内容提要后再送机关负责人，以减轻机关负责人阅文负担，提高阅文效率。

（5）加强机关负责人批示件管理。机关负责人在有关地区、部门呈报的请示或报告上批示，形成批示件后应严格按照登记录入、回看传签、分办交办、整理留存等程序要求运转，做到及时、准确、高效。

（6）确保传阅安全保密。严格遵守有关保密规定，对传阅件根据密级实行分级管理，严防文件失泄密，防止公文丢失。

（7）适时将已传阅完毕的文件收回归档。特别是机关负责人有批示的传阅件，要及时将原件收回存档备查。

182. 机要文件如何处理？

做好机要文件处理，应坚持做到“四个一”，即：“进出一个口、拆封一只手、登记一本账、传阅一个点”。

“进出一个口”是指机要文件的收发进出，必须经由机要文书部门。

向外发送机要文件，无论采取哪种方式，都应由机要文书部门统一负责。与机要文书工作无关的部门或人员，不得参与机要文件的装封与传递，不得让非机要人员捎带机要文件，更不能借开会方便之机，让开会人员给本单位捎带机要文件。机要文件必须注意装封牢固，以防中途破损，重要的机要文件要加贴密封条；要反复检查送达单位和收件人是否与文件的主送机关和抄送机关相符；要认真登记，严格编号，核准份数，以防有误。

接收机要文件的单位不论该机要文件来自何方，采用哪种方式，只有该机关的机要文书部门才能接收，中间不得转手；非机要文书部门或人员，特别是传达室不得经手机要文件的接收。机要人员对收到的机要文件，首先要认真查验封装是否完好，密封条是否变异；其次，对接收的多份机要文件，要注意点收，查对是否有差错、短少现象。

“拆封一只手”是指除上级发来指定负责人拆封的“亲启”文件外，对其他机要文件，机要部门均有拆封权，且非机要部门不得自行拆封机要文件。

“登记一本账”是指对收到的涉密文件与非涉密文件分开登记，绝密文件和中央文件要单独登记。

“传阅一个点”是指文件只有一份或很少几份，需要阅知的人又较多的情况下，机要文件传阅应当坚持“点传”，即以机要人员为一个“中心点”，阅件人只和机要人员之间有严格的取还登记手续，阅件人之间不发生相互关系。这既可以避免机要文件在传阅过程中“不翼而飞”，又可以防止阅件人积压文件。

183. 什么是公文督查催办？公文督查催办的基本原则是什么？

公文督查催办是指办公厅（室）对经机关负责人批示或者交有关部门承办的公文的进展情况进行督促和检查的工作。公文的督查催办分对内和对外。对内督查催办主要是对本机关公文拟制、审批各个环节及情况进行查询、督促和催办；对外督查催办主要是对本机关会签外单位和征求意见的公文，向受文机关催询办理情况。

公文督查催办的基本原则是：紧急公文应当跟踪督查催办；重要公文应当重点督查催办；一般公文应当定期督查催办。

184. 国家税务总局公文督查催办主要包括哪些事项？

（1）党中央、国务院领导批示交办的、需要制发公文的事项。

（2）党中央、国务院文件需要落实的、需要制发公文的事项。

（3）国家税务总局领导批示交办的、需要制发公文的事项。

（4）国家税务总局年度工作会议、党委会议、局务会议、局长办公会议、局领导专题会议等会议议定需要落实的，需要制发公文的事项。

（5）全国人大代表议案、建议和政协委员提案。

（6）中央国家机关各部门、中央企业事业单位征求意见、会签的文件。

（7）各省（自治区、直辖市和计划单列市）税务机关、税务总局驻各地特派办的请示性文件。

（8）国家税务总局领导调研时基层税务机关反映的问题，办理时需要制发公文的。

（9）重要信访案件和群众反映的热点、难点问题，办理时需要制发公文的。

（10）其他需要督办的公文办理事项。

在实际工作中，可将公文督查催办事项分为重点督办事项和一般督办事项，分类进行督办。

185. 国家税务总局机关公文督查催办的时限有哪些要求？

公文督查催办必须有明确的时限要求，承办部门必须按时限要求办结。对需由多个部门共同完成的公文督查催办事项，总的时限要求由督办部门确定，协办时限要求由主办部门确定。

文件、会议和领导批示等对公文办理提出明确时限要求的，按要求确定办理时限；没有提出时限要求的，按以下标准确定办理时限：

（1）党中央、国务院文件需要落实的事项，由督办部门商承办部门合理确定办理时限，并报督办部门负责人审定。

（2）中央国家机关各部门会签文件，只需作文字修改的，会签须在 2 个工作日内完成；有重大修改意见需要协调的，会签须在 3 个工作日内完成。

（3）中央国家机关各部门征求意见的文件，一般应在 7 个工作日内回复，其中特急件应在 3 个工作日内回复，急件应在 5 个工作日内回复。

（4）中央企业事业单位来文，各地税务机关的请示性文件，须在 30 日内完成。

办理时限包括局内会签、征求意见、文件运转和局领导签发时间。局内会签和征求意见时间原则上为 1~2 个工作日，具体由承办单位提出时限要求。对临近办理时限的，承办单位要安排专人跟踪文件运转，确保文件按时报出。

186. 收文办件的答复方式有哪几种？国家税务总局收到外部门需要办理的来文，如何办理复文？

收文办件时，对相关单位提出需要办理的事项，机关要予以认真研究，及时答复。答复的方式可分为以下两类：

（1）书面答复。一是制发公文。经本机关负责人批准的答复意见以公文形式发送来文单位。二是传送批件。将机关负责人在办件上的批示以“批示抄清”形式发送来文单位和相关单位。

（2）口头答复。一是电话答复。答复意见电话告知来文单位。二是面谈答复。有些请示事项较为复杂的问题，可以当面答复来文单位，以利于来文单位详细了解答复单位对请示事项的具体意见和考虑。口头答复后，要注意详细记载答复情况以备查询。

国家税务总局向外部门平级机关回复（征求）意见和提供材料等，应当依据对等原则、来文单位要求和税务总局领导指示批示要求等办理。具体要求为：

（1）需要办理总局正式公文的，按照《文秘工作规范》发文流程办理，选用发文字号“税总××函”或“税总办××函”回复，税务总局领导签发后，办公厅（文秘处）统一编号、印制，并封装交换。

（2）需要办理司局便函的，按照《税务总局机关司局便函管理办法（试行）》要求办理，要根据实际情况和对等原则，与来文单位沟通一致，文件内容、办理形式需签报局领导同意。便函加盖本司局印章，按要求封装并投入总局智能文件交换系统“交换站”箱。

（3）需要办理不编文号套红头盖印章形式文件的，要根据实际情况和对等原则，与来文单位沟通一致，文件内容、办理形式需签报局领导同意。非编号文件套税务总局红头，办公厅（文秘处）加盖税务总局印章；非编号文件套税务总局办公厅红头，办公厅（办公室）加盖税务总局办公厅印章。各单位按要求封装并投入总局智能文件交换系统“交换站”箱。

局内各单位严禁随意修改税务总局（办公厅）红头、司局便函、司局便笺版头内容；采用以上形式办理文件时，需在签报中明确注明“根据对等原则，并与来文单位沟通一致，拟采取不编文号套国家税务总局（办公厅）红头盖总局（办公厅）印章形式或司局便函回复来文单位”等相应字样。

七、公文归档实务

187. 什么是税务文书档案？税务文书档案主要包括哪些内容？

税务文书档案是指税务机关在履行税务管理职能中直接形成的具有保存价值的历史记录，是税务档案的重要组成部分。

主要包括公文（发文和收文）、内部文件（签报、调查统计分析材料）、会议材料（会议通知、名单、日程、讲话和发言、讨论材料、交流材料、参阅材料、会议记录和纪要、录音录像和照片、视频会议的电子数据）、信息简报等。

188. 税务文书档案归档范围包括哪些内容？

（1）反映本机关主要职能活动和基本历史面貌的，对本机关工作、国家建设和历史研究具有利用价值的文件材料等。

（2）机关工作活动中形成的在维护国家、集体和公民权益等方面具有凭证价值的文件材料等。

（3）本机关需要贯彻执行的上级机关、同级机关的文件材料，下级机关报送的重要文件材料等。

（4）其他对本机关工作具有查考价值的文件材料等。

189. 文书档案保管期限是如何划分的？

现行文书档案保管期限分为永久、定期两种，其中定期一般分为 30 年、10 年两类。

190. 属于永久保存的文书档案主要包括哪些内容？

（1）本机关制定的法规政策性文件材料。

（2）本机关召开重要会议、举办重大活动等形成的主要文件材料。

（3）本机关履行职能过程中形成的重要业务文件材料。

（4）本机关关于重要问题的请示与上级机关的批复、批示，重要的报告、总结、综合统计报表等。

（5）本机关机构演变、人事任免等文件材料。

（6）上级机关制发的属于本机关主管业务的重要文件材料。

（7）同级机关、下级机关关于重要业务问题的来函、请示与本机关的复函、批复等文件材料。

191. 属于定期保存的文书档案主要包括哪些内容？

（1）本机关职能活动中形成的一般性业务文件材料。

（2）本机关召开会议、举办活动等形成的一般性文件材料。

（3）本机关人事管理工作形成的一般性文件材料。

（4）本机关一般性事务管理文件材料。

（5）本机关关于一般性问题的请示与上级机关的批复、批示，一般性工作报告、总结、统计报表等。

（6）上级机关制发的属于本机关主管业务的一般性文件材料。

（7）上级机关和同级机关制发的非本机关主管业务但要贯彻执行的文件材料。

（8）同级机关、下级机关关于一般性业务问题的来函、请示与本机关的复函、批复等文件材料。

（9）下级机关报送的计划规划、总结、统计、重要专题报告等文件材料。

192. 如何对公文进行归档？

归档范围内的公文，应当根据其相互联系、特征和保存价值等进行整理，保证归档公文的齐全、完整，准确反映本机关的主要工作情况，便于保管和利用。归档文件材料应当为原件。

归档范围内的公文，应当以“件”为单位进行分类、排列、编号、编目、装订、装盒，首页右上部空白处加盖“归档章”，打印文件目录。

归档文件整理的具体方法，按照全国档案行业标准《归档文件整理规则》的规定执行。

税务总局文件归档一般应按照如下程序进行：

（1）纸质文件，由局内各单位（不含国家税务总局税务干部学院）按照《全国税务机关档案管理办法》所确定的归档范围和时间、《全国税务机关归档文件整理办法》所确定的整理方法以及《全国税务机关公文处理办法》《全国税务机关文件材料归档范围和文书档案保管期限规定》《国家税务总局机关档案管理办法》《国家税务总局文书档案保管期限表》的有关规定，将本单位应归档文件收集齐全、整理有序后，每年 6 月底前送档案管理部门归档。档案管理员按照各单位形成的归档目录，进行清点、核对后，办理签字、移交手续。

（2）电子公文系统内各司局形成的电子文件，由各单位综合部门通过电子公文系统“档案管理”功能进行预归档，由税务总局档案管理部门负责正式归档。

（3）电子文件由档案管理员进行标引、归档，并确保与纸质档案编号相对应。非涉密档案，存入电子公文系统服务器，在税务总局税务专网上实行网络化管理；涉密档案，存入档案管理部门的涉密档案服务器，实行单机管理，不在网络上运行。

193. 如何确定作为归档文件的“件”？文件归档时应注意哪些问题？

归档文件一般以每份文件为一件。正文、附件为一件；文件正本与定稿为一件；转发文和被转发文为一件；原件与复印件为一件；报表、名册、图册等一册（本）为一件（作为文件附件时除外）；简报、周报等材料一期为一件；会议纪要、会议记录一般一次会议为一件，会议记录一年一本的，一本为一件；来文与复文（请示与批复、报告与批示、函与复函）一般独立成件，也可为一件；有文件处理单或发文稿纸的，应与相关文件为一件。

文件归档时应注意以下几点：

（1）文件（包括正式发文和其他应归档材料）定稿如果是计算机打印的，并且没有修改笔迹，与正本内容一致，只将发文处理单或者领导签字的一页附在正本之后归档。

（2）实现公文处理自动化，纸质文件与电子文件“双轨”运行的，在对纸质文件进行归档的同时，将电子文件归入档案数据库，并且档号标引一致。

（3）在公文处理过程中取消纸质文件，只运行电子文件的，必须将电子文件归入档案数据库，并且将其中需要永久保存和 30 年保存的电子文件的正本制成纸质文件，档号也要标引一致。

（4）归档文件应齐全完整。已破损的文件应予修整，字迹模糊或易褪变的文件、热敏传真纸文件应予复制。

194. 国家税务总局税务文书档案“件”内文件如何排列？

“件”内文件应当按照下列顺序依次排列：

（1）国家税务总局党委和党委办公室、国家税务总局和办公厅发文，司局重要的发函。

纸质文件：正文、附件、定稿（领导签发后的正文修改痕迹版）、会签单、办文说明、发文处理单、国家秘密确定审批表、参考文件（含各单位或各部委的回复意见）、依据文件（必须为原件）。

电子公文：正文、附件、发文处理单、过程稿、办文说明、会签意见、依据文件（必须为原件）。

（2）联合发文。

联合发文或会签后正式文件（含附件）、来文、会签办理签报、征求意见稿。

请示和批复为一件的，本单位制发的请示或批复在前，外单位的请示或批复在后。

195. 如何对“件”进行分类排列和编号？

归档文件的分类排列方法，通常有以下几种：

（1）按年度依照发文、收文、内部文件的顺序进行排列。其中发文按文号种类、文号大小进行排列，收文按收文登记号进行排列，内部文件按形成时间进行排列。发文、收文、内部文件统一按年度编大流水号。

（2）按保管期限，将本年度应归档文件分永久、30 年、10 年三类，每一类再按发文、收文、内部文件的顺序进行排列。按年度分保管期限编三个流水号，或者是按年度将三类文件按照永久、30 年、10 年的顺序编一个大流水号。

（3）按内设机构进行分类，同一机构内应归档文件按发文、收文、内部文件的顺序进行排列。按年度分机构对应归档文件进行编号，一个内设机构，编一个流水号；也可以所有机构统一编大流水号。

具体排列、编号方法的选择，应根据本单位文件数量的多少和归档任务落实的环节来确定。文件数量多的，可以细分类目进行排列编号；文件数量少的，可以仅分年度，不细分类统一编大流水号。

归档工作由档案工作人员负责的，可以按保管期限分永久、30 年、10 年三类进行编号；归档工作由内设机构文秘人员（内勤）负责的，可以按机构进行分类编号。一个单位排列编号方法应保持稳定，不得随意改变。

196. 联合办理的公文，归档上有何要求？

联合办理的公文，原件由主办机关整理、归档，其他机关保存复制件或其他形式的公文副本。

197. 本机关负责人兼任其他机关职务，在履行所兼职责过程中形成的公文，如何归档？

本机关负责人兼任其他机关职务，在履行所兼职责过程中形成的公文，由其兼职机关整理、归档。

198. 归档公文对书写、纸张和字迹材料有哪些要求？

拟制、修改和签批公文，书写及所用纸张和字迹材料应当符合存档要求。归档公文的用纸应当是中性纸，字迹材料应当是墨汁、碳素墨水。

八、公文管理实务

199. 税务机关公文印发和公开管理的基本要求是什么？

公文的印发传达范围应当按照发文机关的要求执行，需要变更的，应当经发文机关批准。

公文公开发布的时间、形式和渠道，由发文机关确定。涉密公文公开发布前应当履行解密程序。经批准公开发布的公文，同发文机关正式印发的公文具有同等效力，各级税务机关可以不再行文。同时，发文机关应当印制少量文本，供存档备查。

200. 税务机关对公文撤销和废止管理有何要求？

公文的撤销和废止，由发文机关、上级机关或者权力机关根据职权范围和有关法律法规决定。公文被撤销的，视为自始无效；公文被废止的，视为自废止之日起失效。

涉及其他部门职权范围内的事务，未协商一致擅自行文的，上级税务机关应当责令其纠正或者撤销。

201. 机构合并或撤销时对公文如何处理？

机构合并时，全部公文应当随之合并管理；机构撤销时，需要归档的公文经整理后按照有关规定移交档案管理部门。

涉及原机构的密件应根据不同情况，分别移交给制发单位、档案管理部门或合并后的新单位。移交时，须履行登记、签收手续。发文单位不收回的，要按规定登记销毁。

202. 工作人员离岗离职时如何移交、清退公文？

工作人员离岗离职时，所在机关应当督促其将暂存、借用的公文按照有关规定移交、清退。其中，暂存的文件应交给直接领导或接替其工作的人员；借用的文件应当归还。个人使用和管理的密件应当全部清理，退还原工作单位，并办理移交手续。

203. 遇到地方党政机关公文处理办法与税务机关公文处理办法不一致应如何处理？

根据主送机关确定。主送税务机关的公文，按照《全国税务机关公文处理办法》处理；主送地方党委、政府的公文，按照地方党委、政府公文处理办法要求处理。

204. 国家税务总局机关公文考核的文件范围是什么？具体考核内容是什么？

国家税务总局机关公文考核适用的文件范围包括：税总党委发、税总党委函、税总党委办发、税总党委办函、国家税务总局令、国家税务总局公告、国家税务总局通告、税总××发、税总××函、税总办××发、税总办××函。

国家税务总局机关公文考核，包括公文质量和公文运转效率考核两个方面。

（1）公文质量方面，主要考核局内各单位在文种选用、公文格式、行文规则、公文拟制上是否符合公文处理办法的规定和要求。具体考核项目包括：

文种使用：是否选用规定范围内的文种；所用文种与公文内容、行文方向是否一致。

公文格式：密级公文是否标注密级以及标注是否准确、规范；紧急公文是否标注紧急程度，所拟定的紧急程度是否具有可操作性；发文字号填写是否准确、规范；公文标题填写是否准确、规范；主送单位填写是否准确、规范；抄送单位填写是否准确、规范；附件说明填写是否准确、规范；附件是否齐全、完整；发文机关署名填写是否准确、规范。

行文规则：行文是否确有必要；是否越权行文或者越级行文；涉及其他司局或外部门职权的，是否会签有关单位或部门，会签部门对会签文有异议的，主办部门是否经协商后送审；请示文是否符合有关规定；报告中是否夹带请示事项。

公文拟制：拟制的公文是否符合党的路线方针政策和国家法律法规；公

文主题是否明确、结构是否完整、逻辑是否清晰；公文语言是否准确、精练、规范，人名、地名、时间、段落顺序、引文等是否准确，简称、数字、计量单位、标点符号、公文层次序数等是否规范；公文是否因文字质量问题被局领导及办公厅退回修改；主办司局、处室负责人和核稿人及拟稿人是否签署姓名和日期；是否存在先签后核的问题；公文校对时是否擅自对已签发公文进行修改，校对是否存在差错；公文是否附有办文说明，办文说明是否对办文背景、过程、依据、理由、意见采纳等情况进行说明；党委规范性文件是否同步起草备案报告和备案说明；税务规范性文件是否同步进行政策解读，解读是否准确并具有可操作性。

（2）公文运转效率方面，主要分两种情形：

凡纳入办公厅督办范围的公文，由办公厅按照有关督查规定进行督办，按月统计立项、按时办结、超时办结、未办结、撤单情况；同时，对省级税务机关的请示性公文办理情况，分总数、按时书面批复、按时口头答复、申请延期办理、撤单进行统计。

未纳入办公厅督办范围的公文，按以下环节进行运转效率考核：公文会签，有时限要求的，按照时限要求完成，无时限要求的，会办部门一般应当在 2 个工作日内提出会签意见，加急件应当在 1 个工作日内会签，特急件应当随到随签；办公厅领导审核和文秘处核稿，有时限要求的，按照时限要求完成，没有时限要求的，应当在 2 个工作日内完成；主办司局校对，有时限要求的，按照时限要求完成，没有时限要求的，应当在 1 个工作日内完成；办公厅复核、登记编号、排版、校对、转版、用印、电子公文和纸质公文的封发等环节，有时限要求的，按照时限要求完成，没有时限要求的，应当在 2 个工作日内完成，并且单个环节不得超过 1 个工作日。

涉及税收个案批复工作的公文处理时限，按照《税收个案批复工作规程》的规定执行。

全国税务系统公文考核范围、内容可参照执行。

205. 什么是国家秘密？国家秘密分哪几个等级？

国家秘密是指关系国家安全和利益，依照法定程序确定，在一定时间内只限一定范围的人员知悉的事项。

国家秘密必须具备以下三个要素：

（1）关系国家安全和利益，是构成国家秘密的实质要素，是指某一事项一旦泄露会使国家安全和利益受到损害。这是国家秘密的本质属性。

（2）依照法定程序确定，是构成国家秘密的程序要素，是指根据定密权限，按照国家秘密及其密级具体范围的规定，确定国家秘密的密级、保密期限、知悉范围，并做出国家秘密标志，做到权限法定、依据法定、内容法定、标志法定。

（3）在一定时间内只限一定范围的人员知悉，是构成国家秘密的时空要素，是指关系国家安全和利益的秘密事项，在依照法定程序确定为国家秘密后，应当限定在一定的时间和空间范围内，即在保密期限内，不能超出限定的知悉范围。

国家秘密的密级分为绝密、机密、秘密三级。绝密级国家秘密是最重要的国家秘密，泄露会使国家安全和利益遭受特别严重的损害；机密级国家秘密是重要的国家秘密，泄露会使国家安全和利益遭受严重的损害；秘密级国家秘密是一般的国家秘密，泄露会使国家安全和利益遭受损害。

206. 国家秘密的基本范围是什么？

根据《中华人民共和国保守国家秘密法》第九条规定，下列涉及国家安全和利益的事项，泄露后可能损害国家在政治、经济、国防、外交等领域的安全和利益的，应当确定为国家秘密：

（1）国家事务重大决策中的秘密事项；

（2）国防建设和武装力量活动中的秘密事项；

（3）外交和外事活动中的秘密事项以及对外承担保密义务的秘密事项；

（4）国民经济和社会发展中的秘密事项；

（5）科学技术中的秘密事项；

（6）维护国家安全活动和追查刑事犯罪中的秘密事项；

（7）经国家保密行政管理部门确定的其他秘密事项。

政党的秘密事项中符合上述规定的，属于国家秘密。

207. 如何确定国家秘密知悉范围？

国家秘密的知悉范围，应当根据工作需要限定在最小范围。能够限定到具体人员的，限定到具体人员；不能限定到具体人员的，限定到机关、单位，由机关、单位限定到具体人员。知悉范围以外的人员，因工作需要知悉国家秘密的，应当经过机关、单位负责人批准。

208. 哪些机关、单位有国家秘密的定密权？

确定国家秘密的密级，应当遵守定密权限。

中央国家机关、省级机关及其授权的机关、单位可以确定绝密级、机密级和秘密级国家秘密；设区的市、自治州一级的机关及其授权的机关、单位可以确定机密级和秘密级国家秘密。具体的定密权限、授权范围由国家保密行政管理部门规定。

机关、单位执行上级确定的国家秘密事项，需要定密的，根据所执行的国家秘密事项的密级确定。下级机关、单位认为本机关、本单位产生的有关定密事项属于上级机关、单位的定密权限，应当先行采取保密措施，并立即报请上级机关、单位确定；没有上级机关、单位的，应当立即提请有相应定密权限的业务主管部门或者保密行政管理部门确定。

209. 国家秘密载体管理应当遵守哪些规定？

（1）制作国家秘密载体，应当由机关、单位或者经保密行政管理部门保密审查合格的单位承担，制作场所应当符合保密要求。

（2）收发国家秘密载体，应当履行清点、编号、登记、签收手续。发送涉密文件材料，应使用加厚或双层机要专用封套，加盖密级标记并密封。

（3）传递国家秘密载体，应当通过机要交通、机要通信或者其他符合保密要求的方式进行。

（4）复制国家秘密载体或者摘录、引用、汇编属于国家秘密的内容，应当按照规定报批，不得擅自改变原件的密级、保密期限和知悉范围，复制件应当加盖复制机关、单位戳记，并视同原件进行管理。密件汇编，应当按照其中最高密级和最长保密期限进行标注和管理。

（5）保存国家秘密载体的场所、设施、设备，应当符合国家保密要求。

（6）维修国家秘密载体，应当由本机关、本单位专门技术人员负责。确需外单位人员维修的，应当由本机关、本单位的人员现场监督；确需在本机关、本单位以外维修的，应当符合国家保密规定。

（7）携带国家秘密载体外出，应当符合国家保密规定，并采取可靠的保密措施。携带绝密件应当经本机关分管领导批准，并有两人以上同行。参加涉外活动不得携带密件；因工作确需携带机密、秘密件的，应当经本机关分管领导批准，并采取严格的安全保密措施。

（8）携带国家秘密载体出境的，应当按照国家保密规定办理批准和携带手续。绝密件不得携带出境。机密、秘密件出境，必须由外交信使或国家保密局核准的单位和人员携运。目的地不通外交信使或外交信使难以携运的，或确因工作需要自行携带机密、秘密件出境的，应当向有关保密工作部门或保密工作机构提供该密件及其制发单位和本单位同意出境的证明，申请办理《国家秘密载体出境许可证》。

（9）销毁国家秘密载体，应当履行清点、登记、审批手续，并送交保密行政管理部门设立的销毁工作机构或者保密行政管理部门指定的单位销毁。机关、单位确因工作需要，自行销毁少量国家秘密载体的，应当使用符合国家保密标准的销毁设备和方法，确保销毁的国家秘密信息无法还原。严禁将密件作为废品出售。

210. 绝密件有哪些特殊保密要求？

管理绝密件，除应遵守密件的一般保密管理要求外，还有以下特殊保密要求：

发送“绝密”级文件材料，必须使用由防透视材料制作的、周边缝有韧线的信封，信封封口及中缝处加贴密封条；必须存放在符合国家保密标准的设施设备中；阅读和使用必须在指定的符合保密要求的办公场所进行，对接触、知悉人员要进行文字记载；未经原定密机关、单位或者其上级机关批准，不得复制、摘抄；携带外出，必须经本机关、本单位分管领导批准，两人以上同行，指定专人负责，并采取绝对可靠的安全措施；禁止携带绝密件参加涉外活动或出境。

211. 税务工作国家秘密范围包括哪些？

根据《税务工作国家秘密范围的规定》，税务工作国家秘密包括：

（1）绝密级事项：泄露后会对国家宏观经济调控、社会经济秩序造成特别严重损害的。包括 1 项：重大税制改革方案。

（2）机密级事项：泄露后会对国家宏观经济调控、社会经济秩序造成严重损害的；泄露后会对税收工作秩序、特定行业发展造成严重损害的。包括 4 项：①关于设立、废止税种和调整税率的意见建议；②国家重大税收政策调整方案；③对国家安全、国防军工等特殊行业、单位的税收优惠政策；④增值税发票税控系统发行密钥。

（3）秘密级事项：泄露后会对国家宏观经济调控、社会经济秩序造成损害的；泄露后会对税收工作秩序、国家涉外经济活动造成损害的。包括 3 项：①对某一行业或地区经济社会发展有较大影响的税收政策调整方案；②涉外税收谈判的内部方案；③反避税对外磋商的方案。

212. 税务机关如何确定保密期限？

各级税务机关执行上级机关或者办理其他机关已定密事项所产生的国家秘密事项，根据所执行或者办理的国家秘密事项确定密级、保密期限和知悉范围。

税务工作国家秘密一经确定，应当在秘密载体上做出国家秘密标志并同时标明知悉范围。国家秘密标志形式为“密级★保密期限”、“密级★解密时间”或“密级★解密条件”。

（1）国家秘密具体的保密期限一般应当以日、月或者年计；不能确定具体的保密期限的，应当确定解密时间或者解密条件。国家秘密的解密条件应当明确、具体、合法。除保密事项范围有明确规定外，国家秘密的保密期限不得确定为长期。

（2）国家秘密的知悉范围应当在国家秘密载体上标明。不能标明的，应当书面通知知悉范围内的机关、单位或者人员。凡未作书面通知的国家秘密事项，其保密期限按照绝密级事项 30 年、机密级事项 20 年、秘密级事项 10 年执行。

213. 什么是工作秘密？什么是税务工作秘密？

工作秘密，是指机关单位在履行职能过程中产生或者获取的，不属于国家秘密，但泄露后会妨碍机关、单位正常履行职能或者对国家安全、公共利益造成不利影响的内部敏感事项。

税务工作秘密，是指各级税务机关在履行职能过程中产生或者获取的，不属于国家秘密，但泄露后会妨碍税务机关正常履行职能或者对国家安全、纳税人和缴费人权益造成不利影响的内部敏感事项。

214. 国家秘密与工作秘密的区别是什么？

税务工作秘密不属于国家秘密，依法确定为国家秘密的事项不得确定为税务工作秘密。

（1）确定方式不同。国家秘密事项的确定必须依照法定程序确定，严格遵守保密法律法规的规定；工作秘密事项则主要由各级机关、单位自行确定。

（2）专属标志不同。国家秘密的密级分为“绝密”、“机密”和“秘密”；工作秘密确定后，为便于识别和管理，一般在工作秘密载体左上方以“内部”“内部资料 注意保管”作出标志。

（3）管理方式不同。国家秘密管理的基本制度，由国家保密法律法规作出明确规定；工作秘密的管理方式、方法和措施，则由有关机关、单位确定。

（4）法律责任不同。泄露国家秘密，不仅要承担相应的行政责任，情节严重的，还要承担相应的刑事责任；泄露工作秘密的法律责任形式则仅为行政责任。

215. 应当确定为税务工作秘密的事项范围包括哪些？

（1）税务业务工作事项。主要包括税费数据管理事项、税务稽查事项、税务信息系统等。

（2）税务行政工作事项。主要包括内部文件资料、组织人事工作、督察内审事项、舆情信访事项等。

（3）党建工作事项。主要包括党风廉政建设、纪检工作事项、巡视巡察事项等。

（4）依照程序确定为工作秘密的其他事项。

216. 不得确定为税务工作秘密的事项范围包括哪些？

（1）依法应当确定为国家秘密的。

（2）党内法规、法律、行政法规、规章和国家有关规定明确要求公开的。

（3）需要社会公众广泛知晓或者参与的。

（4）已经依法公开或者不可控制知悉范围的。

217. 税务工作秘密应当如何规范做出标志？

税务工作秘密确定后，应当在工作秘密载体的左上方用黑体三号字体做出标志，并在成文日期下一行以附注形式明确管理要求，如“（此件属税务工作秘密，仅供税务系统内部使用，严禁使用手机拍照，严禁通过互联网、手机、微信等传播使用和对外发布）”。

属于正式发文、会议纪要等税务工作秘密的，应当标注“内部”；属于会议资料等非正式发文的税务工作秘密的，应当标注“内部资料 注意保管”；属于无法作出或者不宜作出工作秘密标志的文件资料和税费数据，由确定该工作秘密的税务机关书面通知知悉范围内的机关、单位或者人员。

218. 标注“不予公开”的文件是否可以认定为税务工作秘密？

标注“内部”“内部资料 注意保管”的为税务工作秘密；但仅标注“不予公开”的，不能简单认定为税务工作秘密。不予公开信息的范围大于工作秘密，工作秘密是不予公开的信息，但不予公开的信息未必要作为工作秘密保护。例如：根据《中华人民共和国政府信息公开条例》第十六条第一款规定“行政机关的内部事务信息，包括人事管理、后勤管理、内部工作流程等方面的信息，可以不予公开”，后勤管理有关信息属于不予公开范围，但不属于工作秘密，因此，必须在实践中按照工作秘密的标准进行严格甄别。

219. 税务工作秘密载体管理应当遵守哪些规定？

（1）制作工作秘密载体，应当使用税务系统内部安全可靠的设备、场所进行，或者选择具有国家秘密载体印制资质的单位。

（2）制作属于工作秘密的电子公文、数据，应当通过电子公文系统或税务专网其他渠道存储、处理和传输。严禁使用非安全移动存储介质存储工作秘密。严禁通过 QQ、微信、钉钉等互联网即时通信工具，互联网邮箱和互联网视频会议系统等处理、传输工作秘密。

（3）收发工作秘密载体，应当有相应的记录。

（4）传递工作秘密载体，应当按照国家有关规定对工作秘密载体进行包装密封。

（5）保管工作秘密载体，应当将其存放于文件柜、密码柜等安全的设备中，按要求做好归档工作。

（6）借阅、复制、汇编工作秘密或者携带工作秘密载体外出，应当履行审批登记程序；任何机关、单位和工作人员不得擅自携带工作秘密载体出境，确需携带的，应当经本机关负责人或者其指定的人员批准。

（7）维修工作秘密载体，应当由本机关、单位人员负责；确需由外单位人员维修或者送外维修的，应当指派专人现场监督。

（8）销毁工作秘密载体，应当履行内部登记程序，确保过程安全可控、信息无法还原，不得出售、赠予或者丢弃。

九、电子公文实务

220. 什么是电子文件？电子文件常见种类有哪些？

电子文件是指国家机构、社会组织或个人在履行其法定职责或处理事务过程中，通过计算机等电子设备形成、办理、传输和存储的数字格式的各种信息记录。

电子文件与传统载体文件具有同等效力。机关、团体、企业事业单位和其他组织不得拒绝电子文件的合法合规使用，法律、行政法规另有规定的除外。

电子文件的常见种类有：

（1）按信息存在形式，电子文件可以分为文本文件、图形文件、图像文件、影像文件、声音文件、多媒体文件、数据文件、程序文件和超文本文件等。

（2）按生成方式，电子文件可以分为原生性电子文件和数字化电子文件。

（3）按涉及的业务领域，电子文件可以分为电子公文、电子证照、电子发票、电子合同、电子病历和电子图纸等。

221. 什么是电子公文？什么是党政机关电子公文？

电子公文是以数字形式存储于磁盘、光盘等媒体，依赖计算机系统阅读、处理并可在通信网络上传输的公文。

党政机关电子公文是以电子数字形式拟制、办理、管理的党政机关公文，同纸质公文具有同等效力，与纸质公文在公文种类、公文格式、行文规则、公文拟制、公文办理、公文管理等方面的基本要求一致。

222. 电子文件和电子公文的关系是什么？

电子文件的定义外延宽泛，它不仅涵盖了电子公文，还包括电子证照、电子发票、电子合同、电子病历、电子图纸等更为广泛的以电子形式存在的任何文件。电子公文是电子文件的一个重要类型，是具有法定效力和规范体式的电子文件。它既具有一般电子文件的基本属性与特征，要遵循电子文件管理的基本原则、规范及其基本理论和技术，又因其具备公文职能，而与其他电子文件有所不同。

电子文件的形成者多，使用范围广，它既包括国家机构、社会组织在履行行政管理等职能活动中产生的通用电子文件，也包括其他机关、企业事业单位或公共组织在行使生产经营等职能活动中，形成和使用的各类专用电子文件。电子公文的形成者是依据有关法律和章程而成立的，并能够行使权利和承担义务的机关、组织。电子公文应用于国家行政管理机关之间的公务活动，由国家各级政权机关制发和处理，是政府施政的重要工具。

223. 什么是税务电子公文？税务电子公文是否具有行政效力？

税务电子公文是指在国家税务总局统一部署的电子公文系统中形成的具有特定效力、规范体式和规范格式的公文的电子数据。

税务机关制发的电子公文在税务系统内部具有行政效力，可以作为本系统、本机关内部处理公务的依据。税务系统内部非涉密公文，发电子公文，其中作为执法依据的，同时发纸质公文。既有电子公文，又有纸质公文的，以纸质公文为准。

224. 税务电子公文管理的职责分工是什么？

各级税务机关应当建立健全电子公文管理制度，对电子公文实行全程管理，确保安全规范。办公厅（室）负责电子公文处理工作的日常运转、组织协调、监督检查、培训指导等，信息技术部门协助做好系统开发、技术支持、服务保障等工作。

225. 省级税务局向国家税务总局上报电子公文的具体范围是什么？

国家税务总局各省、自治区、直辖市和计划单列市税务局，国家税务总局驻各地特派员办事处主送国家税务总局的报告、意见，抄送国家税务总局的有关文件，主送或抄送国家税务总局内部各部门的文件，除有特别要求以外一律只报送电子文件。

主送国家税务总局的请示，同时报送电子文件和纸质文件。

涉及国家秘密的文件和不便于电子化传输的文件，只报送纸质文件。

226. 电子公文归档有何要求？税务电子公文归档有何要求？

档案行政管理部门负责电子公文归档工作的监督指导。电子公文归档应当按照国家有关法律法规执行。电子公文形成单位应指定有关部门或专人负责本单位的电子公文归档工作。电子公文办理完毕后，应当将需要归档的电子公文及其版面、拟制、办理、管理等要素和相关数据信息及时整理归档，参照国家有关纸质文件的归档范围进行归档并划定保管期限。

税务电子公文应当按照《全国税务机关文件材料归档范围和文书档案保管期限规定》确定的归档范围，将处理过程中形成的不同电子版本归入税务档案数据库。税务总局各司局形成的电子文件，由局内各单位综合处通过电子公文系统“档案管理”功能进行预归档，由税务总局档案管理部门负责正式归档。归档时应当对标题、发文字号、发文日期、发文单位、密级、保密期限、类别、保管期限进行标引。有相应纸质公文的，还应标引纸质公文的档号。具有永久和30年保存价值的电子公文，应当同时将电子公文的最终版本制成纸质文件归档。只具有10年保存价值，并且只制发电子公文的，可以只将电子公文归档，不必制成纸质文件。

227. 什么是电子公文系统？什么是税务电子公文系统？

电子公文系统是电子公文全生命周期过程或部分环节所使用的信息系统的统称，包括相关软硬件支撑环境和应用系统。电子公文系统应当支持电子公文起草、审核、签发、传输、承办、催办、答复、归档等公文处理程序，同时具有验证、存储、输出、查阅、检索、统计等功能，实现可信互联和安全便捷的信息交换，制发的电子公文应当符合党政机关电子公文、电子印章和版式文档等有关国家标准。

税务电子公文系统是税务系统内部建立用于处理电子公文的平台，主要包含通用功能、文件管理、督查督办、建议提案、信访管理、每日动态、信息采编、档案管理、征求意见/报送材料、规范性文件备案审查等功能模块。

228. 税务电子公文系统管理的主要内容有哪些？

（1）业务需求管理：电子公文系统升级完善工作应当在办公厅统一安排

下组织进行，一般每年集中组织1次，由相关单位向办公厅提交业务需求，审核通过后提交技术部门（电子税务中心）组织升级完善。各单位根据工作需要可以在日常工作中提出电子公文系统功能变更业务需求，由需求提出单位通过电子公文系统“维护申请”模块向业务审核部门提交申请，电子公文系统管理岗审核通过后，符合条件的于2个工作日内提交技术部门进行变更。涉及文件类型、组织架构、工作流程变更的，一般由有关司局报经局领导审批同意后，按照需求变更程序申请变更。对电子公文系统有较大变更需求时，需求单位应事先与办公厅进行沟通，会同技术部门共同研究变更需求的可行性、必要性以及涉及的相关工作。

（2）账号管理：总局版、省局版电子公文系统的账号实行分级维护管理，各单位人员发生岗位变动、职务变更等情况时，应按照规定程序及时申请调整电子公文系统账号及权限。总局版电子公文系统账号的新增、迁移、停用或者权限变更，应由本单位工作人员通过电子公文系统“维护申请”模块向业务审核部门提出申请，经电子公文系统管理岗审核后，符合条件的于2个工作日内转交技术部门（电子税务中心）办理。提交申请时需另附借调文件、会议纪要、抽调干部通知书等证明材料。省局版电子公文系统账号的新增、迁移、停用或者权限变更，应由使用单位结合实际严格规范管理。

（3）电子公文内容变更管理：总局版、省局版电子公文系统的电子公文内容变更实行分级维护管理。相关司局需要变更总局版电子公文系统内电子公文的内容或者领导批示，且无法在系统内自行操作实现的，应由变更单位通过电子公文系统“维护申请”模块提出申请，经对应纸质文件最高签批人审批同意后，提交业务审核部门。电子公文管理岗收到申请后，应严格审核把关，符合条件的于2个工作日内转交技术部门（电子税务中心）办理。相关司局需要变更总局版电子公文系统发送至省局版电子公文系统的电子公文，除履行变更程序外，还需由变更司局及时联系收文单位告知变更情况并删除原接收公文。变更后的电子公文要与领导审批的纸质文件内容保持一致，不一致的申请内容不予修改。电子公文删除应当长期保存删除文件记录。对已正式封发的公文，除局领导和办公厅领导要求外，每变更或删除一次视为一次公文差错，按相关规定纳入绩效考核管理。

229. 税务电子公文系统内主要的发文流程有哪些？

在税务电子公文系统内制发文件一般参照以下流程：

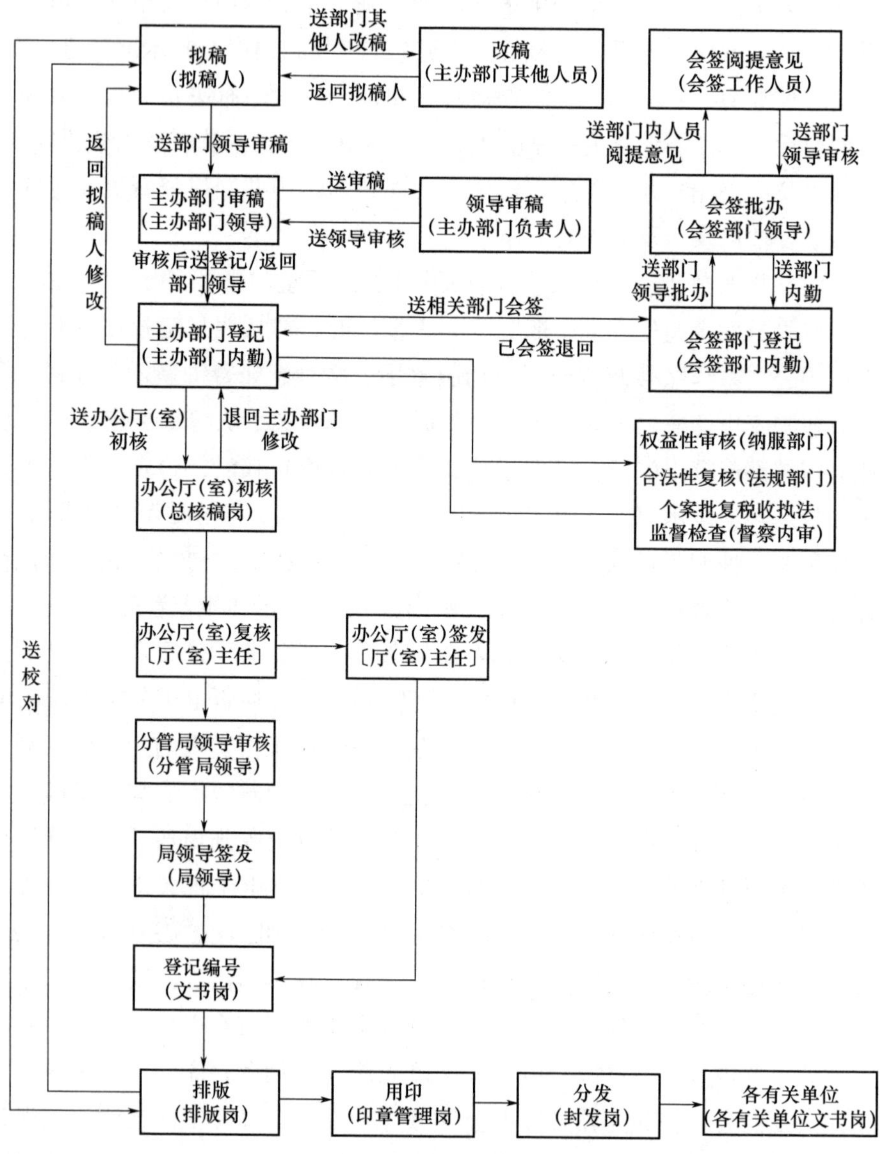

230. 税务电子公文分发有哪些要求？

税总党委发、税总党委函、税总党委办发、税总党委办函、国家税务总局令、国家税务总局公告、国家税务总局通告、税总××发、税总××函、税总办××发、税总办××函的电子文件由办公厅（文秘处）负责加盖电子印章。经办公厅（文秘处）排版的非涉密文件的电子文件，收文单位与税务专网相连接的，都要发送。涉密文件，人员处分和解除处分、人事任免的文件，不发送电子文件。上述文件主送或者抄送全国税务机关的，电子文件分发局内各单位。

司局便函、总局议事协调机构发文、情况通报、税务简报、税收经济调研、其他简报等文件资料由主办部门根据情况封发电子文件。

各司局对已封发的电子文件进行跟踪，没有发到的，要查明原因，及时补发。办公厅对各单位电子文件分发、接收工作进行管理。

对税务系统内只发电子文件的（包括以税务总局、办公厅名义发出的重要会议通知、培训通知以及其他只在税务系统内部需要贯彻的布置性、告知性、事务性文件等），应标注“对税务系统内只发电子文件”字样。

对税务总局不发纸质文件的电子文件，如需要上报办理情况，各地可以通过电子公文系统的封发，向税务总局发送电子文件，不再邮寄纸质文件。但要求报送纸质文件的除外。

231. 税务电子公文系统技术支持保障和运行维护的主要内容是什么？

税务电子公文系统的技术支持保障与运行维护由各级税务机关的信息技术部门负责，具体工作包括：

（1）会同办公厅（室），负责电子公文系统的开发、测试、试点、推广和应用。

（2）负责电子公文系统运行的硬件、网络环境故障等的排除。

（3）负责电子公文系统运行的操作系统、数据库、中间件等的管理和维护等工作。

（4）负责电子公文系统运行中用户遇到问题的解答、技术支持和升级维护。

（5）按照确定的信息安全机制和数据备份策略，实施信息安全保障和数据备份等工作。

电子公文系统相关问题可拨打4008112366电话咨询、反馈。

232. 什么是电子印章？什么是税务公文电子印章？

电子印章是一种由制作者签名的包括持有者信息和图形化内容的数据，可用于签署电子文件，是实物印章的一种表现形式。

税务公文电子印章主要应用于电子公文系统内的正式公文。决定、命令（令）、公告、通告、意见、通知、通报、报告、请示、批复、函等所有正式文件均采用版式文件加盖电子印章后封发，各单位也可根据工作需要，对便函、便笺等电子文件加盖电子印章。

233. 党政机关电子印章应用有哪些要求？

党政机关电子印章制发、使用、管理应当按照公章管理有关规定执行，并符合电子政务认证管理、密码管理相关要求。主要包括：

（1）通用要求：加盖在电子公文上的电子印章应具有与实物印章一致的外观；电子印章的管理、使用方式参照实物印章管理的有关要求；电子印章的制作和验证过程应依托电子印章系统实现；电子印章系统应综合利用数字图像技术和密码技术，保证盖章后的电子公文在传递、使用过程中的真实性、完整性、不可抵赖性和可验证性；电子印章系统的运行应依托于公钥基础设施提供信任基础保障，应符合国家电子政务电子认证管理的相关要求；电子印章应存储于密钥对载体（智能密码钥匙UKey或系统）中，满足离线或在线用章需求；密钥对载体、电子印章和签章的数据格式应遵循国家密码局的相关规范。

（2）制章要求：应当符合国家有关电子印章相关标准要求，规格、式样等按照国家有关规定执行，数据格式应当符合国家电子印章数据格式相关标准要求；制作审批过程应参照实物印章；制章系统应参照实物印章管理方式，具有相对独立的运行环境和操作流程；制章过程中应记录申请、审批、制作、发布等信息。

（3）用章要求：用章单位应指定专人保管保存电子印章的密钥对载体；应对用章申请、审批、用章过程进行记录；用章申请信息应包括申请人、隶属机构、申请时间、电子印章应用对象等内容；应由具有审核权限的操作员依据相关电子印章用章管理规范对电子印章申请内容进行审核；审核通过后，使用印章软件和硬件对用章对象加盖电子印章；电子印章丢失或变更时，应及时到制章机构进行登记报备。

（4）验章要求：验证流程应包括验证数字证书、电子印章真实性和有效性、验证公文真实性，并返回验证结果；验证结果的显示信息应包括验证方式（在线验证或本地验证）、文件的完整性、电子印章的真实性、数字证书的真实性；在线验证，还应包括电子印章的有效性、数字证书的有效性。

234. 税务公文电子印章管理使用有哪些具体要求？

电子印章启用后，各单位电子公文均以版式文件格式（OFD）进行封发、接收、运转、办理。各单位印章管理员为电子印章管理直接责任人，参照实物印章管理规定管理使用电子印章，严禁未经审批擅自使用电子印章，确保电子印章和有关信息安全。

电子印章在电子公文系统中的应用主要包括盖章、撤章和验章等。排版人员完成电子公文排版后，通过转版功能将公文格式转换为OFD格式，然后电子印章管理员可在终端计算机插入电子印章专用UKey，调用“电子印章”功能完成盖章，并可根据需要进行撤章或验章。盖章时要确保印章选用正确、加盖位置合适。盖章完毕后，发送至下一环节继续办理。

235. 税务公文电子印章申请、停用、变更、销毁有哪些规定？

税务公文电子印章的申请、停用、变更、销毁应按照实物印章管理要求进行审批办理，相关操作流程在配套电子公文系统应用的电子印章系统内进行。

申请制作电子印章的，应由申请单位提供单位或机构以及经办人的合法身份证明材料。制作电子印章时应检查所绑定数字证书的有效性，将电子印章存储在密钥载体中。电子印章数据格式应遵循国家电子印章数据格式规范标准。制作电子印章的图形化特征，应与在公安机关备案的印模信息（包含实物印章图像）的规格、式样保持一致。

电子印章持有人应妥善保管其电子印章，并参照实物印章管理要求进行管理。电子印章载体丢失或者损坏时，电子印章使用单位应当立即向电子印章制发机关报告并重新申请制发电子印章。电子印章持有人知悉电子印章已经失密或者可能已经失密时，应当及时到制章机构进行登记报备、告知有关各方，并停用该电子印章。电子印章使用单位撤销的，应当立即公告其电子印章失效，并及时将电子印章移交制发机关。

电子印章使用单位合并或者变更的，应当立即公告原电子印章失效，并重新申请制发电子印章。

电子印章销毁应当履行有关审批手续，涉密电子印章载体销毁应当按照国家保密法律法规的规定处理。

十、精简文件改进文风为基层减负

236. 近年来，党中央、国务院对精简文件、改进文风、为基层减负有何新精神？

习近平总书记高度重视改进文风，大力倡导并始终带头践行“短、实、新”的优良文风。党的十八大以来，中央八项规定将精简文件简报作为作风建设的重要内容，并作出专门规定。党中央、国务院对解决形式主义突出问题为基层减负作出系列部署安排。这些都对精简文件、改进文风提出了一系列新要求。

（1）2016 年 4 月，中办、国办分别就加强文件审核把关制发通知，对严格控制发文数量、切实提高文件质量、强化合法性审查、完善政策评估和解读等提出要求。2016 年底，国办再次发文，要求各部门严格执行党中央、国务院关于精简文件有关规定，认真对照检查整改，采取切实有效的措施，坚决把文件数量减下来，持续改进文风，把更多精力放在抓落实上。

（2）2019 年，中办印发《关于解决形式主义突出问题为基层减负的通知》，将 2019 年确定为“基层减负年”，首次就基层减负工作作出全面部署，针对“文山会海”反弹回潮的问题，定了一些硬杠杠，层层大幅度精简文件。

（3）2020 年，中办印发《关于持续解决困扰基层的形式主义问题为决胜全面建成小康社会提供坚强作风保证的通知》，纠正疫情防控中的形式主义问题，有针对性地提出八项实际举措，“切实防止‘文山会海’反弹回潮”是其中一项重要举措。

（4）2021 年，中办印发《关于进一步解决形式主义问题做好 2021 年为基层减负工作主要措施及分工方案》，查摆形式主义老问题和改头换面的新表现，针对切实改进文风提出多项解决措施。

（5）2022 年，中办印发《中央层面整治形式主义为基层减负专项机制 2022 年工作要点》，再次强调要守住精文减会硬杠杠，严把中央发文关，指导各地区各部门科学制定文件会议年度计划并严格执行，充分发挥党内法规和规范性文件备案审查监督功能。对发文开会情况继续实行动态监测，并推广各地区各部门精文减会好经验好做法，持续推动文件会议提质增效、文风会风清新务实。

237. 近年来，国家税务总局党委对精简文件、改进文风、为基层减负有何新要求、新举措？

近年来，国家税务总局党委将精简文件、改进文风作为贯彻落实中央八项规定及其实施细则精神、加强作风建设、切实服务基层的重要举措，国家税务总局主要负责人高度重视办文工作，多次要求税务系统认真学习贯彻习近平总书记关于努力克服不良文风、积极倡导优良文风的重要论述精神，并多次作出指示批示，对进一步精简文件、改进文风提出明确要求。

（1）在贯彻落实中央八项规定实施细则的实施办法中，从减少各类文件简报、提高文件简报的质量和时效、严格文稿发表等方面提出明确要求。

（2）从 2019 年开始，连续 5 年制发贯彻落实具体举措和分工方案，细化精简文件措施，确保解决形式主义突出问题为基层减负落地落细。

（3）将精简文件、服务基层作为年度全国税务重点工作任务和进一步加强基层建设的重要举措之一。

（4）在修改完善《国家税务总局工作规则》时，将公文处理列为专章，提出要精简文件简报，加强发文统筹，从严控制发文数量、发文规格和文件篇幅的具体要求。

（5）实施重点发文计划管理，年初汇总分析各司局全年重点发文计划并报局领导审核后执行，在核稿环节扎口管理，确保税务总局机关正式发文数量“只减不增”。

（6）归纳梳理近年来党中央、国务院及税务总局在精文减会方面的新规定、新要求，编写《精文减会服务基层 60 问》，方便税务系统和机关干部办文时参考。

238. 税务机关哪些文件属于重点精简的范围？

税务机关重点精简的文件，主要包括规范性文件、议事协调机构成员类文件、通报类文件等三大类。

规范性文件，指具有普遍约束力，在一定时期可以反复适用的文件。其中，“一定时期”按“一年以上”掌握。

议事协调机构成员类文件，指成立或者调整议事协调机构制发的文件，包括明确到职务、具体到人员的文件。

通报类文件，包括工作通报、领导讲话通报。

针对特定人、特定事制发的文件，如干部任免、干部处分、会议活动通知、会议纪要、请示、批复、函件等，不属于重点精减范围。

239. 税务机关哪几种情形一般不得制发正式文件？

（1）法律法规已有明确规定的。

（2）现行文件相关规定仍然适用的。

（3）上级或其他单位已经公开发布的文件，本单位落实中没有具体贯彻意见和措施的。

（4）机关负责人的讲话。

（5）非涉密、非敏感事项适宜通过电话、短信、微信或内网邮件、可控FTP、内部网站等便捷方式发布的。

（6）无实质内容、可发可不发的。

（7）未列入年度发文计划的文件。

240. 税务机关哪几种情形应尽量归并发文？

（1）制定税收政策和管理措施、进行工作部署，凡主题类似、内容相近、关联较大、可以归并的尽量归并发文。

（2）严控配套类、分工类发文。制发文件需要明确责任分工的，一般应在同一份文件中明确，不另发配套类、分工类文件。

（3）成立或调整议事协调机构发文，根据需要，对成员单位可采取只明确到相关单位或职务，成员单位相关成员调整由接替其职责和职务的人员自然接替，避免因人员变动而频繁调整发文。

（4）批复预决算、下发出口退税指标等适合类处理、批处理的文件，通过分缮方式归并发文。

241. 税务机关如何有效减少便函数量？

（1）加强统筹协调，避免针对同一事项重复制发便函。

（2）对非涉密、非敏感、临时性、一次性、事务性事项适宜通过电话、传真、短信、微信或内网邮件、可控 FTP、内部网站等方式办理的，一律不发便函。

（3）征求局内各单位意见建议或提供素材、资料的非涉密件，一律以“便笺”或“会签意见”形式办理，不发便函。

242. 税务机关哪些文件只发电子文件？

为降低行政成本，提高运转效率，在税务系统内部应充分运用电子公文系统办理和传递文件。除涉密件、作为批复依据或执法依据以及其他不适合发电子文件的外，其他文件一律只发电子文件；发送便函以及单位内部会签、征求意见的函件，除涉密件外，原则上一律采用电子文件传递。

243. 国家税务总局对减少基层报送文件及材料有何具体规定？

（1）减少报送数量。按照必要性、便利性原则，尽量减少基层上报文件、材料。坚持“无必要、不需报”，清理不属于规范性文件规定而要求下级税务机关定期报文报表报数的情况。促进内外部涉税数据汇聚联通、线上线下有机贯通，推进数据报表“机生机汇”，凡能通过信息系统提取的，原则上不得要求基层税务机关填报数据。税务总局各司局因工作需要，确需下级税务机关报文或不能从信息系统中提取而需下级税务机关填表报数的，应以正式文件或便函形式通知，在办文说明中详细说明理由及用处，并严格执行把关会签制度。

（2）简化报送方式。能以简便方式报送的，尽量不用文件方式报送；能以便函报送的，不以正式文件报送。

（3）规范报送要求。税务总局各司局便函中不得要求各省级税务局以正式文件方式报送有关材料。

（4）预留报送时间。需要基层贯彻落实并报送材料的，应预留合理时间，一般不得要求其在下班后或法定节假日接收文件和报送材料等。

244. 国家税务总局发文如何为基层实施预留合理的时间？

各司局制发文件应增强工作的计划性和预见性，尽可能减少特急件和加急件，尤其是下班后及节假日期间一般不得下发。需要基层报送材料、填报数据、反馈情况等，应尽可能为基层预留充分的准备时间。税务总局各司局对新布置的工作，需要省级税务局正式报告落实情况的，一般应在工作布置1个月之后。对于例行开展的工作，需要省级税务局报告的，一般至少预留3个工作日；需要省、市、县级税务局逐级汇总报告的，一般至少预留7个工作日。各省级税务局参照从严把握执行。对预留时间不足5日的紧急正式发文，主办部门必须在办文说明中详细说明理由和本部门办理过程。对应说明而未说明的，办公厅不予核稿。

制发涉密文件部署工作要预留必要的文件运转时间。主办司局制发需要税务系统尽快层层落实或上报材料的涉密文件，必须为基层预留必要的文件运转时间，对特别紧急事项，可以密码电报形式制发。

245. 国家税务总局下发的正式文件，哪些应写明反馈或报告的具体时间、方式？

以国家税务总局正式文件下发，明确需要各省级税务局报告情况的，应写明反馈或报告的具体时间、方式，以便于工作落实。

246. 各省级税务局根据国家税务总局正式文件要求报送有关情况，应如何选用主送单位、发文字号和文种？

各省级税务局根据国家税务总局正式文件要求报送有关情况，一般应根据对等原则并结合工作实际，准确选择主送单位、发文字号和文种等要素。

（1）国家税务总局以税总××发下发，或者除税总××发以外的其他正式文件下发，且明确要求以省级税务局名义报告国家税务总局，或者所报材料需经省级税务局主要负责人签发的，省级税务局一般应以“×税发”文件报送，主送“国家税务总局”，文种选用“报告”，并由主要负责人或者主持工作的负责人签发。

（2）国家税务总局以税总××函下发，明确要求报送有关情况或将有关情况报送国家税务总局（××司局）的，省级税务局一般应以“×税函”文件报送，主送“国家税务总局办公厅”，文种选用“函”。

（3）国家税务总局以税总办××发（函）下发，明确要求报送有关情况或将有关情况报送国家税务总局（××司局）的，省级税务局应以“×税办函”文件报送，主送“国家税务总局××司局”，文种选用“函”。

247. 各省级税务局对口处室根据国家税务总局司局便函要求报送有关情况，如何选用主送单位、发文字号和文种？

税务总局各司局以司局便函要求各地报送有关情况时，不得要求各省级税务局以正式文件报送国家税务总局或相关司局，而是应按照对等原则，以省级税务局对口处室便函回复，主送“国家税务总局××司局”，文种一般选用“函”。

248. 应如何践行优良文风，提升税务公文质量？

（1）强化责任意识。办文人员要牢固树立文件办理无小事的观念，起草文件应符合党的路线方针政策和国家法律法规，完整准确体现发文机关意图，并同现行有关公文相衔接，力戒前后矛盾。审核人员要层层严格审核把关，做到办文流转到哪里，责任就延伸到哪里，以高度负责的态度，以把好最后一道关的要求，办好每一份文件。

（2）严控文稿篇幅。弘扬“短、实、新”优良文风，文件要突出政治性、思想性、针对性和可操作性，严格控制篇幅。除部署全局性、综合性工作外，文件稿篇幅一般不超过 10 页、字数一般不超过 5000 字，部署专项工作或具体任务的文件稿一般不超过 4000 字。下级税务机关呈报上级税务机关的报告应当具有实质性内容和参考价值，综合报告一般不超过 5000 字，专项报告一般不超过 3000 字。国家税务总局呈报党中央、国务院的报告应当严格按照有关规定要求办理。

（3）提升能力水平。起草文件要体现符合实际、改革创新、便于操作和落实的要求，提出科学可行的实招、硬招、新招，确保文件务实管用。要不断加强办文能力建设，着力提高办文人员能力水平，力求行文格式规范、结构清晰、逻辑严谨、语言精练，体现高质量、高水平。

十一、其他办文事项

（一）党委规范性文件备案审查

249. 什么是党委规范性文件备案审查？

为了规范党内法规和规范性文件备案审查工作，维护党内法规和党的政策的统一性、权威性，根据《中国共产党党内法规制定条例》，党中央制定了《中国共产党党内法规和规范性文件备案审查规定》，要求党组织制定的党内法规和规范性文件应当向上级党组织报备。

《中国共产党党内法规和规范性文件备案审查规定》要求，中央纪律检查委员会以及党中央工作机关、有关中央国家机关部门党组（党委）可以根据工作需要，依照本规定精神建立系统内备案制度。据此，税务总局党委制定了《税务系统党委规范性文件备案审查办法（试行）》，明确省以下税务局党委制定的规范性文件应当向上级税务局党委报备，建立起了税务系统党委规范性文件备案审查机制。

250. 税务系统为什么要实施党委规范性文件备案审查？

（1）这是税务系统坚决做到“两个维护”的重要举措。各级税务局党委制发党委规范性文件是深入学习贯彻习近平新时代中国特色社会主义思想、坚决贯彻落实党中央各项决策部署、切实加强对本系统党的建设和业务工作领导的具体方式。对下级税务局党委制发的规范性文件进行备案审查，将确保各级税务局党委规范性文件与党中央保持高度一致。

（2）这是税务系统全面从严治党的重要抓手。对下级税务局党委制发的规范性文件进行备案审查，有助于把制度建设贯穿全面从严治党的始终，确保各级税务局党委全面履行管党治党政治责任；有助于层层传导压力，把严的基调、严的措施、严的氛围长期坚持下去，确保各级税务局党委知责明责、履责尽责。

（3）这是税务系统党委规范性文件衔接一致的重要保障。严格执行税务系统党委规范性文件备案审查制度，能够切实加强对税务系统党委规范性文件制定的管理和监督，确保不同地区、不同层级税务局党委规范性文件的一致性和权威性。

251. 党委规范性文件备案审查工作应当遵循什么原则？

（1）有件必备，凡属备案审查范围的都应当及时报备，不得瞒报、漏报、迟报。

（2）有备必审，对报备的党委规范性文件应当及时、严格审查，不得备而不审。

（3）有错必纠，对审查中发现的问题应当按照规定作出处理，不得打折扣、搞变通。

252. 国家税务总局党委规范性文件报备的范围是什么？

税务总局党委履行职责过程中形成的具有普遍约束力、在一定时期内可以反复适用的意见、规划、计划、方案、办法、细则、举措等文件，包括贯彻落实习近平总书记重要讲话和重要指示批示精神、贯彻落实中央文件和中央会议精神、指导推动税收工作发展、涉及人民群众切身利益、加强和改进党的建设、以及改革创新等方面的重要文件。

253. 国家税务总局党委规范性文件报备的程序是什么？

主办司局在起草党委规范性文件时，须同步起草备案报告、备案说明。其中，备案说明包括文件的制定背景、主要内容、起草过程、审议情况，以及其他重要事项等内容。

税务总局党委规范性文件印发后，主办司局应当在文件印发之日起 5 日内，将正式文件、备案报告、备案说明的电子件送办公厅（文秘处），由办公厅装订成册后向党中央报备。

254. 国家税务总局制发的党委规范性文件如何开展内部审查？

党委规范性文件应送人事司（党委组织部）进行政治性、合法合规性、合理性审查。重点包括：是否认真贯彻落实习近平新时代中国特色社会主义思想，有关政治表述是否规范；是否同党章、党内法规、上位规范性文件相抵触，是否与同位规范性文件规定相冲突；是否适应形势发展需要，是否可能造成重大负面影响等。

通过人事司（党委组织部）审查后，送办公厅（党委办公室）进行审核。办公厅（党委办公室）除对政治性、合法合规性、合理性进行再次审查外，还应重点审核文种使用是否规范、体例格式是否正确、表述是否准确，是否符合精简文件、改进文风要求等。

255. 税务系统党委规范性文件备案审查的范围是什么？哪些文件不列入备案审查范围？

备案审查的党委规范性文件范围包括：贯彻落实习近平总书记重要讲话和重要指示批示精神，贯彻执行中央文件、中央会议精神，贯彻落实中央决策部署，以及上级税务局党委文件、会议精神，指导加强税务系统党的建设，推动税收工作发展，以及改革创新等方面的规则、规划、规定、计划、办法、方案、细则、举措、意见、通知等文件。

下列文件不列入党委规范性文件的备案审查范围：

（1）印发年度工作要点、工作总结等内容的文件。

（2）关于人事调整、表彰奖励、处分处理以及机关内部日常管理等事项的文件。

（3）请示、报告、会议活动通知、情况通报等文件。

（4）以党委办公室名义制发的文件。

（5）其他按照规定不需要备案审查的文件。

256. 税务系统党委规范性文件备案审查工作的内部职责分工是什么？

各级税务局党委办公室牵头办理规范性文件的备案审查工作，统筹协调、督促指导本系统备案审查工作。各级税务局党委工作部门（党委纪检组、党委办公室、党委组织部、党委宣传部等）应当在职责范围内对报备的规范性文件进行审查。

上级税务局党委办公室负责对下级税务局党委报备的规范性文件进行形式审查，符合报备要求的予以登记，并根据文件内容分送本级税务局党委工作部门对文件进行审查。审查部门进行全面审查，提出审查意见报本级税务局党委办公室；对内容复杂敏感、专业性强、涉及面广的规范性文件，可以征求有关部门意见建议或者进行会商调研，及要求下级税务局党委补充说明有关问题。党委办公室对审查意见进行复核，并重点对规范性进行把关，汇总整理审查意见，按规定程序和权限报批。

257. 税务系统党委规范性文件（含年度目录）报备的时限要求是什么？

应当报备的党委规范性文件，自印发之日起 30 日内由制定文件的税务局党委报备。

各级税务局党委应当在每年 1 月 31 日前，将上一年度党委文件完整目录报送上级税务局党委备查。

258. 税务系统党委规范性文件的报备方式和需要提交的材料有哪些？

非涉密党委规范性文件的报备材料通过电子公文系统报送；涉密党委规范性文件的报备材料需装订成册，一式两份，电子文本刻录光盘一同通过机要途径报送。

报备党委规范性文件，应当提交备案报告、正式文本和备案说明。备案说明应当写明文件制定背景、主要内容、政策创新及其依据、重要数据指标来源、征求意见、审议签批过程等情况。

259. 上级税务局党委办公室对下级税务局党委报备的党委规范性文件应从哪些方面开展形式审查？

（1）报备文件是否属于报备范围；

（2）是否自印发之日起 30 日内报备；

（3）报备材料是否齐全；

（4）报备材料是否符合规定格式；

（5）电子文本与纸质文件是否一致。

260. 上级税务局党委办公室根据形式审查情况可以作出哪些不同处理？

（1）属于报备范围且报送材料符合要求的，予以备案登记。

（2）不属于报备范围的，不予备案登记，并反馈下级税务局党委。

（3）属于报备范围但报送材料不符合要求的，通知下级税务局党委在 5

日内补正。

261. 本级税务局党委工作部门收到党委办公室备案登记后分送的党委规范性文件，应着重从哪些方面进行审查？

（1）政治性审查。包括是否认真贯彻落实习近平新时代中国特色社会主义思想，是否同党的基本理论、基本路线、基本方略相一致，是否与党中央、国务院重大决策部署相符合，是否严守党的政治纪律和政治规矩，以及是否与上级税务局党委工作部署相符合等。

（2）合法合规性审查。包括是否同宪法和法律相一致，是否同党章、党内法规和党委规范性文件相抵触，是否与上级税务局党委规范性文件有关规定相冲突，是否符合制定权限和程序，是否落实精简文件、改进文风要求等。

（3）合理性审查。包括是否适应形势发展需要，是否可能在社会上造成重大负面影响，是否违反公平公正原则等。

（4）规范性审查。包括文件标题是否适当，体例格式是否正确，表述是否规范等。

262. 上级税务局党委对下级报备的党委规范性文件可以作出的审查意见有哪些情形？

（1）对审查中没有发现问题的党委规范性文件，应当直接予以备案通过，并向下级税务局党委反馈。

（2）党委规范性文件没有原则性问题，但存在下列情形之一，可予以备案通过，并向下级税务局党委提出书面建议：有关规定基本合法合规，但需要在执行中把握好尺度的；有关规定实施后上级精神发生变化或者新的改革措施即将出台，需要下级税务局党委了解掌握的；有关部门提出的意见建议具有较高参考价值的；存在文件标题、体例格式、文字表述等不规范情形的；其他需要提出建议的情形。

（3）党委规范性文件没有原则性问题，但存在下列情形之一，可予以备案通过，并对下级税务局党委进行书面提醒：有关政治表述不够规范的；有关规定在执行中可能产生偏差或者引起误解的；有关规定不够合理的；制定程序不规范的；不符合精简文件、改进文风要求的；其他需要提醒的情形。

（4）党委规范性文件存在下列情形之一，应当不予备案通过，并要求下级税务局党委进行纠正：违背党章、党的理论和路线方针政策的；违反宪法和法律的；同党内法规和党委规范性文件相抵触的；同上级税务局党委工作部署不相符合的；同上级税务局党委规范性文件有关规定相冲突的；明显不合理的；不符合制定权限的；其他需要纠正的情形。

263. 针对上级税务局党委不同审查意见，下级税务局党委分别应该如何处理？

上级税务局党委提出书面建议的规范性文件，下级税务局党委只需在执行及以后修订文件时参考，无需对文件进行整改或者纠正。

上级税务局党委提出书面提醒的规范性文件，下级税务局党委在收到书面提醒后应当主动整改，对上级税务局党委要求反馈整改情况的，应当在 30 日内将整改情况报告上级税务局党委。

上级税务局党委提出纠正要求的规范性文件，下级税务局党委应当在收到纠正要求后 30 日内报告相关处理情况，对复杂敏感、容易产生不利影响的事项，应当及时会同有关方面采取有效措施妥善处理。

264. 各级税务局党委制定的党委规范性文件在向上级税务局党委和地方党委报备时应如何做好衔接？

地方党委对党委规范性文件备案审查有明确要求的，从其规定，同时各级税务局党委还应当按照《税务系统党委规范性文件备案审查办法（试行）》要求向上级税务局党委进行报备。

上级税务局党委对报备党委规范性文件作出需要纠正的决定时，下级税务局党委应当及时向地方党委报告。

地方党委对报备党委规范性文件作出需要纠正的决定时，下级税务局党委应当及时向上级税务局党委报告。

（二）税务规范性文件备案审查

265. 什么是税务规范性文件备案审查？

根据《税务规范性文件制定管理办法》，为了规范税务规范性文件制定和管理工作，落实税收法定原则，建设规范统一的税收法律制度体系，优化税务执法方式，促进税务机关依法行政，保障税务行政相对人的合法权益，省以下、县以上税务机关依照法定职权和规定程序制定并发布的，影响纳税人、缴费人、扣缴义务人等税务行政相对人权利、义务，在本辖区内具有普遍约束力并在一定期限内反复适用的文件，均应自发布之日起30日内向上一级税务机关报送备案。

266. 省以下税务机关的税务规范性文件报送备案的时限要求是什么？

省以下税务机关的税务规范性文件应当自发布之日起30日内向上一级税务机关报送备案。

省税务机关应当于每年3月1日前向国家税务总局报送上一年度本辖区内税务机关发布的税务规范性文件目录。

267. 报送税务规范性文件备案应当提交哪些材料？

报送税务规范性文件备案，应当提交备案报告和以下材料的电子文本：

（1）税务规范性文件备案报告表；

（2）税务规范性文件；

（3）起草说明；

（4）税务规范性文件解读稿。

268. 上一级税务机关在对报送备案的税务规范性文件进行审查时，其内部是如何分工的？

上一级税务机关的政策法规部门具体负责税务规范性文件备案登记、合法性审核和世界贸易组织规则合规性评估，会同纳税服务部门负责督促整改和考核工作；纳税服务部门负责税务规范性文件权益性审核工作；业务主管部门承担其职能范围内的税务规范性文件审查工作，并按照规定时限向政策法规部门送交审查意见。

269. 上一级税务机关对报送备案的税务规范性文件进行审查时，重点审查内容有哪些？

上一级税务机关对报送备案的税务规范性文件，应当就权益性、合法性以及是否符合世界贸易组织规则进行审查。

纳税服务部门应当就下列事项进行权益性审查：

（1）是否无法律法规依据减损税务行政相对人的合法权利和利益，或者增加其义务，主要涉及业务办理环节、报送资料、管理事项等方面。

（2）是否存在泄露税务行政相对人税费保密信息风险。

政策法规部门应当就下列事项进行合法性审查：

（1）是否超越法定权限。

（2）是否具有法定依据。

（3）是否违反法律、法规、规章以及上级税务机关税务规范性文件的规定。

（4）是否设定行政许可、行政处罚、行政强制、行政事业性收费以及其他不得由税务规范性文件设定的事项。

（5）是否违法、违规减损税务行政相对人的合法权利和利益，或者违法、违规增加其义务。

（6）是否违反《税务规范性文件制定管理办法》规定的制定规则或者程序。

（7）是否与本机关制定的其他税务规范性文件进行衔接。

270. 上一级税务机关对报送备案的税务规范性文件可以作出的审查结果有哪些情形？

报送备案的税务规范性文件资料齐全的，上一级税务机关政策法规部门予以备案登记；资料不齐全的，通知制定机关限期补充报送。

上一级税务机关审查发现报送备案的税务规范性文件存在问题需要纠正或者补正的，应当通知制定机关在规定的时限内纠正或者补正。

271. 税务行政相对人认为税务规范性文件违反法律、法规、规章或者上级税务规范性文件规定的，应当如何处理？

税务行政相对人认为税务规范性文件违反法律、法规、规章或者上级税务规范性文件规定的，可以向制定机关或者其上一级税务机关书面提出审查的建议，制定机关或者其上一级税务机关应当依法及时研究处理。

（三）请示办理

272. 各地税务机关起草上报请示文件时应注意哪些问题？

在上报请示文件前，要深入调研了解，摸准问题情况，清晰表述请示内容，详细说明请示事项和倾向性意见，做到据实提出问题、客观分析问题。

正式行文前要主动同上级税务机关承办部门沟通联系，及时补充、完善或调整请示内容，确保请示内容完整准确，便于承办部门深入研究、高效批复，避免出现因背景介绍不清楚、提供资料不齐全而导致重复报文现象，影响请示办理质效。

特别是对涉税案件类请示，各地应当详细说明情况，并承担有关证据收集、初核、确认、形成完整证据链等主要责任。对可能引发社会舆情影响的请示，必须在请示前进行舆情风险评估。

对法律法规和规范性文件已有明确规定的事项，以及属于本级职权范围内的事项，请示事项已有明确规定或答复的，各地要主动担责，不得另行请示。

273. 省级税务局上报国家税务总局的请示件在寄送上有什么要求？

为了提高办理效率，优先办理、加快办理，各省级税务局应通过电子公文系统向国家税务总局报送非涉密请示电子件，并加盖电子印章；同时，纸质件应于电子件报送后 10 个工作日内寄达国家税务总局，不得直接将请示件寄送至相关司局。相关司局直接收到各地寄送的请示纸质件的，应送办公厅（文秘处）登记，纳入归口管理。

274. 国家税务总局对于请示件有哪几种答复方式？如何答复？

对于请示件，税务总局承办司局要认真研究，区分以下几种情形，及时准确作出答复：

对需要书面回复作为税收执法或行政管理依据的请示件，承办部门必须采用正式发文形式，增强答复的权威性。

若请示的问题具有普遍性，可使用通知或其他文种行文，不再单独批复请示单位。上级税务机关对下级税务机关有关特定税务行政相对人的特定事项如何适用法律、法规、规章或者税务规范性文件的请示所作的批复，需要普遍适用的，应当按照《税务规范性文件制定管理办法》的规定另行制定税务规范性文件；只需要特定税务行政相对人执行的，应当按规定办理税收个案批复。

一般情况下，对某一请示的批复只送请示单位，如果批复的事项需要有关单位执行或周知，可抄送有关单位。

对法律、法规和规范性文件已经明确的事项，请示单位职权范围内的事项，其他不需要或难以书面批复的事项，承办单位应与请示单位进行沟通，口头答复，做好记录，并在电子督办通知单上录入答复人、答复对象、答复方式（当面答复、会议研究、现场调研答复等）、答复时间、答复情况等内容。

275. 国家税务总局办理基层请示过程中，请示单位和承办司局对是否需要书面批复出现不同意见，应如何解决？

对省级税务局需要书面答复，但承办司局认为不宜或没有必要书面答复的，承办司局应与来文单位加强沟通，力争达成一致意见；达不成一致意见的，承办司局应以签报形式报局领导，说明理由。

276. 税务系统请示事项在线管理应注意哪些问题？

在税务系统推行请示事项在线管理，既方便基层跟踪查看请示办理进度，强化对请示办理的监督，又能促进行政管理的规范和公开，提高办文办事效率，是税务系统转变工作作风、创新请示办理、服务基层的一项重要制度创新。因此，各省级税务局上报的非涉密请示均应纳入在线管理督办范围。

请示事项在线管理包括请示报送、收文登记、分办督办、批办承办、限期办理、办结回复等工作环节。

对涉密请示不纳入在线管理范围，按照保密要求和公文处理规定进行纸质文件运转和办理。对非涉密但不宜纳入在线管理的请示，由承办司局在收到请示电子件和督办通知单后，向局领导报告说明理由，经局领导批准后，不纳入在线管理范围。

鉴于人事工作类请示大部分内容较为敏感或涉密，除事业单位公开招聘人员方案和民主生活会方案的审核外，其他请示件由各地直接寄送人事司办理，不纳入在线管理范围。

277. 国家税务总局对请示事项督办时限有何具体规定？

（1）各省级税务局上报的一般性请示，承办司局须在 30 日内办结。

（2）机动经费或救灾等资金补助事项，承办司局须在 60 日内办结。

（3）稽查案件事项，承办司局须在 90 日内办结。

（4）基建类事项，承办司局须在 180 日内办结。

（四）税收个案批复

278. 什么是税收个案批复？

根据国家税务总局 2023 年修订印发的《税收个案批复工作规程》，税收个案批复是指税务机关针对特定税务行政相对人的特定事项如何适用税收法律、法规、规章或规范性文件所做的批复。

279. 税收个案批复事项如何提出？

税收个案批复事项一般应由税务行政相对人的主管税务机关以正式文件方式提出，并逐级报送有权作出批复的税务机关。

280. 税收个案批复事项应当如何登记、分办？

税收个案批复事项，应当由办公厅（室）统一负责登记，依据部门职责分发主办业务部门。

各业务部门直接收到的税收个案批复事项，应当首先转送办公厅（室）统一登记。未经办公厅（室）登记、分发的税收个案批复事项，不得办理。

281. 作出税收个案批复的方式有哪些？

税务机关应以正式文件方式作出税收个案批复，不得以口头、便函等其他方式作出。税务总局税收个案批复发文字号使用“税总××函”，各省级税务机关使用的发文字号应当比照执行。

税收个案批复拟明确的事项需要普遍适用的，应当按照《税务规范性文件制定管理办法》制定税务规范性文件。

有下列情形之一的，不得作出税收个案批复：

（1）超越本机关法定权限的。

（2）与上位法相抵触的。

（3）对其他类似情形的税务行政相对人显失公平的。

主办业务部门认为不应作出税收个案批复的，应当书面说明理由，经本部门负责人批准后，报办公厅（室）备案。

282. 作出税收个案批复应注意哪些事项？

税收个案批复必须以税务机关的名义作出。下级税务机关不得执行以上级税务机关内设机构名义作出的税收个案批复。

上级机关交办、本机关领导批办、相关部门转办或纳税人直接提出的申请拟作出批复的，应当逐级发送至税务行政相对人的主管税务机关调查核实，提出处理意见后，以正式文件方式附相关资料逐级报送有权作出批复的税务机关。必要时，拟批复机关可以补充调查核实。

已作出的税收个案批复不能作为新办理税收个案批复的依据。

283. 拟作出税收个案批复的税务机关责任部门，应当履行哪些程序、提交哪些材料？

主办业务部门拟作出税收个案批复的，应将批复文本连同起草说明及其他相关材料送交纳税服务部门、负有税收执法监督检查职能的部门及其他相关业务部门会签，纳税服务部门、负有税收执法监督检查职能的部门履行监督职责，其他相关业务部门进行业务审核。起草说明应包括申请事项、调查核实情况、征求其他相关机关意见情况、批复的必要性及依据、对其他税务行政相对人的影响等内容。

会签后，主办业务部门应将全部案卷材料送交政策法规部门进行合法性审核。经会签、合法性审核无异议，或分管局领导裁定同意批复的，主办业务部门应当自收到会签、审查或领导裁定意见之日起 5 个工作日内，按照公文处理程序送办公厅（室）核稿。

对会签、合法性审核中存在不同意见且经过协商难以达成一致的，主办业务部门应将各方意见及相关材料报分管局领导裁定。

未经纳税服务部门、负有税收执法监督检查职能的部门会签和政策法规部门合法性审核的税收个案批复，办公厅（室）不予核稿，局领导不予签发。

税务总局税收个案批复应当抄送驻税务总局纪检监察组办公室。省以下税务机关税收个案批复应当抄送同级党委纪检组。

284. 税收个案批复的公布有哪些具体要求？

除涉及国家秘密、商业秘密、个人隐私外，税收个案批复应当自作出之日起 30 日内，由批复机关的办公厅（室）在税务机关公报、本辖区范围内公开发行的报纸或本税务机关网站上公布。

不具备前款规定公布条件的税务机关，应当自税收个案批复作出之日起 5 个工作日内，在办税服务场所或公共场所通过公告栏等形式，公布其作出的税收个案批复。

285. 对下级税务机关的税收个案批复进行审核应当履行哪些程序？

省以下税务机关主办业务部门应当于税收个案批复作出之日起 30 日内，主动将税收个案批复及相关资料送同级负有税收执法监督检查职能的部门，由该部门报送上一级税务机关负有税收执法监督检查职能的部门。

上一级税务机关负有税收执法监督检查职能的部门应将收到的税收个案批复及相关材料分送同级主管业务部门、政策法规部门以及其他相关业务部门审核。审核发现税收个案批复不符合规定的，应由负有税收执法监督检查职能的部门及时通知作出税收个案批复的下级税务机关纠正。下级税务机关应于 30 日内纠正，并将纠正情况报告上级税务机关负有税收执法监督检查职能的部门。

（五）两会议案、建议、提案办理

286. 什么是人大议案、议案（转建议）、建议和政协提案？

人大议案，是向国家最高权力机关和地方各级国家权力机关提出的议事原案。根据我国宪法和有关法律规定，议案必须由具有法定提案权的国家机关，会议常设或者临时设立的机构和委员会，代表团或者一定数量以上的代表联名提出。议案由全体代表的过半数通过或者由常务委员会组成人员的过半数通过。议案一经审议通过，即具有普遍约束力。人大议案按其内容和作用，可划分为法律案、地方性法规案、罢免案、质询案、计划预算案以及其他重大事项案。需要政府或者政府部门专门办理的一般是其他重大事项案。

议案（转建议），是指议案经大会主席团或各有关专门委员会审议，未确定为议案而转作建议处理。

建议，是人大代表向各级人民代表大会及其常务委员会提出的对各方面工作的书面建议、批评和意见。

提案，是政协的参加单位和委员向政协全体会议或常委会提出的，经提案委员会审查处理的书面意见和建议。

287. 为什么要重视人大议案、建议和政协提案的承办工作？

人民代表大会制度是我国的根本政治制度，提出议案、建议是人大代表行使宪法和法律赋予的权利，参与国家管理、监督行政机关的重要形式。中国共产党领导的多党合作和政治协商制度是我国一项基本政治制度，人民政协是我国爱国统一战线组织，具有广泛的代表性，其主要职能是政治协商与民主监督，提出政协提案是人民政协发挥职能作用的重要方面。

积极主动、实事求是、认真负责地办好人大议案、代表建议和政协提案，是尊重人民民主权利的具体体现，是依法治国的需要，是国家行政机关法定的义务和职责。做好这项工作，既有利于密切行政机关与人民群众间的联系，更好地接受人大、政协的监督，又有利于改进国家行政机关的工作，实现决策科学化、民主化。

288. 承办人大议案、建议和政协提案工作的程序是什么？

承办人大议案、建议和政协提案工作的基本程序为：

（1）签收。由各级税务机关办公厅（室）代表局机关接受办理人大议案、建议和政协提案的工作任务，并认真清点、核对，对不属于本机关职责范围的，要说明情况，及时退回交办部门，但不得自行转送其他单位。

（2）登记。各级税务机关办公厅（室）对接到的人大议案、建议和政协提案要进行分类，登记收到时间、交办单位、内容摘要、编号等项目，防止丢失、漏办、贻误。

（3）分办。由办公厅（室）确定具体承办部门或者单位。分办时，可召集承办部门或者单位负责人会议进行布置，提出办理要求，并严格履行签收手续。

（4）承办。主办、协办（会办）部门或者单位接到人大议案、建议和政协提案后，要认真清点、登记，核实是否应当由本部门办理。对应由本部门承办的，部门负责人应当提出办理要求，明确专人负责，并限期办结。对不属于本部门承办的，应及时退回办公厅（室），并说明情况，提出转办意见，不得擅自转交其他单位办理，以免丢失或发生差错。

（5）催办。由办公厅（室）督促临近办理期限仍未答复的承办部门或者单位抓紧办理答复。

（6）答复。由各级税务机关主办的议案，应以局发文的形式答复人大有关专门委员会；人大议案、建议和政协提案由各主办部门按照规定的格式答复人大代表和政协委员。有关部门会同税务机关办理的人大议案、建议和政协提案，承办部门在收到协办（会办）件后应在规定时间内制发公文，将协办（会办）意见告知主办部门。

（7）审核。办公厅（室）对人大议案、建议和政协提案的复文稿进行审核修改。不符合要求的，应当退回重办。

（8）签发。由局领导对答复文件审批使其生效。

（9）复函。人大议案、建议和政协提案的答复签发后，按照人大、政协相关办理要求主送、抄送。

（10）公开。对于涉及公共利益、公众权益、社会关切及需要社会广泛知晓的建议提案办理复文，原则上都应全文公开，必要时可摘要公开；对于建议提案办理复文涉及敏感内容及国家秘密不宜公开的，不予公开。

289. 国家税务总局对办理人大议案、建议和政协提案有何要求？

国家税务总局历来高度重视人大议案、建议和政协提案办理工作，严格按照全国人大、全国政协规定的程序、时限、格式等要求做好人大议案、建议和政协提案的办理工作。

（1）逐级压实责任。办公厅要负责牵头抓总，做好统筹协调、分办督办，推动办理工作提质增效。各承办司局要压实办理责任，明确司局负责人、承办处室、具体责任人，进一步细化工作措施，明确质量要求。各承办司局主要负责人为建议提案办理的第一责任人，要牵头组织协调，把办理工作与业务工作同部署、同落实，定期听取办理工作汇报，研究解决办理工作中的重大问题；分管领导要直接参与，抓好办理落实，及时进行工作督促和指导；工作人员各司其职，加紧工作，形成主要领导负总责、分管领导直接抓、工作人员具体办的工作格局，确保按规定的时限、程序和格式完成办理工作。

（2）抓好督促考评。办公厅要建立健全办理台账，明确办理单位、人员、时限，加强过程控制，详细记录在案，确保所有议案建议提案在规定时限内完成。对于工作责任落实不到位、不认真配合办理甚至推诿扯皮、敷衍塞责的单位，将按有关规定进行处理，并给予绩效扣分。

（3）加强与代表委员沟通。各承办司局要把加强沟通协商作为办理建议提案的必要环节，坚持办理前沟通、办理中汇报、办理后回访的全程协商机制。要主动与提出议案提案的代表委员直接沟通，说明有关工作情况，广泛听取意见建议，特别是代表委员提出希望加强沟通联系的建议提案以及代表提出请承办单位参考、不需要书面答复的建议（人大参阅件）。各承办司局要制定代表委员沟通方案，送办公厅备案。要采取电话、邮件、短信、微信、走访、调研、座谈等多种形式与代表委员沟通，尤其要增加面对面沟通的频次，在开展建议提案相关工作调研、座谈时，应邀请代表委员参加。有关沟通的形式、次数等情况，应在复文的办文说明或签报中说明，并在建议提案办理模块中记录。

（4）加强与相关部委协调配合。属于国家税务总局主办的，要主动与协办（会办）单位沟通，充分吸收协办（会办）单位的意见建议，积极邀请协办（会办）单位参与我局组织的代表委员联络沟通活动；属于国家税务总局协办（会办）的，要在规定时限内将办理意见函告主办单位，积极配合主办单位开展相关座谈、走访等办理活动。按照“来件必复”的原则，协办（会办）意见必须按要求向主办单位书面回复，即使与主办部门达成一致的建议提案，也应及时提供书面意见。

（5）加强局内协作。各承办司局要加强沟通合作，做到主办件主动担当，协办（会办）件积极配合，多酝酿、多协商，不推诿、不扯皮，共同做好办理工作。接到其他司局征求对建议提案的意见时，原则上应在 5 个工作日内回复意见。在与提出多件建议提案的代表委员沟通时，相关承办司局可一并参加，提高沟通效率，避免重复沟通。

（6）认真撰写复文。各承办司局要紧扣工作实际和建议提案反映的问题，实事求是地分析情况，按照规定的格式，直面问题、实事求是，不拐弯抹角，有针对性地提出答复意见。国家税务总局主办（独办、分办）的人大代表建议的复文，一般不得涉及国家秘密，对敏感问题要妥善处理；确实涉及国家秘密的，应标注相应密级和保密期限。政协委员提案复文一律不得涉及国家秘密。

（7）严格审核把关。各承办司局主要负责人要对答复意见严格把关，确保复文符合要求。同时，办公厅要加强核稿把关，严格审核复文的内容和格式，注重文风朴实，提高复文质量。

（8）当面送交复文。对于国家税务总局主办的建议提案，承办司局应派人或委托当地税务机关将办理复文以及《代表建议办理和答复征求意见表》或《提案办理情况征询意见表》当面送交领衔代表或第一提案人，进一步做好解释工作，确保代表委员满意。复文送交代表委员后，承办司局应向办公厅报告有关情况，并附复文的正式文件。

（9）做好复文公开。对于涉及公共利益、公众权益、社会关切及需要社会广泛知晓的建议提案办理复文，原则上都应全文公开，必要时可摘要公开；对于建议提案办理复文涉及敏感内容及国家秘密不宜公开的，不予公开。复文涉及税费重要政策或重大改革举措的，在公开办理复文的同时，应配发解读材料，认真做好舆论引导工作。对确实难以公开的，在复文的办文说明中应说明理由，报分管局领导批准。各承办司局要按照“随办随公开”原则，在复文制发前会签办公厅，对复文公开意见进行审核。在主办（独办、分办）的建议提案复文制发后30日内按照公开程序在税务总局网站公开复文。对于国家税务总局协办（会办）的建议提案，承办司局也要向主办单位提供是否公开的意见。

（10）狠抓跟踪问效。各承办司局要注重查找同类建议提案反映出的深层次、结构性和体制性问题，以此为契机完善和落实税费政策措施、优化纳税服务、强化税费征管，并督促各地税务机关抓好落实，有关情况要及时向代表委员汇报。办公厅要对复文中承诺解决的事项进行督办，承办司局要及时向办公厅提供承诺事项落实情况。办公厅应对各承办司局办理工作成效进行汇总分析，按规定做好建议提案办理情况总结和上报工作，并向报刊杂志和政府网站等媒体投稿，营造办理建议提案的良好氛围。

290. 如何拟写对人大议案、建议和政协提案的答复？

答复是政府及其部门正式反馈人大议案、建议和政协提案办理情况，回答人大代表提出的质询或者询问时，所使用的一种特定格式的公文。

拟写答复一般应包含以下内容：

（1）标记。按要求填写答复类别和公开选项等要素。

（2）标题。一般为“关于××届人大×次会议第××号议案的意见”“对××届人大×次会议第××号建议的答复”或“关于政协××届全国委员会第×次会议第××号（××类××号）提案答复的函”。

（3）主送。一般主送××部（委）或××代表（委员）。

（4）正文。一般包含两个部分：第一部分一般固定用“您提出的关于××建议（提案）收悉，现答复如下”引出下文。第二部分是重点，要紧密结合税收工作实际，紧扣人大议案、建议和政协提案反映的问题，实事求是地分析情况，按照规定的格式，有针对地提出答复。答复要符合党中央、国务院有关政策规定和国家法律、法规，符合实际情况，语气要诚恳谦逊，文字要通顺简明，文风要朴实严谨。结束用语一般用“感谢您对税收工作的支持”等字样。

（5）附件及联系方式。在附件中标注“代表建议办理和答复征求意见表”或“全国政协××届×次会议提案办理情况征询意见表”，标注联系单位及电话。

291. 为什么要在答复人大代表和政协委员的公文中标明联系单位及电话？

在答复人大代表和政协委员的公文中标明联系单位及电话，主要是为了加强承办单位与建议、提案人之间的进一步联系和沟通，便于代表、委员向承办单位了解、监督有关办理工作情况。

292. 国家税务总局会同其他部门办理的人大建议、政协提案在办文时还需要会签吗？

按照全国人大常委会办公厅和全国政协办公厅的要求，建议、提案涉及两个以上部门的，由一个单位主办，会同其他单位办理。主办、协办（会办）单位在建议、提案交办时确定。协办（会办）单位应当在规定的时间将办理意见函告主办单位，主办单位综合各协办（会办）单位的意见后答复代表或者委员。因此，税务机关会同其他部门办理的建议、提案在办文时，不必会签协办（会办）部门，但应当充分尊重协办（会办）部门的意见，并将答复件抄送协办（会办）部门。

293. 如何处理人大建议、政协提案的协办（会办）件？

审查意见指明由其他单位主办、税务机关协办（会办）的建议和提案，承办时应将本机关的办理意见在规定时间内送主办单位，并由主办单位答复。

第三篇 税务机关公文种类例文

本篇从近年来税务总局机关实际办文特别是公文展览、优秀公文评比活动获奖作品中精选了一些范例，按主要文种作了梳理分类，主要目的是帮助税务干部直观、具体地了解和掌握各个文种的主要特点、拟文规范和写作要求。部分公文为节选内容。

一、决定

嘉奖有关单位及人员

信息公开选项：××××

国 家 税 务 总 局 文 件

税总党工发〔2023〕×号

国家税务总局关于给予退税减税降费专项工作中表现突出的个人记功、嘉奖的决定（节选）

国家税务总局各省、自治区、直辖市和计划单列市税务局，国家税务总局驻各地特派员办事处，局内各单位：

2022年，全国税务系统认真学习贯彻习近平总书记关于减税降费系列重要指示精神，深入学习贯彻党的二十大和中央经济工作会议精神，坚决贯彻党中央、国务院决策部署，切实扛牢落实新的组合式税费支持政策、稳经济一揽子政策及接续措施的政治责任，尽锐出战，攻坚克难，推动系列税费支持政策“快准稳好”落地生效。全年为各类市场主体实际办理新增减税降费及退税缓税缓费超××元，圆满完成政策落实任务，为助企纾困、保市场主体保就业、助力稳住宏观经济大盘、促进高质量发展发挥了关键性作用。期间，广大税务干部忠诚履职、勤勉奉献、开拓进取、团结奋斗，为落实好系列税费支持政策作出了重要贡献。

为激励先进、鼓舞士气、凝聚力量，国家税务总局决定，对在2022年退税减税降费专项工作中表现突出的××等××名同志记二等功，对××等××名同志记功，对××等××名同志记三等功，对××等××名同志给予嘉奖。

希望受到记功和嘉奖的同志珍惜荣誉，接续奋斗，砥砺前行，再立新功，在税收工作中不断取得更大成绩。各级税务机关和广大税务干部职工要以受到记功和嘉奖的同志为榜样，坚持以习近平新时代中国特色社会主义思想为指导，全面贯彻党的二十大精神，坚定捍卫“两个确立”，坚决做到“两个维护”，不折不扣贯彻党中央、国务院决策部署，认真落实税务总局党委工作要求，持续落准落稳落好各项税费优惠政策，更好发挥和拓展提升税收在国家治理中的基础性、支柱性、保障性作用，为奋力推进新征程税收现代化服务中国式现代化贡献税务力量。

附件：退税减税降费专项工作奖励人员名单（略）

国家税务总局

2023年×月×日

（对税务系统内只发电子文件）

国家税务总局办公厅　　　　2023年×月×日印发

二、命令（令）

依照有关法律、行政法规发布税务部门规章

国家税务总局令

第 52 号

《税务稽查案件办理程序规定》，已经 2021 年 6 月 18 日国家税务总局 2021 年度第 2 次局务会议审议通过，现予公布，自 2021 年 8 月 11 日起施行。

国家税务总局局长：王军

2021 年 7 月 12 日

税务稽查案件办理程序规定（节选）

第一章 总则

第一条 为了贯彻落实中共中央办公厅、国务院办公厅印发的《关于进一步深化税收征管改革的意见》，保障税收法律、行政法规的贯彻实施，规范税务稽查案件办理程序，强化监督制约机制，保护纳税人、扣缴义务人和其他涉税当事人合法权益，根据《中华人民共和国税收征收管理法》(以下简称税收征管法)、《中华人民共和国税收征收管理法实施细则》（以下简称税收征管法实施细则）等法律、行政法规，制定本规定。

第二条 稽查局办理税务稽查案件适用本规定。

第三条 办理税务稽查案件应当以事实为根据，以法律为准绳，坚持公平、公正、公开、效率的原则。

……

第二章 选案

第十二条 稽查局应当加强稽查案源管理，全面收集整理案源信息，合理、准确地选择待查对象。案源管理依照国家税务总局有关规定执行。

第十三条 待查对象确定后，经稽查局局长批准实施立案检查。

必要时，依照法律法规的规定，稽查局可以在立案前进行检查。

第十四条 稽查局应当统筹安排检查工作，严格控制对纳税人、扣缴义务人的检查次数。

第三章 检查

第十五条 检查前，稽查局应当告知被查对象检查时间、需要准备的资料等，但预先通知有碍检查的除外。

检查应当由两名以上具有执法资格的检查人员共同实施，并向被查对象出示税务检查证件、出示或者送达税务检查通知书，告知其权利和义务。

第十六条 检查应当依照法定权限和程序，采取实地检查、调取账簿资料、询问、查询存款账户或者储蓄存款、异地协查等方法。

对采用电子信息系统进行管理和核算的被查对象，检查人员可以要求其打开该电子信息系统，或者提供与原始电子数据、电子信息系统技术资料一致的复制件。被查对象拒不打开或者拒不提供的，经稽查局局长批准，可以采用适当的技术手段对该电子信息系统进行直接检查，或者提取、复制电子数据进行检查，但所采用的技术手段不得破坏该电子信息系统原始电子数据，或者影响该电子信息系统正常运行。

第十七条 检查应当依照法定权限和程序收集证据材料。收集的证据必须经查证属实，并与证明事项相关联。

不得以下列方式收集、获取证据材料：

（一）严重违反法定程序收集；

（二）以违反法律强制性规定的手段获取且侵害他人合法权益；

（三）以利诱、欺诈、胁迫、暴力等手段获取。

……

第四章 审理

第三十六条 检查结束后，稽查局应当对案件进行审理。符合重大税务案件标准的，稽查局审理后提请税务局重大税务案件审理委员会审理。

重大税务案件审理依照国家税务总局有关规定执行。

第三十七条 案件审理应当着重审核以下内容：

（一）执法主体是否正确；

（二）被查对象是否准确；

（三）税收违法事实是否清楚，证据是否充分，数据是否准确，资料是否齐全；

（四）适用法律、行政法规、规章及其他规范性文件是否适当，定性是否正确；

（五）是否符合法定程序；

（六）是否超越或者滥用职权；

（七）税务处理、处罚建议是否适当；

（八）其他应当审核确认的事项或者问题。

第三十八条 有下列情形之一的，应当补正或者补充调查：

（一）被查对象认定错误的；

（二）税收违法事实不清、证据不足的；

（三）不符合法定程序的；

（四）税务文书不规范、不完整的；

（五）其他需要补正或者补充调查的。

第三十九条 拟对被查对象或者其他涉税当事人作出税务行政处罚的，应当向其送达税务行政处罚事项告知书，告知其依法享有陈述、申辩及要求听证的权利。税务行政处罚事项告知书应当包括以下内容：

（一）被查对象或者其他涉税当事人姓名或者名称、有效身份证件号码或者统一社会信用代码、地址。没有统一社会信用代码的，以税务机关赋予的纳税人识别号代替；

（二）认定的税收违法事实和性质；

（三）适用的法律、行政法规、规章及其他规范性文件；

（四）拟作出的税务行政处罚；

（五）当事人依法享有的权利；

（六）告知书的文号、制作日期、税务机关名称及印章；

（七）其他相关事项。

……

第五章 执行

第四十九条 稽查局应当依法及时送达税务处理决定书、税务行政处罚决定书、不予税务行政处罚决定书、税务稽查结论等税务文书。

第五十条 具有下列情形之一的，经县以上税务局局长批准，稽查局可以依法强制执行，或者依法申请人民法院强制执行：

（一）纳税人、扣缴义务人未按照规定的期限缴纳或者解缴税款、滞纳金，责令限期缴纳逾期仍未缴纳的；

（二）经稽查局确认的纳税担保人未按照规定的期限缴纳所担保的税款、滞纳金，责令限期缴纳逾期仍未缴纳的；

（三）当事人对处罚决定逾期不申请行政复议也不向人民法院起诉、又不履行的；

（四）其他可以依法强制执行的。

第五十一条　当事人确有经济困难，需要延期或者分期缴纳罚款的，可向稽查局提出申请，经税务局局长批准后，可以暂缓或者分期缴纳。

……

第六章　附则

第五十九条　本规定相关税务文书的式样，由国家税务总局规定。

第六十条　本规定所称签章，区分以下情况确定：

（一）属于法人或者其他组织的，由相关人员签名，加盖单位印章并注明日期；

（二）属于个人的，由个人签名并注明日期。

本规定所称“以上”“日内”，均含本数。

第六十一条　本规定自2021年8月11日起施行。《税务稽查工作规程》（国税发〔2009〕157号印发，国家税务总局公告2018年第31号修改）同时废止。

分送：国家税务总局各省、自治区、直辖市和计划单列市税务局，国家税务总局驻各地特派员办事处，中央纪委国家监委驻国家税务总局纪检监察组办公室。

国家税务总局政策法规司承办　　　　办公厅2021年7月14日印发

三、公告

依照有关法律、法规、规章向国内外公布税务规范性文件和重要税收事项

国家税务总局 财政部 公告

2022年第2号

国家税务总局 财政部关于延续实施制造业中小微企业延缓缴纳部分税费有关事项的公告

为贯彻落实党中央、国务院决策部署，促进工业经济平稳增长，支持制造业中小微企业发展，现将延续实施制造业中小微企业（含个人独资企业、合伙企业、个体工商户，下同）延缓缴纳部分税费政策有关事项公告如下：

一、继续延缓缴纳2021年第四季度部分税费

《国家税务总局 财政部关于制造业中小微企业延缓缴纳2021年第四季度部分税费有关事项的公告》（2021年第30号）规定的制造业中小微企业延缓缴纳2021年第四季度部分税费政策，缓缴期限继续延长6个月。

上述企业2021年第四季度延缓缴纳的税费在2022年1月1日后本公告施行前已缴纳入库的，可自愿选择申请办理退税（费）并享受延续缓缴政策。

二、延缓缴纳2022年第一季度、第二季度部分税费

（一）符合本公告规定条件的制造业中小微企业，在依法办理纳税申报后，制造业中型企业可以延缓缴纳本公告规定的各项税费金额的50%，制造

业小微企业可以延缓缴纳本公告规定的全部税费，延缓的期限为6个月。延缓期限届满，纳税人应依法缴纳相应月份或者季度的税费。

（二）本公告所称制造业中型企业是指国民经济行业分类中行业门类为制造业，且年销售额2000万元以上（含2000万元）4亿元以下（不含4亿元）的企业。制造业小微企业是指国民经济行业分类中行业门类为制造业，且年销售额2000万元以下（不含2000万元）的企业。

销售额是指应征增值税销售额，包括纳税申报销售额、稽查查补销售额、纳税评估调整销售额。适用增值税差额征税政策的，以差额后的销售额确定。

（三）前款所称制造业中小微企业年销售额按以下方式确定：

截至2021年12月31日成立满一年的企业，按照所属期为2021年1月至2021年12月的销售额确定。

截至2021年12月31日成立不满一年的企业，按照所属期截至2021年12月31日的销售额/实际经营月份×12个月的销售额确定。

2022年1月1日及以后成立的企业，按照实际申报期销售额/实际经营月份×12个月的销售额确定。

（四）延缓缴纳的税费包括所属期为2022年1月、2月、3月、4月、5月、6月（按月缴纳）或者2022年第一季度、第二季度（按季缴纳）的企业所得税、个人所得税、国内增值税、国内消费税及附征的城市维护建设税、教育费附加、地方教育附加，不包括代扣代缴、代收代缴以及向税务机关申请代开发票时缴纳的税费。

对于在本公告施行前已缴纳入库的所属期为2022年1月的上述税费，企业可自愿选择申请办理退税（费）并享受缓缴政策。

三、享受2021年第四季度缓缴企业所得税政策的制造业中小微企业，在办理2021年度企业所得税汇算清缴年度申报时，产生的应补税款与2021年第四季度已缓缴的税款一并延后缴纳入库，产生的应退税款由纳税人按照有关规定办理。

四、纳税人不符合本公告规定条件，骗取享受缓缴税费政策的，税务机关将依照《中华人民共和国税收征收管理法》及其实施细则等有关规定严肃处理。

五、符合本公告规定条件的制造业中小微企业，符合《中华人民共和国税收征收管理法》及其实施细则规定可以申请延期缴纳税款的，仍然可以依法申请办理延期缴纳税款。

六、本公告自发布之日起施行。

特此公告。

国家税务总局　　　　　　　　财 政 部

2022年2月28日

分送：国家税务总局各省、自治区、直辖市和计划单列市税务局，国家税务总局驻各地特派员办事处，各省、自治区、直辖市、计划单列市财政厅（局），新疆生产建设兵团财政局，国务院推进政府职能转变和“放管服”改革协调小组办公室，中央纪委国家监委驻国家税务总局纪检监察组办公室。

国家税务总局征管和科技发展司承办　　　办公厅2022年2月28日印发

国 家 税 务 总 局 公 告

2022 年第 7 号

国家税务总局关于修订发布《个人所得税专项附加扣除操作办法（试行）》的公告（节选）

为贯彻落实新发布的《国务院关于设立 3 岁以下婴幼儿照护个人所得税专项附加扣除的通知》（国发〔2022〕8 号），保障 3 岁以下婴幼儿照护专项附加扣除政策顺利实施，国家税务总局相应修订了《个人所得税专项附加扣除操作办法（试行）》及《个人所得税扣缴申报表》。现予以发布，自 2022 年 1 月 1 日起施行。《国家税务总局关于发布〈个人所得税专项附加扣除操作办法（试行）〉的公告》（2018 年第 60 号）、《国家税务总局关于修订个人所得税申报表的公告》（2019 年第 7 号）附件 2 同时废止。

特此公告。

附件：1. 个人所得税专项附加扣除信息表（略）
　　　2. 个人所得税扣缴申报表（略）

国家税务总局

2022 年 3 月 25 日

个人所得税专项附加扣除操作办法（试行）

第一章　总则

第一条　为了规范个人所得税专项附加扣除行为，切实维护纳税人合法权益，根据《中华人民共和国个人所得税法》及其实施条例、《中华人民共和国税收征收管理法》及其实施细则、《国务院关于印发个人所得税专项附加扣除暂行办法的通知》（国发〔2018〕41 号）、《国务院关于设立 3 岁以下婴幼儿照护个人所得税专项附加扣除的通知》（国发〔2022〕8 号）的规定，制定本办法。

第二条　纳税人享受子女教育、继续教育、大病医疗、住房贷款利息或者住房租金、赡养老人、3 岁以下婴幼儿照护专项附加扣除的，依照本办法规定办理。

第二章　享受扣除及办理时间

第三条　纳税人享受符合规定的专项附加扣除的计算时间分别为：

（一）子女教育。学前教育阶段，为子女年满 3 周岁当月至小学入学前一月。学历教育，为子女接受全日制学历教育入学的当月至全日制学历教育结束的当月。

（二）继续教育。学历（学位）继续教育，为在中国境内接受学历（学位）继续教育入学的当月至学历（学位）继续教育结束的当月，同一学历（学位）继续教育的扣除期限最长不得超过 48 个月。技能人员职业资格继续教育、专业技术人员职业资格继续教育，为取得相关证书的当年。

（三）大病医疗。为医疗保障信息系统记录的医药费用实际支出的当年。

（四）住房贷款利息。为贷款合同约定开始还款的当月至贷款全部归还或贷款合同终止的当月，扣除期限最长不得超过 240 个月。

（五）住房租金。为租赁合同（协议）约定的房屋租赁期开始的当月至租赁期结束的当月。提前终止合同（协议）的，以实际租赁期限为准。

（六）赡养老人。为被赡养人年满60周岁的当月至赡养义务终止的年末。

（七）3岁以下婴幼儿照护。为婴幼儿出生的当月至年满3周岁的前一个月。

前款第一项、第二项规定的学历教育和学历（学位）继续教育的期间，包含因病或其他非主观原因休学但学籍继续保留的休学期间，以及施教机构按规定组织实施的寒暑假等假期。

第四条　享受子女教育、继续教育、住房贷款利息或者住房租金、赡养老人、3岁以下婴幼儿照护专项附加扣除的纳税人，自符合条件开始，可以向支付工资、薪金所得的扣缴义务人提供上述专项附加扣除有关信息，由扣缴义务人在预扣预缴税款时，按其在本单位本年可享受的累计扣除额办理扣除；也可以在次年3月1日至6月30日内，向汇缴地主管税务机关办理汇算清缴申报时扣除。

纳税人同时从两处以上取得工资、薪金所得，并由扣缴义务人办理上述专项附加扣除的，对同一专项附加扣除项目，一个纳税年度内，纳税人只能选择从其中一处扣除。

享受大病医疗专项附加扣除的纳税人，由其在次年3月1日至6月30日内，自行向汇缴地主管税务机关办理汇算清缴申报时扣除。

第五条　扣缴义务人办理工资、薪金所得预扣预缴税款时，应当根据纳税人报送的《个人所得税专项附加扣除信息表》（以下简称《扣除信息表》，见附件）为纳税人办理专项附加扣除。

纳税人年度中间更换工作单位的，在原单位任职、受雇期间已享受的专项附加扣除金额，不得在新任职、受雇单位扣除。原扣缴义务人应当自纳税人离职不再发放工资薪金所得的当月起，停止为其办理专项附加扣除。

第六条　纳税人未取得工资、薪金所得，仅取得劳务报酬所得、稿酬所得、特许权使用费所得需要享受专项附加扣除的，应当在次年3月1日至6月30日内，自行向汇缴地主管税务机关报送《扣除信息表》，并在办理汇算清缴申报时扣除。

第七条　一个纳税年度内，纳税人在扣缴义务人预扣预缴税款环节未享受或未足额享受专项附加扣除的，可以在当年内向支付工资、薪金的扣缴义务人申请在剩余月份发放工资、薪金时补充扣除，也可以在次年3月1日至6

月30日内，向汇缴地主管税务机关办理汇算清缴时申报扣除。

第三章 报送信息及留存备查资料

第八条 纳税人选择在扣缴义务人发放工资、薪金所得时享受专项附加扣除的，首次享受时应当填写并向扣缴义务人报送《扣除信息表》；纳税年度中间相关信息发生变化的，纳税人应当更新《扣除信息表》相应栏次，并及时报送给扣缴义务人。

更换工作单位的纳税人，需要由新任职、受雇扣缴义务人办理专项附加扣除的，应当在入职的当月，填写并向扣缴义务人报送《扣除信息表》。

第九条 纳税人次年需要由扣缴义务人继续办理专项附加扣除的，应当于每年12月份对次年享受专项附加扣除的内容进行确认，并报送至扣缴义务人。纳税人未及时确认的，扣缴义务人于次年1月起暂停扣除，待纳税人确认后再行办理专项附加扣除。

扣缴义务人应当将纳税人报送的专项附加扣除信息，在次月办理扣缴申报时一并报送至主管税务机关。

第十条 纳税人选择在汇算清缴申报时享受专项附加扣除的，应当填写并向汇缴地主管税务机关报送《扣除信息表》。

第十一条 纳税人将需要享受的专项附加扣除项目信息填报至《扣除信息表》相应栏次。填报要素完整的，扣缴义务人或者主管税务机关应当受理；填报要素不完整的，扣缴义务人或者主管税务机关应当及时告知纳税人补正或重新填报。纳税人未补正或重新填报的，暂不办理相关专项附加扣除，待纳税人补正或重新填报后再行办理。

第十二条 纳税人享受子女教育专项附加扣除，应当填报配偶及子女的姓名、身份证件类型及号码、子女当前受教育阶段及起止时间、子女就读学校以及本人与配偶之间扣除分配比例等信息。

纳税人需要留存备查资料包括：子女在境外接受教育的，应当留存境外学校录取通知书、留学签证等境外教育佐证资料。

第十三条 纳税人享受继续教育专项附加扣除，接受学历（学位）继续教育的，应当填报教育起止时间、教育阶段等信息；接受技能人员或者专业技术人员职业资格继续教育的，应当填报证书名称、证书编号、发证机关、发证（批准）时间等信息。

纳税人需要留存备查资料包括：纳税人接受技能人员职业资格继续教育、专业技术人员职业资格继续教育的，应当留存职业资格相关证书等资料。

第十四条　纳税人享受住房贷款利息专项附加扣除，应当填报住房权属信息、住房坐落地址、贷款方式、贷款银行、贷款合同编号、贷款期限、首次还款日期等信息；纳税人有配偶的，填写配偶姓名、身份证件类型及号码。

纳税人需要留存备查资料包括：住房贷款合同、贷款还款支出凭证等资料。

第十五条　纳税人享受住房租金专项附加扣除，应当填报主要工作城市、租赁住房坐落地址、出租人姓名及身份证件类型和号码或者出租方单位名称及纳税人识别号（社会统一信用代码）、租赁起止时间等信息；纳税人有配偶的，填写配偶姓名、身份证件类型及号码。

纳税人需要留存备查资料包括：住房租赁合同或协议等资料。

第十六条　纳税人享受赡养老人专项附加扣除，应当填报纳税人是否为独生子女、月扣除金额、被赡养人姓名及身份证件类型和号码、与纳税人关系；有共同赡养人的，需填报分摊方式、共同赡养人姓名及身份证件类型和号码等信息。

纳税人需要留存备查资料包括：约定或指定分摊的书面分摊协议等资料。

第十七条　纳税人享受大病医疗专项附加扣除，应当填报患者姓名、身份证件类型及号码、与纳税人关系、与基本医保相关的医药费用总金额、医保目录范围内个人负担的自付金额等信息。

纳税人需要留存备查资料包括：大病患者医药服务收费及医保报销相关票据原件或复印件，或者医疗保障部门出具的纳税年度医药费用清单等资料。

第十八条　纳税人享受3岁以下婴幼儿照护专项附加扣除，应当填报配偶及子女的姓名、身份证件类型（如居民身份证、子女出生医学证明等）及号码以及本人与配偶之间扣除分配比例等信息。

纳税人需要留存备查资料包括：子女的出生医学证明等资料。

第十九条　纳税人应当对报送的专项附加扣除信息的真实性、准确性、完整性负责。

第四章　信息报送方式

第二十条　纳税人可以通过远程办税端、电子或者纸质报表等方式，向扣缴义务人或者主管税务机关报送个人专项附加扣除信息。

第二十一条 纳税人选择纳税年度内由扣缴义务人办理专项附加扣除的，按下列规定办理：

（一）纳税人通过远程办税端选择扣缴义务人并报送专项附加扣除信息的，扣缴义务人根据接收的扣除信息办理扣除。

（二）纳税人通过填写电子或者纸质《扣除信息表》直接报送扣缴义务人的，扣缴义务人将相关信息导入或者录入扣缴端软件，并在次月办理扣缴申报时提交给主管税务机关。《扣除信息表》应当一式两份，纳税人和扣缴义务人签字（章）后分别留存备查。

第二十二条 纳税人选择年度终了后办理汇算清缴申报时享受专项附加扣除的，既可以通过远程办税端报送专项附加扣除信息，也可以将电子或者纸质《扣除信息表》（一式两份）报送给汇缴地主管税务机关。

报送电子《扣除信息表》的，主管税务机关受理打印，交由纳税人签字后，一份由纳税人留存备查，一份由税务机关留存；报送纸质《扣除信息表》的，纳税人签字确认、主管税务机关受理签章后，一份退还纳税人留存备查，一份由税务机关留存。

第二十三条 扣缴义务人和税务机关应当告知纳税人办理专项附加扣除的方式和渠道，鼓励并引导纳税人采用远程办税端报送信息。

第五章 后续管理

第二十四条 纳税人应当将《扣除信息表》及相关留存备查资料，自法定汇算清缴期结束后保存五年。

纳税人报送给扣缴义务人的《扣除信息表》，扣缴义务人应当自预扣预缴年度的次年起留存五年。

第二十五条 纳税人向扣缴义务人提供专项附加扣除信息的，扣缴义务人应当按照规定予以扣除，不得拒绝。扣缴义务人应当为纳税人报送的专项附加扣除信息保密。

第二十六条 扣缴义务人应当及时按照纳税人提供的信息计算办理扣缴申报，不得擅自更改纳税人提供的相关信息。

扣缴义务人发现纳税人提供的信息与实际情况不符，可以要求纳税人修改。纳税人拒绝修改的，扣缴义务人应当向主管税务机关报告，税务机关应当及时处理。

除纳税人另有要求外，扣缴义务人应当于年度终了后两个月内，向纳税人提供已办理的专项附加扣除项目及金额等信息。

第二十七条　税务机关定期对纳税人提供的专项附加扣除信息开展抽查。

第二十八条　税务机关核查时，纳税人无法提供留存备查资料，或者留存备查资料不能支持相关情况的，税务机关可以要求纳税人提供其他佐证；不能提供其他佐证材料，或者佐证材料仍不足以支持的，不得享受相关专项附加扣除。

第二十九条　税务机关核查专项附加扣除情况时，可以提请有关单位和个人协助核查，相关单位和个人应当协助。

第三十条　纳税人有下列情形之一的，主管税务机关应当责令其改正；情形严重的，应当纳入有关信用信息系统，并按照国家有关规定实施联合惩戒；涉及违反税收征管法等法律法规的，税务机关依法进行处理：

（一）报送虚假专项附加扣除信息；

（二）重复享受专项附加扣除；

（三）超范围或标准享受专项附加扣除；

（四）拒不提供留存备查资料；

（五）税务总局规定的其他情形。

纳税人在任职、受雇单位报送虚假扣除信息的，税务机关责令改正的同时，通知扣缴义务人。

第三十一条　本办法自2022年1月1日起施行。

分送：国家税务总局各省、自治区、直辖市和计划单列市税务局，国家税务总局驻各地特派员办事处，中央纪委国家监委驻国家税务总局纪检监察组办公室。

国家税务总局所得税司承办　　　　办公厅2022年3月25日印发

四、通告

公布社会各有关方面应当遵守或需要周知的事务性事项

国 家 税 务 总 局 通 告

2022 年第 1 号

国家税务总局关于第七批
全国税务领军人才学员录取情况的通告（节选）

第七批全国税务领军人才学员选拔工作已经结束。根据考生预录取、学习能力评估、工作能力评估和综合评价成绩及表现，经全国税务领军人才培养工作领导小组审定，共录取第七批全国税务领军人才学员 82 名，现予通告。

国家税务总局

2022 年 6 月 14 日

第七批全国税务领军人才学员名单（略）

分送：国家税务总局各省、自治区、直辖市和计划单列市税务局，国家税务总局驻各地特派员办事处，中央纪委国家监委驻国家税务总局纪检监察组办公室。

国家税务总局教育中心承办　　办公厅 2022 年 6 月 15 日印发

五、意见

就重要问题向下级税务机关提出指导性的工作意见

中共国家税务总局委员会文件

税总党委发〔2022〕×号

中共国家税务总局委员会关于进一步加强新时代税务人才工作的意见

中共国家税务总局各省、自治区、直辖市和计划单列市税务局委员会，中共国家税务总局驻各地特派员办事处委员会，中共国家税务总局税务干部学院委员会，局内各单位：

加强新时代税务人才工作是高质量推进税务干部队伍建设、助力实现税收现代化的重要之举。党的十八大以来，税务部门坚持党管人才原则，围绕税收现代化目标，大力实施人才兴税战略，探索构建“人才工程育俊杰”机制制度体系，统筹推进素质提升工程，积极营造识才爱才敬才用才的环境，着力激发各类税务人才动力活力，有力促进了税收事业高质量发展。当前，随着税费收入规模和范围不断扩大，税收在国家治理中的基础性、支柱性、保障性作用更加凸显，税费征管和服务要求越来越高，税收事业对人才的需求更加迫切。为进一步强化新时代税务人才工作，实现人才兴税助力人才强国目标，现提出以下意见。

一、总体要求

（一）指导思想。以习近平新时代中国特色社会主义思想为指导，深入贯彻党的十九大和十九届历次全会精神，全面贯彻习近平总书记关于做好新时代人才工作的重要思想和中央人才工作会议精神，按照新时代人才工作的指导性意见和《国家“十四五”期间人才发展规划》等文件要求，坚持党对人才工作的全面领导，深入实施新时代人才兴税战略，全方位培养、引进、用好人才，加快建设税务人才高地、培训基地、学习阵地和实践营地，着力构建新时代税务人才队伍新体系，进一步拓展人才规模、提升人才质量、改进人才管理、加强人才使用，为高质量推进新发展阶段税收现代化提供坚强人才支撑和智力保障。

（二）工作原则。坚持党管人才，充分发挥党的政治优势、组织优势和密切联系群众优势，为税务人才工作提供坚强的政治保证和组织保证；坚持政治引领，牢牢把握正确政治方向，把思想政治建设贯穿税务人才工作全过程；坚持服务大局，聚焦税收改革发展，推动人才规模、质量与新发展阶段税收现代化建设、与服务国家治理现代化要求更加协调、更相适应；坚持改革创新，完善税务人才工作机制制度体系，优化税务人才培养举措，不拘一格用好用活各类人才；坚持系统观念，统筹设定发展目标，选育管用一体推进，不断增强税务人才队伍建设整体效能。

（三）主要目标

——到××年，税务人才工作机制制度体系较为完备；各类税务人才规模进一步拓展；人才质量进一步提升，拥有硕士研究生以上学历学位人数占干部队伍人数的比例提高到××左右，获得税务师、注册会计师、法律职业资格、软件工程师、系统架构师等资格证书总人数占干部队伍人数的比例提高到××左右；人才结构布局更加合理，人才分布更加均衡；税务人才高地、培训基地、学习阵地、实践营地建设取得明显成效；人才自主培养能力不断增强，形成具有国内一流水准的人才方阵。

——到××年，税务人才工作机制制度体系更加成熟；人才规模相对稳定，人才质量全面提升，人才创新能力、创造活力和社会竞争力显著增强；税务人才高地建设取得标志性成果；人才自主培养能力显著提升，拥有一大批服务税收改革发展、服务各级党委政府决策、参与全球税收治理的税务人才，形成具有国内国际重要影响力的人才方阵。

——到××年，税务人才工作机制制度体系作用充分发挥，中国成为税务人才强国，中国税务成为全球税务人才高地。

二、构建税务人才队伍新体系

（四）打造素质提升“2271”工程。根据新时代税收现代化需要，在继承和发扬素质提升“1115”工程的基础上进行提档升级，实施素质提升“2271”工程，结合数字人事考核评价，大力开展税务人才选拔培养，……（责任部门：人事司、教育中心）

（五）推进战略人才培养。按照综合型和国际化两种途径统筹推进战略人才培养。将××纳入综合型战略人才，将××纳入国际化战略人才。通过分途培养，不断提高战略思维能力、综合决策能力和驾驭全局能力。到××年，战略人才数量累计达到××名左右。（责任部门：人事司、国际税务司）

（六）加强领军人才培养。在不断加强已有全国税务领军人才培养使用的基础上，继续面向税务系统内外选拔培养领军人才。严格选拔条件，加大培育力度，强化考核管理，增强培养质效，不断提升领军人才综合素质能力。到2035年，领军人才数量累计达到××名左右。（责任部门：教育中心、人事司）

（七）开展业务标兵培养。将专业骨干、岗位能手和税务总局专业人才库人才整合为业务标兵，常态化开展“岗位大练兵、业务大比武”活动，结合数字人事平时考核、业务能力级档、现实工作表现等情况，逐级选拔市局级、省局级、总局级业务标兵。加大培养力度，鼓励引导各层级业务标兵参与税收重点工作，不断提高业务能力。到××年，各层级业务标兵总量达到××名左右，在保持规模相对稳定的基础上，实行动态更新，不断提高质量、优化结构。（责任部门：教育中心、人事司、相关司局）

（八）做好青年才俊培养。税务总局统筹指导，省级税务局具体负责，继续面向市、县（区）税务局年轻干部开展青年才俊培养工作。有计划地安排青年才俊到税收执法服务监管一线进行专业训练和岗位历练，增强解决实际问题的能力。到××年，青年才俊数量达到××名左右，在保持规模相对稳定的基础上，实行动态更新，不断提高质量、优化结构。（责任部门：人事司）

三、打造税务人才培养新平台

（九）建设税务人才高地。坚持突出重点、示范先行，由××等省（市）税务局分别制定税务人才高地建设方案，明确建设目标和任务措施，到2025年，率先建成引领全国、对标国际的税务人才高地，形成可复制、可推广、各具特色的税务人才培养新模式。到××年，辐射带动税务人才集中的省会城市和沿海开放城市税务局建成税务人才高地，税务人才发展取得标志性成果。到××年，税务人才高地建设取得显著成效，在国内国际影响力显著增强，中国税务成为全球税务人才高地。（责任部门：人事司、相关司局）

（十）建设高水平培训基地。充分发挥税务干部学院和省税务干部学校教育培训主阵地作用，着力构建高质量教学科研体系，打造国内一流的税务人才培训院校。进一步加强与国内知名院校合作，开发高端培训项目，联合培养税务专业硕士。持续推进“一带一路”税务学院建设，拓宽国际合作渠道，全面提升国际税收培训能力。持续加强税务师资建设，统筹推进税务教材改革，打造符合新时代税务人才需求的培训保障体系。（责任部门：教育中心、人事司、国际税务司、税收科学研究所、税务干部学院）

（十一）建设数字化学习阵地。加强学习兴税平台建设，建立数字化学习资源库。强化数据分析、智慧推送、数字赋能，提供更加精细化、智能化、个性化的学习服务，加快实现人才培养常态化推进、数字化升级和实战化转型。将××的主渠道，做到学以致用、用以促学，营造浓厚学习氛围。（责任部门：教育中心、相关司局）

（十二）建设能力提升实践营地。聚焦服务国家重大发展战略和新发展阶段税收现代化建设，分级建立税务人才能力提升实践营地。税务总局建立全国税务人才实践营地，并统筹指导省级税务局以××的一线单位为主体，建设税务人才实践营地。有计划安排税务人才到实践营地，加强思想淬炼、政治历练、实践锻炼和专业训练，练就过硬本领。（责任部门：人事司）

四、推进税务人才培养新举措

（十三）全面提升政治能力。始终把政治纪律和政治规矩挺在前面，把政治忠诚作为选拔税务人才的首要标准，严把入口关。坚持把学习贯彻习近平新时代中国特色社会主义思想作为税务人才培养的重中之重，将习近平总书记关于税收工作的重要论述作为税务人才培训的必修课程，在各类税务人才培训中加大思想政治理论课比例。鼓励税务人才深入艰苦边远地区和基层一线，磨炼意志，艰苦奋斗，引导税务人才深刻领会“两个确立”的决定性意义，增强“四个意识”、坚定“四个自信”、做到“两个维护”，不断提高政治判断力、政治领悟力、政治执行力。（责任部门：党建工作局、人事司、教育中心、税务干部学院）

（十四）持续拓展国际视野。在各类税务人才培训中开设国际化课程，组织税务人才积极参与“一带一路”税收征管合作机制建设等国际交流合作项目，选派税务人才到××工作学习，培养一批具有国际视野、通晓国际规则、精通国际事务的税务人才。与××联合培养××，持续打造××，为发展中国家税务官员提供优质学习培训，全面提升中国税务国际影响力。（责任部门：国际税务司、人事司、教育中心）

（十五）**着力改进人才管理**。树立“以数管才”理念，充分发挥数据对人才管理的驱动作用，“一员式”归集应用税务人才数据信息，推动人才管理数字化、智能化。建立以政治能力为核心，以业务能力、实绩、贡献为重点的人才评价体系，健全完善人才评价机制，明确评价标准，细化评价措施，开展常态化人才分析评价。以更高标准、更严要求，加强日常考核管理，把数字人事平时考核与税务人才考核有效衔接，注重考核工作实绩，全面提升税务人才队伍管理水平。（责任部门：人事司）

（十六）**切实加强人才使用**。着力破除束缚人才使用的思想观念和制度障碍，在提拔任用、进一步使用、职级晋升、上级机关遴选等工作中优先考虑各类优秀税务人才，树立鲜明用人导向。探索创新“人才+项目”方式，实行“揭榜挂帅”“赛马”等制度，鼓励税务人才立足本职、勇挑重担、积极奉献、建功立业。积极引导机关和基层税务人才跨层级跨区域培养锻炼，统筹推进对口支援××等艰苦边远地区税务工作，推动艰苦边远地区税务工作高质量发展。主动服务国家对外开放战略，将具有国际视野的优秀税务人才充实到××税收业务部门和××等税务局。争取中央和地方主管部门支持，有计划地推荐优秀税务人才到各级党委政府部门和国有企事业单位任职或挂职。（责任部门：人事司）

（十七）**不断夯实人才基础**。聚焦税务人才队伍的结构性需求和影响税收事业发展的关键性问题，定期分析各层级、各业务领域人才缺口，编制人才需求计划。加大紧缺人员招录聘用力度，不断扩大××等税收重点行业领域人员规模。建立“青税育苗”工作机制，落实新进人员导师制度，实行源头培养、跟踪培养，增强培养的系统性、持续性、针对性。（责任部门：人事司、教育中心）

五、开创税务人才工作新局面

（十八）**加强组织领导**。把党的全面领导贯彻到税务人才工作全过程，充分发挥党委把方向、管大局、促落实的领导作用。进一步完善各级税务局人才工作领导小组职能职责，健全党委统一领导，组织人事部门牵头抓总，职能部门各司其职，系统上下密切配合的税务人才工作格局。各级税务局党委定期研究税务人才工作，及时解决重大问题，党委主要负责同志亲自抓，分管负责同志直接抓，各有关部门按照职责分工具体抓。加强人才工作干部队伍建设，配齐配强人才工作力量，加大人才工作投入，增强人才工作合力。（**责任部门：人事司、相关司局**）

（十九）**强化责任落实**。税务总局做好新时代税务人才工作的系统谋划和顶层设计，抓好战略人才和领军人才培养工作，并督促指导省级税务局贯彻落实。省级税务局按照税务总局部署要求，建立健全税务人才工作机制，组织开展本省税务系统业务标兵、青年才俊选拔培养工作，指导所辖市、县（区）税务局开展各项人才工作，积极争取将税务人才工作纳入地方人才规划实施范围。将税务人才工作情况纳入对各级税务局党委和主要领导年度考评、各级税务局及职能部门绩效考评。将税务人才工作落实情况作为巡视巡察、督导检查等重要内容，严格责任追究。（**责任部门：人事司、办公厅、党建工作局、教育中心、相关司局**）

（二十）**营造良好环境**。加强政治关怀、工作关心、生活关爱，尊重人才、爱惜人才，把各方面优秀人才集聚到税收事业发展中来。注重从各类税务人才中选树“最美税务人”等先进典型，营造人人渴望成才、人人努力成才、人人皆可成才、人人尽展其才的良好环境。加强思想舆论引导，促进干部了解、人才熟悉、社会知晓，形成系统上下同心支持、社会各界广泛认可的工作局面。（**责任部门：人事司、党建工作局、税收宣传中心**）

中共国家税务总局委员会

2022年×月×日

（对税务系统内只发电子文件）

抄送：中央纪委国家监委驻国家税务总局纪检监察组。

国家税务总局人事司承办　　　　办公厅2022年×月×日印发

六、通知

1. 事务性通知：贯彻落实事务性工作要求

信息公开选项：××××
加 急

国家税务总局文件

税总货劳发〔2022〕×号

国家税务总局关于扎实做好20××年增值税留抵退税工作的通知（节选）

国家税务总局各省、自治区、直辖市和计划单列市税务局，国家税务总局驻各地特派员办事处，局内各单位：

为深入贯彻落实党中央、国务院关于实施大规模增值税留抵退税的重大决策部署，确保××年留抵退税政策落实落细落地，尽快见到成效，现提出以下工作要求，请认真执行。

一、提升政治站位，强化组织领导

（一）提高思想认识

……

（二）加强组织领导

……

（三）强化部门协同

……

（四）配强人员力量

……

二、精心部署落实，确保落地见效

（五）统筹把握工作节点

……

（六）高效开展纳税信用评价

……

（七）保障系统稳定运行

……

（八）精心组织培训辅导

……

（九）多渠道开展政策解读

……

（十）全面准确统计核算

……

（十一）严密防范退税风险

……

（十二）严打骗取退税行为

……

三、压实工作责任，强化督导问效

（十三）强化督察督办

……

（十四）依法征税收费

……

（十五）加强宣传引导

……

国家税务总局

2022 年×月×日

（对税务系统内只发电子文件）

抄送：中央纪委国家监委驻国家税务总局纪检监察组办公室。

国家税务总局办公厅　　　　　　2022 年×月×日印发

2. 指示性通知：传达要求下级税务机关办理或执行的事项

信息公开选项：××××

国 家 税 务 总 局 文 件

税总征科发〔2022〕×号

国家税务总局关于优化
若干税收征管服务事项的通知（节选）

国家税务总局各省、自治区、直辖市和计划单列市税务局，国家税务总局驻各地特派员办事处，局内各单位：

为贯彻落实中办、国办印发的《关于进一步深化税收征管改革的意见》，结合落实中央巡视整改，进一步深化税务系统“放管服”改革，规范基础税收征管工作，优化变更登记、跨省迁移等环节税费服务，现就有关事项通知如下：

一、简化变更登记操作流程

（一）自动变更登记信息。自××年×月×日起，纳税人在市场监管部门依法办理变更登记后，无需向税务机关报告登记变更信息；各省、自治区、直辖市和计划单列市税务机关（以下简称各省税务机关）根据市场监管部门共享的变更登记信息，在金税三期核心征管系统（以下简称核心征管系统）自动同步变更登记信息（附件1）。处于非正常、非正常户注销等状态的纳税人变更登记信息的，核心征管系统在其恢复正常状态时自动变更。

（二）自动提示推送服务。对纳税人办理变更登记所涉及的提示提醒事项，税务机关通过电子税务局精准推送提醒纳税人；涉及的后续管理事项，核心征管系统自动向税务人员推送待办消息提醒。

（三）做好存量登记信息变更工作。××年×月×日之前已在市场监管部门办理变更登记、尚未在税务部门变更登记信息的纳税人，由各省税务机关根据市场监管部门共享信息分类分批完成登记信息变更工作。

二、优化跨省迁移税费服务流程

（一）优化迁出流程。纳税人跨省迁移的，在市场监管部门办结住所变更登记后，向迁出地主管税务机关填报《跨省（市）迁移涉税事项报告表》（附件2）。对未处于税务检查状态，已缴销发票和税控设备，已结清税（费）款、滞纳金及罚款，以及不存在其他未办结涉税事项的纳税人，税务机关出具《跨省（市）迁移税收征管信息确认表》（附件3），告知纳税人在迁入地承继、延续享受的相关资质权益等信息，以及在规定时限内履行纳税申报义务。经纳税人确认后，税务机关即时办结迁出手续，有关信息推送至迁入地税务机关。

（二）优化迁入流程。迁入地主管税务机关应当在接收到纳税人信息后的一个工作日内完成主管税务科所分配、税（费）种认定并提醒纳税人在迁入地按规定期限进行纳税申报。

（三）明确有关事项。纳税人下列信息在迁入地承继：纳税人基础登记、财务会计制度备案、办税人员实名采集、增值税一般纳税人登记、增值税发票票种核定、增值税专用发票最高开票限额、增值税即征即退资格、出口退（免）税备案、已产生的纳税信用评价等信息。

纳税人迁移前预缴税款，可在迁入地继续按规定抵缴；企业所得税、个人所得税尚未弥补的亏损，可在迁入地继续按规定弥补；尚未抵扣的增值税进项税额，可在迁入地继续按规定抵扣，无需申请开具《增值税一般纳税人迁移进项税额转移单》。

迁移前后业务的办理可参照《跨省（市）迁移相关事项办理指引》（附件4）。

三、优化税源管理职责

各省税务机关根据本地税源特点优化分级管理职责，提升税收风险分析、重点领域重点群体税收风险管理等复杂事项管理层级，压实市、县税务机关日常管理责任。已提升至省、市税务机关管理的复杂涉税事项，原则上不再推送下级税务机关处理。

四、加强与市场监管部门的登记业务协同

各省税务机关根据市场监管部门共享的注销登记、吊销营业执照、撤销设立登记等信息，在核心征管系统自动进行数据标识。

对已在市场监管部门办理注销，未在税务部门办理清税且处于正常状态的纳税人，主管税务机关应通知其及时办理税务注销，逾期不办理的，可提请市场监管部门依法处理。

对已在市场监管部门办理注销，但在核心征管系统××年×月×日前已被列为非正常户注销状态的纳税人，主管税务机关可直接进行税务注销。

本通知自××年×月×日起执行，执行中遇有重大问题的，及时向税务总局（征管科技司）报告。

附件：1. 市场主体自动同步变更登记信息数据项（略）
2. 跨省（市）迁移涉税事项报告表（略）
3. 跨省（市）迁移税收征管信息确认表（略）
4. 跨省（市）迁移相关事项办理指引（略）

国家税务总局
2022 年×月×日

（对税务系统内只发电子文件）

抄送：国务院推进政府职能转变和“放管服”改革协调小组办公室。

国家税务总局办公厅　　2023 年×月×日印发

3. 发布性通知：发布规范性公文

中共国家税务总局委员会文件

税总党委发〔2022〕×号

中共国家税务总局委员会印发《关于进一步推动税务系统全面从严治党压力层层传导厚植严的氛围若干措施》的通知（节选）

中共国家税务总局各省、自治区、直辖市和计划单列市税务局委员会，中共国家税务总局驻各地特派员办事处委员会，中共国家税务总局税务干部学院委员会，局内各单位：

为深入贯彻落实习近平总书记关于全面从严治党的重要论述特别是在听取十九届中央第九轮巡视情况汇报时的重要讲话精神，持续深化中央巡视整改工作，纵深推进税务系统全面从严治党，一体推进“三不腐”，进一步推动各级税务机关层层扛牢压实管党治党政治责任、层层传导压力、厚植严的氛围，税务总局党委研究制定了《关于进一步推动税务系统全面从严治党压力层层传导厚植严的氛围若干措施》（以下简称《若干措施》），现印发给你们，并就贯彻落实工作提出以下要求。

一、切实提高政治站位。各级税务局党委要深入学习领会习近平总书记关于全面从严治党的重要论述，……

二、坚决扛牢压实责任。各级税务局党委要认真履行管党治党政治责任，……

三、注重强化统筹落实。各级税务局党委要把贯彻落实《若干措施》与深入推进中央巡视整改工作结合起来，……

各级税务局党委在落实过程中要注重总结经验做法，及时梳理问题短板，并按照党的二十大以及新一届中央纪委关于全面从严治党的新部署新要求，不断改进完善措施，推动税务系统全面从严治党责任一贯到底、压力层层传导，持续厚植严的氛围。税务总局将加强《若干措施》落实情况的监督检查，持续跟踪问效，推动各项措施落实落地。工作中遇到的重要情况和相关意见建议要及时报告税务总局党委（党建工作局）。

中共国家税务总局委员会

2022年×月×日

（对税务系统内只发电子文件）

关于进一步推动税务系统全面从严治党压力层层传导厚植严的氛围若干措施

为深入贯彻落实习近平总书记关于全面从严治党的重要论述特别是在听取十九届中央第九轮巡视情况汇报时的重要讲话精神，以巡视整改为契机，坚持一体推进不敢腐、不能腐、不想腐，运用“全周期管理”方式，增强教育引导的实效，抓住责任落实的关键，强化震慑警示的效果，扎牢体制机制的篱笆，加大智税风控的力度，以彻底的自我革命精神推动税务系统全面从严治党责任逐级压紧压实、压力层层传导到位、严的氛围更加浓厚，更好引领保障党的税收事业高质量发展，根据党内法规制度文件，结合税务系统实际，制定以下措施。

一、强化“教育引导”链条，进一步增强思想自觉推动层层传导压力

……

（一）各级税务局党委以上率下引领示范。……

（二）层层推动全体干部遵规守纪。……

（三）分类抓实教育引导增强自觉。……

二、强化“责任落实”链条，进一步突出担当尽责推动层层传导压力

……

（四）压紧压实各级税务局党委主体责任。……

（五）压紧压实各级税务局“一把手”第一责任人职责。……

（六）压紧压实各级税务局领导班子成员“一岗双责”。……

（七）压紧压实各级税务局党委纪检组监督责任。……

（八）压紧压实各级税务局职能部门职能监督责任。……

（九）压紧压实各级税务局基层党组织日常监督责任。……

三、强化“震慑警示”链条，进一步做实以案促治推动层层传导压力

……

（十）严格执纪问责惩戒震慑。……

（十一）严查违反中央八项规定精神问题。……

（十二）严肃开展通报警示。……

（十三）严抓以案促改以案促治。……

四、强化“体制机制”链条，进一步深化改革创新推动层层传导压力

……

（十四）全面深化纪检监察体制改革。……

（十五）构建完善一体化综合监督体系。……

（十六）发挥巡视巡察利剑作用。……

（十七）强化“两权”运行监督制约。……

五、强化“智税风控”链条，进一步夯实科技支撑推动层层传导压力

……

（十八）落实落细“四个有人管”。……

（十九）做深做实内控体系。……

（二十）建好建强智慧监督。……

抄送：中央纪委国家监委驻国家税务总局纪检监察组。

国家税务总局党建工作局承办　　　　办公厅 2022 年×月×日印发

七、通报

1. 表扬性通报：对工作中取得的成绩和成果进行通报表扬

信息公开选项：××××

<table>
<tr><td>国 家 税 务 总 局</td><td rowspan="4">文件</td></tr>
<tr><td>公　　安　　部</td></tr>
<tr><td>海　　关　总　署</td></tr>
<tr><td>中 国 人 民 银 行</td></tr>
</table>

税总稽查发〔2021〕×号

国家税务总局 公安部 海关总署 中国人民银行关于表扬打击虚开骗税违法犯罪两年专项行动成绩突出的集体和个人的通报（节选）

国家税务总局各省、自治区、直辖市和计划单列市税务局，国家税务总局驻各地特派员办事处，各省、自治区、直辖市公安厅（局），新疆生产建设兵团公安局，海关总署广东分署、各直属海关，中国人民银行上海总部，各分行、营业管理部，各省会（首府）城市中心支行，各副省级城市中心支行，局内、部内、署内、行内各单位：

2018年8月，税务总局、公安部、海关总署和中国人民银行（以下称四部委）联合组织开展打击虚开骗税违法犯罪两年专项行动（以下简称两年专项行动），全国税务、公安、海关、人民银行系统按照统一工作部署，科学谋划、主动作为，协同联动、勠力攻坚，在重大案件查处、挽回税款损失、宣传震慑惩戒等方面取得明显成效，有效打击了不法分子的嚣张气焰，为维护国家税收和经济秩序作出了积极贡献，涌现出一批勇挑重担、攻坚克难、敢打硬仗、能打胜仗的集体和个人。

为表扬先进、鼓舞士气，激励和调动各单位积极性，进一步履行好打击涉税违法犯罪、保障国家税收安全的职责使命，四部委决定对两年专项行动中工作成绩突出的××等××个集体和××等××名个人予以通报表扬（名单见附件）。希望受表扬的集体和个人珍惜荣誉、戒骄戒躁、再接再厉，切实发挥示范带头作用，以更加饱满的热情、更加昂扬的斗志、更加务实的作风，投入到打击虚开骗税违法犯罪工作中，不断取得更加优异的成绩。

各单位要更加紧密地团结在以习近平同志为核心的党中央周围，增强“四个意识”，坚定“四个自信”，做到“两个维护”，以受表扬的优秀集体和个人为榜样，忠诚履职、精准监管、克难奋进、精诚共治，深入贯彻落实中办、国办印发的《关于进一步深化税收征管改革的意见》中“依法严厉打击涉税违法犯罪行为”的要求，按照四部委统一部署，推动常态化联合开展打击虚开骗税违法犯罪工作，进一步营造法治化营商环境，为保障经济持续健康发展、促进社会公平正义作出新的更大贡献。

附件：打击虚开骗税违法犯罪两年专项行动成绩突出的集体和个人名单（略）

国家税务总局　　　　公　安　部

海　关　总　署　　　　中国人民银行

2021年×月×日

（对税务系统内只发电子文件）

国家税务总局办公厅	2021年×月×日印发

2. 情况通报：通报有关工作情况

× ×

国家税务总局文件

税总收规发〔2023〕×号

国家税务总局关于2022年税务部门组织税收收入情况的通报（节选）

国家税务总局各省、自治区、直辖市和计划单列市税务局，国家税务总局驻各地特派员办事处，局内各单位：

2022年，全国税务部门组织的税收收入（未扣除出口退税）累计完成××亿元；按自然口径，落实各项退税、减税、缓税政策对税收收入减收影响较为明显，全年税收收入下降××；其中，中央级和地方级税收收入分别完成××亿元和××亿元，分别下降××和××。全年办理出口退税××亿元，同比增长××。扣除出口退税后，税务部门组织税收收入完成××亿元，下降××。现将有关情况通报如下：

一、2022年税收收入主要特点

（一）分时间看，受落实政策等因素影响季度间收入增幅波动较大。一季度，税收收入（按自然口径，未扣除出口退税，下同）同比增长××；二季度，受疫情冲击及实施大规模增值税留抵退税政策影响，税收收入下降××；三季度，继续落实政策特别是7月份开始将全额留抵退税政策扩大到批发零售等7个行业，税收收入下降××；四季度，主要是上年同期办理制造业中小微企业等专项缓税基数较低，税收收入实现较快增长，带动全年税收收入增幅收窄至××。

（二）**分税种看，货物和劳务税收入降幅较大，所得税收入平稳增长**。货物和劳务税收入完成××亿元，下降××，主要是国内增值税受实施大规模留抵退税政策影响下降××；国内消费税和车辆购置税分别增长××和下降××。所得税收入完成××亿元，增长××，其中企业所得税和个人所得税分别增长××和××。财产行为税收入完成××亿元，下降××，主要是受房地产市场下行等因素影响，契税、土地增值税分别下降××和××。

（三）**分行业看，上游能源原材料行业税收增长较快，房地产税收降幅较大**。受资源产品价格上涨拉动，上游的采矿业税收增长××。制造业税收下降××，其中石油加工业税收增长××。服务业中，金融业税收增长××，信息传输、软件和信息技术服务业税收增长××。房地产业和建筑业税收分别下降××和××。

（四）**分地区看，中西部地区税收形势较好，东部地区降幅相对较大**。东、中、西部地区税收收入分别下降××、××和××。中西部地区税收收入降幅较小，主要是一些资源大省收入形势较好，其中山西、内蒙古、陕西分别增长××、××、××。东部地区税收收入降幅相对较大，主要是留抵退税东部地区占比较大，同时受房地产市场影响更大一些。

二、做好今年组织收入工作的要求

2023年是全面贯彻落实党的二十大精神的开局之年，做好组织收入工作意义重大。2023年，我国经济长期向好的基本面没有改变，特别是党的二十大胜利召开，极大激发全国上下的发展干劲，2022年实施的税费支持政策对促进市场主体发展的积极效应也将在2023年进一步体现，为税收收入增长提供有力支撑。与此同时，当前我国经济税收运行仍然存在较大不确定性。各级税务机关要高度重视，多措并举，统筹做好今年组织收入工作：

（一）**积极参与预算编制**。当前正值编制今年税收收入预算目标的关键时点，各级税务机关要在算清经济税源账的基础上，加强向地方党委政府以及财政部门的汇报沟通，客观反映真实税源状况，推动合理编制预算目标，使收入目标与经济税源及减税降费相适应。

（二）**加强收入形势研判**。受上年同期基数等因素影响，今年税收收入季度间可能呈现较大幅度的波动。各级税务机关要进一步加强收入形势研判，综合考虑各项影响因素，逐月、逐季研判税收收入走势，科学制定组织收入工作方案，平缓各季度、月度税收收入增幅，避免收入大起大落。

（三）**提高收入分析水平**。各级税务机关要继续落实并完善收入分析工作机制，进一步提升税收收入分析水平。要对税种、地区、行业税收收入增减原因、与税源匹配性进行分析，并按照从经济到税源、税基、税收的思路，通过税收收入与外部门相关经济税源数据比对分析，及时发现苗头性、趋势性问题，采取有效措施防范和化解风险。

（四）**坚持组织收入原则**。各级税务机关要坚持依法征税，坚守不收“过头税”底线。要落实收入问题报告制度，在组织收入工作中，遇到脱离税源实际安排收入目标、要求征收“过头税”等问题的，本级经协调无法解决的，要及时向上级税务机关报告，一级帮一级解决。对违反组织收入原则的问题，发现一起、查处一起、整改一起，并严肃问责。

附件：1. 分税种税收收入情况表（略）
　　　2. 分地区税收收入情况表（略）

国家税务总局
2023 年×月×日

（××××××××）

抄送：发展改革委、财政部、审计署、统计局，中央纪委国家监委驻国家税务总局纪检监察组办公室。

国家税务总局办公厅　　2023 年×月×日印发

八、报告

1. 工作情况报告：向上级机关汇报工作、反映情况

国家税务总局文件

税总征科发〔2022〕×号　　　　　　　　　　签发人：王　军

国家税务总局关于 2022 年全面推进税务领域“放管服”改革情况的报告（节选）

×××：

2022 年，税务总局深入贯彻党中央、国务院关于深化“放管服”改革、优化营商环境系列部署，认真落实李克强总理在第十次全国深化“放管服”改革电视电话会议上的重要讲话精神和韩正副总理提出的工作要求，结合落实中央巡视整改，深入推进税务领域“放管服”改革。党委书记、局长王军同志先后 13 次批示，要求结合税务部门实际，细化落实国务院部署任务的时间表路线图责任人，扎实推进各项措施落地见效，努力打造市场化、法治化、国际化税收营商环境，助力激发市场活力和社会创造力，助力稳住宏观经济大盘。现将有关情况报告如下：

一、总体情况

税务总局高度重视深化税收领域“放管服”改革、优化税收营商环境工作。根据《国务院办公厅关于印发第十次全国深化“放管服”改革电视电话会议重点任务分工方案的通知》（国办发〔2022〕××号）和《国务院办公厅关于进一步优化营商环境降低市场主体制度性交易成本的意见》（国办发

〔2022〕××号）等要求，税务总局2022年共有××项任务，截至目前已全部落实，同时提前完成2023年任务××项（详见附件）。

一年来，税务总局坚持联动落实税费支持政策和深化“放管服”改革，先后出台××项高含金量改革措施，保障了大规模留抵退税等新的组合式税费支持政策快准稳好落地落细，帮助市场主体纾困解难、持续发展，纳税人缴费人获得感明显提升。全国工商联发布的《2022年万家民营企业评营商环境报告》显示，企业对税费支持政策的落实满意度位居前列，税费缴纳便利度连续3年成为政务环境评价中满意度最高的事项。

二、主要进展及成效

（一）降低制度性交易成本，持续激发市场主体活力

坚持用“放管服”改革办法加快释放政策效能，减税费、减成本、减时间、减资料综合发力，为经济高质量发展增添后劲。

1. 落快落准落好组合式税费支持政策，减轻企业税费负担。

……

2. 稳步推进发票电子化改革，降低发票使用成本。

……

3. 持续精简税费事项流程，缩短办税缴费时间。

……

4. 不断压减涉税证明资料，提升办税缴费便捷度。

……

（二）大力提升税收监管质效，维护公平公正税收环境

坚持发展和规范并重，突出精准依法施治，加强税收监管和税务稽查，有力维护国家税收安全和社会公平正义。

1. 强化重点领域税收监管。

……

2. 严厉打击涉税违法犯罪。

……

3. 试点跨税费种综合监管。

……

4. 深入推进部门协同监管。

……

（三）持续优化税费服务，提升税收营商环境水平

坚持以人民为中心的发展思想，解决纳税人缴费人“急难愁盼”问题，打造更加优质高效的税收营商环境。

1. 持续优化线上服务，提升办税缴费智能化水平。

……

2. 持续提质线下服务，增强税费服务品牌效应。

……

3. 主动发挥税收大数据作用，服务国家发展大局。

……

4. 积极拓展国际合作，服务高水平对外开放。

……

三、下步工作打算

2022年税务系统深化“放管服”改革取得了一定成效，但与党中央、国务院新部署新要求相比，与纳税人缴费人新诉求新期盼相比，还存在一些差距和不足。比如，税费服务智能化水平有待提升、重点领域的部门协同监管还需加强。下一步，我局将深入学习贯彻党的二十大精神，按照中央经济工作会议部署要求，结合巩固深化中央巡视整改成果，进一步深化税务领域“放管服”改革，深入推进精确执法、精细服务、精准监管、精诚共治，加快建设智慧税务，持续优化税收营商环境，更好服务中国式现代化。

（一）进一步拓展减税降费成效。

……

（二）进一步优化税收营商环境。

……

（三）进一步健全税务监管体系。

……

（四）进一步加快智慧税务建设。

……

特此报告。

附件：2022 年全国深化“放管服”改革涉税任务落实情况表（略）

国家税务总局

2022 年×月×日

（联系人：税务总局××司 ×××；联系电话：××××）

信息公开选项：××××

抄送：国务院推进政府职能转变和“放管服”改革协调小组。

中央纪委国家监委驻国家税务总局纪检监察组。

国家税务总局办公厅　　2022 年×月×日印发

2. 备案报告：向上级机关备案

国家税务总局文件

税总法规发〔2022〕×号　　　　签发人：王　军

国家税务总局关于修改《税务规范性文件制定管理办法》的决定备案的报告（节选）

×××：

现将我局2021年12月31日公布的《国家税务总局关于修改〈税务规范性文件制定管理办法〉的决定》（国家税务总局令第53号）及说明一式五份报请备案。

附件：1. 国家税务总局关于修改《税务规范性文件制定管理办法》的决定（略）

2. 关于修改《税务规范性文件制定管理办法》的说明（略）

国家税务总局

2022年×月×日

（联系人：国家税务总局××司××；联系电话：××××）

信息公开选项：××××

国家税务总局办公厅　　　　2022年×月×日印发

九、请示

1. 政策性请示：向上级机关请求批准政策性事项

信息公开选项：××××

国家税务总局××市税务局文件

×税发〔2022〕×号　　　　　　　　　　　　签发人：×××

国家税务总局××市税务局关于罚没物品征税政策适用问题的请示（节选）

国家税务总局：

近日，我局在审理一宗涉及司法拍卖追缴的违法所得税款征收类行政复议案件时，发现存在不同税务机关处理结果不一致的问题。为慎重起见，现提请税务总局就罚没物品征税政策适用问题予以明确，具体情况如下：

一、案情简介

（一）案件基本事实

20××年×月，申请人通过××网络司法拍卖平台以人民币××××元竞得××市××区××花园×期×座×单元××，上述房产为××市中级人民法院（以下简称“××中院”）《刑事判决书》（（20××）×刑初×号）认定的被执行人××违法所得的以××名义预购的房产，并依据××中院《执行裁定书》（（20××）×执×号）进行拍卖。

……

（二）申请人诉求

申请人对××局作出的税款征收行为不服，向我局提出行政复议申请，主要请求：一是……；二是……。

二、争议焦点

本案争议焦点：……

（一）各方观点

观点一：应当征收。……

观点二：不应征收。……

（二）各地情况

……

（三）初步审理情况及倾向性意见

……

三、请示内容

……，恳请税务总局对本案涉及的下列问题予以指导：

（一）……

（二）……

以上妥否，请批示。

附件：略

国家税务总局××市税务局

2022年×月×日

（联系人：×××；联系电话：××××）

国家税务总局××市税务局办公室　　2022年×月×日印发

2. 事务性请示：向上级机关请求批准事务性事项

国家税务总局文件

签发人：王　军

税总厅发〔2022〕×号　　　　　　　　　　　（财政部××已会签）

国家税务总局关于召开全国税务工作会议的请示

×××：

经请示国务院分管领导同志同意，根据中央八项规定实施细则精神及国务院办公厅关于各部门召开年度工作会议有关要求，现就我局召开年度工作会议有关事宜请示如下：

一、会议时间

拟定于2023年×月中下旬择时召开，会期半天。

二、确需召开的理由

为深入学习贯彻党的二十大及中央经济工作会议精神，认真贯彻落实习近平总书记关于税收工作重要论述和重要指示批示精神，以及李克强总理、韩正副总理关于税收工作的指示批示要求，总结2022年税收工作和党的十八大以来税收现代化建设成效，研究谋划税收现代化服务中国式现代化的思路举措，部署2023年重点工作任务，我局拟召开全国税务工作会议，进一步把税务系统广大干部职工思想和行动统一到党中央、国务院决策部署上来，坚定捍卫“两个确立”，坚决做到“两个维护”，在新征程上奋力推进税收现代化，为服务中国式现代化贡献税务力量。

三、会议形式和会场设置

按照“过紧日子”要求，结合当前税务工作实际，我局拟以视频形式召开此次会议，不发生会议费用。其中，在税务总局机关设主会场，参加人员为：税务总局领导，税务总局机关各司局和在京直属单位主要负责人及相关负责同志，并拟邀请财政部等部分中央和国家机关有关部门同志参加，中央纪委国家监委驻国家税务总局纪检监察组副组长列席会议。主会场参会总人数约×××人。在各相关单位设分会场，参加人员为：各省级税务机关领导班子成员及其内设部门、派出机构、直属机构主要负责人。

妥否，请审批。

国家税务总局

2022年×月×日

（联系人：税务总局办公厅××，电话：××××）

信息公开选项：××××

国家税务总局办公厅　　2023年×月×日印发

十、批复

1. 重要事项批复：核准下级机关请示的重要事项

中共国家税务总局委员会办公室

税总党委办函〔2021〕×号

中共国家税务总局委员会办公室关于国家税务总局××区税务局机构设置有关事宜的批复（节选）

中共国家税务总局××省税务局委员会：

《中共国家税务总局××省税务局委员会关于调整设置××区税务机构的请示》(×税党委发〔2021〕×号）收悉。经研究，批复如下：

一、同意国家税务总局××区税务局更名为国家税务总局××区税务局，机构级别为正处级，隶属于国家税务总局××省税务局，核定行政编制××名，其中，机关行政编制××名，派出机构行政编制××名。核定事业编制××名。所需编制由你局从内部调剂解决。

二、国家税务总局××区税务局设局长×名，副局长×名，另设纪检组长×名，总经济师、总会计师各×名。设置内设机构××个，名称为：××、××、××、××……

你局党委要牢固树立"四个意识"，扛牢主体责任，加强组织领导，参照税务总局党委在国税地税征管体制改革期间有关要求做好税务机构挂牌、人员调整等工作，及时制定"三定"规定并报税务总局党委组织部备案后印发实施。

中共国家税务总局委员会办公室
2021年×月×日

国家税务总局人事司承办　　　　办公厅2021年×月×日印发

2. 政策个案批复：批准下级政策性事项请示

国　家　税　务　总　局

信息公开选项：××××　　　　　　　　　　　　　税总函〔2020〕×号

国家税务总局关于在××市试点推行五税种综合申报的批复

国家税务总局××省税务局：

你局《关于支持在××市试点推行五税种综合申报的请示》（×税发〔2020〕×号）收悉。经研究，原则同意你局在××市试点推行五税种综合申报，现就具体事项批复如下：

一、同意你局在××市试点推行企业所得税（预缴）、城镇土地使用税、房产税、土地增值税、印花税等五税种综合申报，并将原按月申报缴纳的印花税调整为按季申报缴纳，其中税法规定纳税人可以按次纳税的，应当同时满足纳税人实际需求。城镇土地使用税、房产税、土地增值税按季申报应符合××省人民政府相关规定。

二、你局要抓紧完善工作方案并细化业务需求，做好试点各项工作；要妥善处理好2020年四季度××市纳税人城镇土地使用税、房产税新旧纳税期限和申报方式的衔接；要重点关注纳税人办税过程中的意见建议，及时予以回应，营造良好氛围，做好风险防控，确保五税种综合申报试点顺利实施。

国家税务总局

2020 年×月×日

国家税务总局纳税服务司承办　　　　办公厅 2020 年×月×日印发

3. 具体事务批复：批准下级机关请示的日常事务

国　家　税　务　总　局

信息公开选项：××××　　　　税总财务函〔2022〕×号

国家税务总局关于国家税务总局××市××区税务局××办公区综合业务办公用房维修改造项目初步设计和投资概算的批复（节选）

国家税务总局××市税务局：

你局《关于国家税务总局××市××区税务局××办公区综合业务办公用房维修改造项目初步设计的请示》（×税发〔2022〕×号）收悉。经研究，批复如下：

一、原则同意国家税务总局××市××区税务局××办公区综合业务办公用房维修改造项目初步设计方案。项目维修改造内容包括：围护、建筑装饰装修、给水排水、通风与空调、供暖、电气、建筑消防、建筑智能化系统维修改造，2部电梯更换，防排烟系统改造，车库门更换，雨水管道及室外给排水管道更换。

二、核定项目投资概算××××万元（概算核定表详见附件）。

三、请在项目实施过程中，认真落实过紧日子要求，加强项目过程管理，严格执行相关标准，严格控制投资规模，严禁豪华装修。

附件：国家税务总局××市××区税务局××办公区综合业务办公用房维修改造项目初步设计概算核定表（略）

国家税务总局

2022 年×月×日

国家税务总局办公厅　　2022 年×月×日印发

十一、函

1. 商洽函：与有关部门商洽或询问有关问题

国　家　税　务　总　局

信息公开选项：××××　　　　　　　　税总国际函〔2022〕×号

国家税务总局关于委托地方港澳工作部门办理各地税务机关因公赴港澳证件及签注事项的函（节选）

国务院港澳事务办公室：

经我局申请，××年×月，你办同意授权各省、自治区、直辖市以及××、××等××个港澳工作部门，为我局驻当地相关税务机关及驻当地特派员办事处工作人员办理因公赴港澳证件及签注等相关业务。该举措有力支持了各地税务机关因公赴港澳工作的顺利开展，我们对此表示衷心感谢！

以上授权有效期为××年×月×日至××年×月×日。为保持工作的连续性，我局申请在授权到期后，继续委托上述××个港澳工作部门为各地税务机关工作人员办理因公赴港澳证件及签注等相关业务。上述人员依据相应的审批权限履行审批程序后，由我局向地方港澳工作部门出具任务批件，涉及双跨团组的，按相关规定办理。

需要说明的是，为落实习近平总书记关于“加快建设横琴粤澳深度合作区”的重要指示精神，××年×月，中共国家税务总局委员会批准设立了国家税务总局横琴粤澳深度合作区税务局。该局隶属于国家税务总局广东省税务局，机构级别为正处级。该局设立后，与澳门相关部门往来日益频繁。为更好支持横琴粤澳深度合作区建设，我局申请新增委托珠海市委台港澳工作办公室办理国家税务总局横琴粤澳深度合作区税务局工作人员因公赴港澳证件及签注等相关业务，审批程序同上。

妥否，请函复为盼。

联系人：××，电话：×××，×××

附件：建议委托办理各地税务机关因公赴港澳证件及签注机关一览表（略）

国家税务总局
2022年×月×日

国家税务总局办公厅　　2022年×月×日印发

2. 请求批准函：向有关部门请求批准和答复审批事项

中共国家税务总局委员会

税总党委函〔××〕×号

中共国家税务总局委员会关于申请增加全国税务系统××年度××的函
（节选）

中央机构编制委员会办公室：

在中央编办、中央组织部的大力支持下，全国税务系统××年度××为××名、二次调剂××名。……按照中央组织部《关于中央机关及其直属机构××年度××通知》要求，税务总局党委经慎重研究，特申请××再增加××名。现将主要考虑报告如下：

一、落实党中央、国务院有关政策要求的重要举措

今年以来，受新冠肺炎疫情及国内外多重因素影响，就业形势复杂严峻，……

二、保障各项税收改革任务落实落地的现实需要

近年来，随着涉税市场主体快速增长，税务部门管理和服务十几亿纳税人和缴费人，承担的职责任务不断加大，税费征管任务越来越重。新的组合式税费支持政策全面开展，全国近××名税务干部直接参与退税减税工作，共计确定××户退税目标企业，向××户次纳税人精准推送政策。××年预计退税减税约××亿元，其中留抵退税约××万亿元，超过前三年留抵退税总和。随着社保费和有关非税收入征管职责的持续划转，税务部门的征管职责形成“税费皆重”格局，××年税务部门征收的税费总收入预计将超过××元，是划转前××年税费总收入（××元）的近××倍，占政府总收入比重将达到××%以上。……此外，税务系统干部队伍结构老化问题突出，……以避免出现干部年龄断档、人员断层等不利局面，影响干部队伍梯队建设。

……

恳请支持为盼！

联系人：××，联系电话：××

中共国家税务总局委员会

××年×月×日

国家税务总局办公厅　　××年×月×日印发

3. 征求意见函：向有关部门征求意见

国家税务总局办公厅

信息公开选项：××××　　　　　　税总办法规函〔2022〕××号

国家税务总局办公厅关于征求财税××号文件行政复议规范性文件审查意见的函（节选）

×××：

近日，我局收到国家税务总局××税务局《关于转呈〈规范性文件转送函〉的函》（××号）。来函称，××公司对国家税务总局××州税务局稽查局作出的《税务处理决定书》（××号）不服，向国家税务总局××州税务局提出行政复议申请。其中，行政复议申请人认为《财政部 国家税务总局关于××的通知》（财税××号）没有遵循公平合理的原则，提出对文件进行附带审查的申请。

鉴于上述两份文件为你部与我局共同制发的文件，根据《中华人民共和国行政复议法》第二十六条的规定，现将该审查申请及附件副本转送你部，请依法研提审查意见并于11月1日前书面反馈我局。

联系人：国家税务总局政策法规司××；电话：××

附件：《国家税务总局××局关于转呈〈规范性文件转送函〉的函》及相

关材料（复印件）（略）

国家税务总局办公厅
2022年×月×日

国家税务总局办公厅 2022年×月×日印发

4. 告知答复函：向不相隶属机关告知工作进展情况、提供答复意见

国家税务总局办公厅

信息公开选项：××××　　　　税总办纳服函〔2022〕×号

国家税务总局办公厅关于开展2022年中小企业服务月活动支持中小微企业纾困发展情况的函（节选）

国务院促进中小企业发展工作领导小组办公室：

为深入贯彻落实党中央、国务院关于支持中小企业纾困解难健康发展的决策部署，按照国务院促进中小企业发展工作领导小组关于开展××年中小企业服务月活动的统一工作安排，××年×月国家税务总局组织全国税务系统开展了以“纾困解难，助力发展”为主题的中小企业服务月活动，积极推进新的组合式税费支持政策落地见效，促进中小微市场主体平稳健康发展。现将有关情况函告如下：

一、组合式税费支持政策全面惠及中小微市场主体

今年党中央、国务院部署实施的组合式税费支持政策分为退、免、扣、减、缓等五大类。一是大规模“退”，主要是大规模留抵退税政策，覆盖符合条件的小微企业以及制造业等××个行业。……

二、优化服务全力助企纾困发展

按照国务院促进中小企业发展工作领导小组工作部署，在各级中小企业

主管部门的支持下，税务部门全力推进新的组合式税费支持政策，特别是大规模增值税留抵退税政策落准落好，结合××年“我为纳税人缴费人办实事暨便民办税春风行动2.0版”，以及与全国工商联联合开展的助力小微市场主体发展“春雨润苗”专项行动，持续紧扣中小企业复工复产、创新发展面临的困难和需求，充分发挥部门优势，组织开展了具有针对性、实效性、创新性的中小企业服务月活动，切实助力中小企业纾困发展。

……

三、下一步打算

下一步，税务部门将继续落实国务院促进中小企业发展工作领导小组各项工作部署，积极支持配合好各级中小企业主管部门，发挥部门优势，深化部门协同，持续深入落实新的组合式税费支持政策。围绕新出台的扩大全额退还增值税留抵税额政策行业范围、阶段性加快出口退税进度等政策措施，进一步优化宣传辅导、落实落准政策，积极宣传政策成效，通过正向引导扩大政策效应，共同帮助中小企业纾困解难，全力助推中小企业高质量发展。

附件：2022年中小企业服务月活动图片素材（光盘）（略）

国家税务总局办公厅

2022年×月×日

抄送：国务院推进政府职能转变和“放管服”改革协调小组办公室。

国家税务总局办公厅　　2022年×月×日印发

十二、纪要

记载会议主要情况和议定事项

局　务　会　议　纪　要

（3）

2022 年×月×日　　　　　　　　　　　　签发：王　军

审议税务部门规章和规范性文件清理工作

2022 年×月×日下午，王军局长主持召开税务总局 2022 年第×次局务会议，听取法规司关于税务部门规章和规范性文件清理工作的汇报，审议拟清理的税务部门规章和规范性文件。会议原则通过税务部门规章和规范性文件清理意见，法规司牵头根据审议意见抓好后续清理工作。

会议指出，清理税务部门规章和规范性文件是中央巡视反馈的重要整改任务，是深入学习贯彻习近平法治思想的内在要求，是认真落实中办、国办印发的《关于进一步深化税收征管改革的意见》的重要举措。要切实提升政治站位、提高认识，认真学习习近平总书记关于巡视工作的重要论述，以中央巡视反馈问题整改为契机，加强税务部门规章和规范性文件管理，推进税收法制化建设，加快形成科学完备的税收法治体系，着力推进新发展阶段税收现代化建设。

会议强调，要切实做好文件立改废工作。税务部门规章和规范性文件关系纳税人缴费人合法权益和税务机关规范执法，必须高度重视。法规司要牵头加强文件管理工作，与各相关司局密切配合，抓好日常清理和集中清理，特别是要落实好定期开展集中清理的长效机制。督察内审司和办公厅要加强监督考核。

会议要求，做好清理税务部门规章和规范性文件工作，要对发布后可能产生的影响再评估再分析，对可能产生的误读要制定应对预案。发布文件要把握好时间窗口，分期分批，做到既积极又稳妥。各司局要坚持政治上的高要求，以此次文件清理工作为对照，坚持真改实改彻改，高质量推进中央巡视反馈问题整改工作。

主持：王军

出席：××、××、××、××、××、××、××、××。

参加：驻总局纪检监察组××，办公厅××、法规司××、货物劳务税司××、所得税司××、财产行为税司××、国际税务司××、社保非税司××、规划核算司××、纳税服务司××、征管科技司××、大企业管理司××、稽查局××、财务司××、督察内审司××、人事司××、党建工作局××、机关党委××、机关纪委××、离退休干部局××、数据风险局××、教育中心××、服务中心××、电子税务中心××、采购中心××、科研所××、宣传中心××、学会××、杂志社××、报社××、出版社××，北京特派办××。

送：局领导（×）。

抄送：驻税务总局纪检监察组办公室。

发：办公厅（×），局内各单位，存档（×）。共印×份。

十三、答复

1. 答复人大代表的建议

A1 类

××××

国　家　税　务　总　局

税总法规函〔2022〕×号　　　　　　　　签发人：×××

对十三届全国人大五次会议第××号建议的答复（节选）

××代表：

您提出的关于加快偏远地区乡村数字基础设施建设的建议收悉，现答复如下：

您在建议中提出，建议通过税收等政策，引导和鼓励大型企业和社会资本加大西部偏远地区供应链基础设施如产地仓、冷链及大型智能供应链中心等的投资。该建议在现行税收政策中已有所体现，主要包括下列内容：

在企业所得税方面，为鼓励企业在西部地区投资，2020 年 4 月，我局会同财政部、国家发展改革委制发《关于延续西部大开发企业所得税政策的公告》（财政部 税务总局 国家发展改革委公告 2020 年第 23 号），明确自 2021 年 1 月 1 日至 2030 年 12 月 31 日，对设在西部地区的鼓励类产业企业减按 15%的税率征收企业所得税，同时将鼓励类主营业务收入占企业收入总额的比例从 70%降至 60%。为鼓励企业增加对基础设施建设的投资以及固定资产投资，一是根据企业所得税法及实施条例有关规定，对企业从事《公共基础设施项目企业所得税优惠目录》规定的公共基础设施项目投资经营的所得，自项目取得第一笔生产经营收入所属纳税年度起，第一年至第三年免征企业所得税，第四年至第六年减半征收企业所得税。二是对于企业新购进的设备、器具，单位价值不超过 500 万元的，允许一次性计入当期成本费用在计算应纳税所得额时扣除，不再分年度计算折旧；对于中小微企业 2022 年 1 月 1 日至 2022 年 12 月 31 日期间新购置的设备、器具，单位价值在 500 万元以上的，按照单位价值的一定比例自愿选择在企业所得税税前扣除。

在城镇土地使用税方面，2020 年 3 月，我局会同财政部制发《关于继续实施物流企业大宗商品仓储设施用地城镇土地使用税优惠政策的公告》（财政部 税务总局公告 2020 年第 16 号），对物流企业自有（包括自用和出租）或承租的大宗商品仓储设施用地，减按所属土地等级适用税额标准的 50% 计征城镇土地使用税。

上述政策有利于引导和鼓励有关企业和社会资本加大西部偏远地区供应链基础设施等方面投资，支持西部地区经济社会发展。下一步，我局将继续落实好相关税收优惠政策，持续优化征管服务措施，便利企业享受政策红利，助力西部偏远地区乡村数字基础设施建设发展。

感谢您对税收工作的支持！

联系单位及电话：国家税务总局××司 ××××

附件：代表建议办理和答复征求意见表（略）

国家税务总局

2022 年×月×日

抄送：全国人大常委会办公厅（联络局）（2 份），××省人大常委会选举任免联络工作委员会（全国人大代表联络处）（2 份），国务院办公厅（1 份）。

国家税务总局办公厅　　　　2022 年×月×日印发

2. 答复政协委员的提案

A

××××

国　家　税　务　总　局

税总征科函〔2022〕×号

关于政协第十三届全国委员会第五次会议 第×号（财税金融类×号） 提案答复的函（节选）

××委员：

您提出的《关于完善税收征管制度 提升税收治理体系和治理能力现代化水平的提案》收悉，现答复如下：

近年来，税务部门加强税收监管和税务稽查，严厉打击偷逃税行为，持续规范税收秩序，维护税收公平正义。您结合税务部门查处的涉税案件及刑事追诉情况，分析税收立法执法存在的深层次问题，提出五条具体工作建议。这些建议具有较强的针对性和指导性，对我们完善税收政策制度，强化税收监管，提升税收治理体系和治理能力现代化水平具有积极的借鉴意义。

一、关于“完善个人所得税法、企业所得税法，及时对新经济业态税收征管制度作出调整，加强对重点行业和重点人员等高收入群体个税监管”建议

近年来，税务部门依托个人所得税改革，不断健全自然人税收服务与监管体系，加强对重点行业和重点人员等高收入人员税收监管，先后查处曝光了黄薇、朱宸慧、林姗姗等偷逃税案，有效发挥了税法震慑作用，促进税法遵从。

同时，针对新经济新业态涉及部门多、涵盖面广、流动性大、隐蔽性高等特点，积极推进部门共治。2021 年以来，税务总局先后配合相关部门或牵头制发了《网络直播营销管理办法（试行）》（国信办发文〔2021〕×号）、《关于推动平台经济规范健康持续发展的若干意见》（发改高技〔2021〕×号）、《关于进一步规范网络直播营利行为促进行业健康发展的意见》（税总所得发〔2022〕×号）等制度文件，不断加强部门信息共享和联合惩戒，持续完善税收监管体系。特别是积极推动税收征管法修订，在税收征管法修订草案中增加了对新业态及自然人的管理措施。

下一步，我们将积极配合司法部及立法部门，在修改个人所得税法、企业所得税法、税收征收管理法时，对新经济业态、重点行业、重点人群的税收问题作重点研究，进一步提升税收监管能力，不断提高纳税人、扣缴义务人的税法遵从度。

……

三、关于“加快税收大数据平台建设”建议

目前，税务部门已实现与公安、海关、市场监管等行政执法和金融监管部门建立信息共享合作关系，实现相关数据共享。在此基础上，充分运用税收大数据识别涉税违法犯罪信息，推进跨部门常态化协同监管，打击“假企业”“假出口”“假申报”虚开发票、骗取退税及税费优惠等违法犯罪行为，并完善跨部门联合惩戒机制，对重大涉税违法失信主体实施联合惩戒，提升打击偷逃税的时效性，促进纳税人税法遵从。

……

五、关于“进一步明确偷逃税违法犯罪界限”建议

为进一步明确打击税收违法犯罪有关法律政策，统一各地执法标准，近年来，税务部门配合最高人民法院、最高人民检察院、公安部等部门，研究起草关于办理虚开增值税专用发票刑事案件适用法律问题有关司法解释稿；研究起草《关于办理危害税收征管刑事案件适用法律若干问题的解释（送审稿）》。同时，税务总局积极向人大法工委等部门沟通汇报有关工作，推动刑法第201条第四款和第205条修改完善。下一步，我们将继续配合最高人民法院、最高人民检察院等部门，做好有关涉税司法解释的研究起草和出台实施工作。

感谢您对税收工作的支持!

附件：全国政协十三届五次会议提案办理情况征询意见表（略）

国家税务总局

2022年×月×日

联系人：国家税务总局××司××　联系电话：××××

抄送：国务院办公厅，全国政协提案委员会（×份），司法部，财政部。

国家税务总局办公厅　　2022年×月×日印发

第四篇 税务公文处理基本制度及参考资料

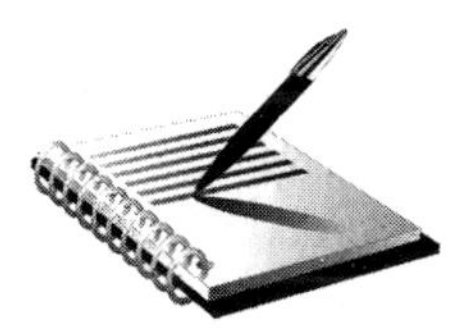

本篇收集了中央办公厅、国务院办公厅发布的《党政机关公文处理工作条例》，摘录了税务机关公文处理工作的相关制度，组成了一套较为完整和系统的税务系统公文处理工作制度文件汇编。这些制度规定既是本书编纂的理论基础，也是广大税务干部开展公文处理工作的依据指南。

1. 党政机关公文处理工作条例

第一章　总则

第一条　为了适应中国共产党机关和国家行政机关（以下简称党政机关）工作需要，推进党政机关公文处理工作科学化、制度化、规范化，制定本条例。

第二条　本条例适用于各级党政机关公文处理工作。

第三条　党政机关公文是党政机关实施领导、履行职能、处理公务的具有特定效力和规范体式的文书，是传达贯彻党和国家方针政策，公布法规和规章，指导、布置和商洽工作，请示和答复问题，报告、通报和交流情况等的重要工具。

第四条　公文处理工作是指公文拟制、办理、管理等一系列相互关联、衔接有序的工作。

第五条　公文处理工作应当坚持实事求是、准确规范、精简高效、安全保密的原则。

第六条　各级党政机关应当高度重视公文处理工作，加强组织领导，强化队伍建设，设立文秘部门或者由专人负责公文处理工作。

第七条　各级党政机关办公厅（室）主管本机关的公文处理工作，并对下级机关的公文处理工作进行业务指导和督促检查。

第二章　公文种类

第八条　公文种类主要有：

（一）决议。适用于会议讨论通过的重大决策事项。

（二）决定。适用于对重要事项作出决策和部署、奖惩有关单位和人员、变更或者撤销下级机关不适当的决定事项。

（三）命令（令）。适用于公布行政法规和规章、宣布施行重大强制性措施、批准授予和晋升衔级、嘉奖有关单位和人员。

（四）公报。适用于公布重要决定或者重大事项。

（五）公告。适用于向国内外宣布重要事项或者法定事项。

（六）通告。适用于在一定范围内公布应当遵守或者周知的事项。

（七）意见。适用于对重要问题提出见解和处理办法。

（八）通知。适用于发布、传达要求下级机关执行和有关单位周知或者执行的事项，批转、转发公文。

（九）通报。适用于表彰先进、批评错误、传达重要精神和告知重要情况。

（十）报告。适用于向上级机关汇报工作、反映情况，回复上级机关的询问。

（十一）请示。适用于向上级机关请求指示、批准。

（十二）批复。适用于答复下级机关请示事项。

（十三）议案。适用于各级人民政府按照法律程序向同级人民代表大会或者人民代表大会常务委员会提请审议事项。

（十四）函。适用于不相隶属机关之间商洽工作、询问和答复问题、请求批准和答复审批事项。

（十五）纪要。适用于记载会议主要情况和议定事项。

第三章 公文格式

第九条 公文一般由份号、密级和保密期限、紧急程度、发文机关标志、发文字号、签发人、标题、主送机关、正文、附件说明、发文机关署名、成文日期、印章、附注、附件、抄送机关、印发机关和印发日期、页码等组成。

（一）份号。公文印制份数的顺序号。涉密公文应当标注份号。

（二）密级和保密期限。公文的秘密等级和保密的期限。

涉密公文应当根据涉密程度分别标注“绝密”“机密”“秘密”和保密期限。

（三）紧急程度。公文送达和办理的时限要求。根据紧急程度，紧急公文应当分别标注“特急”“加急”，电报应当分别标注“特提”“特急”“加急”“平急”。

（四）发文机关标志。由发文机关全称或者规范化简称加“文件”二字组成，也可以使用发文机关全称或者规范化简称。联合行文时，发文机关标志可以并用联合发文机关名称，也可以单独用主办机关名称。

（五）发文字号。由发文机关代字、年份、发文顺序号组成。联合行文时，使用主办机关的发文字号。

（六）签发人。上行文应当标注签发人姓名。

（七）标题。由发文机关名称、事由和文种组成。

（八）主送机关。公文的主要受理机关，应当使用机关全称、规范化简称或者同类型机关统称。

（九）正文。公文的主体，用来表述公文的内容。

（十）附件说明。公文附件的顺序号和名称。

（十一）发文机关署名。署发文机关全称或者规范化简称。

（十二）成文日期。署会议通过或者发文机关负责人签发的日期。联合行文时，署最后签发机关负责人签发的日期。

（十三）印章。公文中有发文机关署名的，应当加盖发文机关印章，并与署名机关相符。有特定发文机关标志的普发性公文和电报可以不加盖印章。

（十四）附注。公文印发传达范围等需要说明的事项。

（十五）附件。公文正文的说明、补充或者参考资料。

（十六）抄送机关。除主送机关外需要执行或者知晓公文内容的其他机关，应当使用机关全称、规范化简称或者同类型机关统称。

（十七）印发机关和印发日期。公文的送印机关和送印日期。

（十八）页码。公文页数顺序号。

第十条　公文的版式按照《党政机关公文格式》（GB/T 9704—2012）国家标准执行。

第十一条　公文使用的汉字、数字、外文字符、计量单位和标点符号等，按照有关国家标准和规定执行。民族自治地方的公文，可以并用汉字和当地通用的少数民族文字。

第十二条　公文用纸幅面采用国际标准 A4 型。特殊形式的公文用纸幅面，根据实际需要确定。

第四章　行文规则

第十三条　行文应当确有必要，讲求实效，注重针对性和可操作性。

第十四条　行文关系根据隶属关系和职权范围确定。一般不得越级行文，特殊情况需要越级行文的，应当同时抄送被越过的机关。

第十五条 向上级机关行文，应当遵循以下规则：

（一）原则上主送一个上级机关，根据需要同时抄送相关上级机关和同级机关，不抄送下级机关。

（二）党委、政府的部门向上级主管部门请示、报告重大事项，应当经本级党委、政府同意或者授权；属于部门职权范围内的事项应当直接报送上级主管部门。

（三）下级机关的请示事项，如需以本机关名义向上级机关请示，应当提出倾向性意见后上报，不得原文转报上级机关。

（四）请示应当一文一事。不得在报告等非请示性公文中夹带请示事项。

（五）除上级机关负责人直接交办事项外，不得以本机关名义向上级机关负责人报送公文，不得以本机关负责人名义向上级机关报送公文。

（六）受双重领导的机关向一个上级机关行文，必要时抄送另一个上级机关。

第十六条 向下级机关行文，应当遵循以下规则：

（一）主送受理机关，根据需要抄送相关机关。重要行文应当同时抄送发文机关的直接上级机关。

（二）党委、政府的办公厅（室）根据本级党委、政府授权，可以向下级党委、政府行文，其他部门和单位不得向下级党委、政府发布指令性公文或者在公文中向下级党委、政府提出指令性要求。需经政府审批的具体事项，经政府同意后可以由政府职能部门行文，文中须注明已经政府同意。

（三）党委、政府的部门在各自职权范围内可以向下级党委、政府的相关部门行文。

（四）涉及多个部门职权范围内的事务，部门之间未协商一致的，不得向下行文；擅自行文的，上级机关应当责令其纠正或者撤销。

（五）上级机关向受双重领导的下级机关行文，必要时抄送该下级机关的另一个上级机关。

第十七条 同级党政机关、党政机关与其他同级机关必要时可以联合行文。属于党委、政府各自职权范围内的工作，不得联合行文。

党委、政府的部门依据职权可以相互行文。部门内设机构除办公厅（室）外不得对外正式行文。

第五章　公文拟制

第十八条　公文拟制包括公文的起草、审核、签发等程序。

第十九条　公文起草应当做到：

（一）符合国家法律法规和党的路线方针政策，完整准确体现发文机关意图，并同现行有关公文相衔接。

（二）一切从实际出发，分析问题实事求是，所提政策措施和办法切实可行。

（三）内容简洁，主题突出，观点鲜明，结构严谨，表述准确，文字精炼。

（四）文种正确，格式规范。

（五）深入调查研究，充分进行论证，广泛听取意见。

（六）公文涉及其他地区或者部门职权范围内的事项，起草单位必须征求相关地区或者部门意见，力求达成一致。

（七）机关负责人应当主持、指导重要公文起草工作。

第二十条　公文文稿签发前，应当由发文机关办公厅（室）进行审核。审核的重点是：

（一）行文理由是否充分，行文依据是否准确。

（二）内容是否符合国家法律法规和党的路线方针政策；是否完整准确体现发文机关意图；是否同现行有关公文相衔接；所提政策措施和办法是否切实可行。

（三）涉及有关地区或者部门职权范围内的事项是否经过充分协商并达成一致意见。

（四）文种是否正确，格式是否规范；人名、地名、时间、数字、段落顺序、引文等是否准确；文字、数字、计量单位和标点符号等用法是否规范。

（五）其他内容是否符合公文起草的有关要求。

需要发文机关审议的重要公文文稿，审议前由发文机关办公厅（室）进行初核。

第二十一条　经审核不宜发文的公文文稿，应当退回起草单位并说明理由；符合发文条件但内容需作进一步研究和修改的，由起草单位修改后重新报送。

第二十二条 公文应当经本机关负责人审批签发。重要公文和上行文由机关主要负责人签发。党委、政府的办公厅（室）根据党委、政府授权制发的公文，由受权机关主要负责人签发或者按照有关规定签发。签发人签发公文，应当签署意见、姓名和完整日期；圈阅或者签名的，视为同意。联合发文由所有联署机关的负责人会签。

第六章 公文办理

第二十三条 公文办理包括收文办理、发文办理和整理归档。

第二十四条 收文办理主要程序是：

（一）签收。对收到的公文应当逐件清点，核对无误后签字或者盖章，并注明签收时间。

（二）登记。对公文的主要信息和办理情况应当详细记载。

（三）初审。对收到的公文应当进行初审。初审的重点是：是否应当由本机关办理，是否符合行文规则，文种、格式是否符合要求，涉及其他地区或者部门职权范围内的事项是否已经协商、会签，是否符合公文起草的其他要求。经初审不符合规定的公文，应当及时退回来文单位并说明理由。

（四）承办。阅知性公文应当根据公文内容、要求和工作需要确定范围后分送。批办性公文应当提出拟办意见报本机关负责人批示或者转有关部门办理；需要两个以上部门办理的，应当明确主办部门。紧急公文应当明确办理时限。承办部门对交办的公文应当及时办理，有明确办理时限要求的应当在规定时限内办理完毕。

（五）传阅。根据领导批示和工作需要将公文及时送传阅对象阅知或者批示。办理公文传阅应当随时掌握公文去向，不得漏传、误传、延误。

（六）催办。及时了解掌握公文的办理进展情况，督促承办部门按期办结。紧急公文或者重要公文应当由专人负责催办。

（七）答复。公文的办理结果应当及时答复来文单位，并根据需要告知相关单位。

第二十五条 发文办理主要程序是：

（一）复核。已经发文机关负责人签批的公文，印发前应当对公文的审批手续、内容、文种、格式等进行复核；需作实质性修改的，应当报原签批人复审。

（二）登记。对复核后的公文，应当确定发文字号、分送范围和印制份数并详细记载。

（三）印制。公文印制必须确保质量和时效。涉密公文应当在符合保密要求的场所印制。

（四）核发。公文印制完毕，应当对公文的文字、格式和印刷质量进行检查后分发。

第二十六条　涉密公文应当通过机要交通、邮政机要通信、城市机要文件交换站或者收发件机关机要收发人员进行传递，通过密码电报或者符合国家保密规定的计算机信息系统进行传输。

第二十七条　需要归档的公文及有关材料，应当根据有关档案法律法规以及机关档案管理规定，及时收集齐全、整理归档。两个以上机关联合办理的公文，原件由主办机关归档，相关机关保存复制件。机关负责人兼任其他机关职务的，在履行所兼职务过程中形成的公文，由其兼职机关归档。

第七章　公文管理

第二十八条　各级党政机关应当建立健全本机关公文管理制度，确保管理严格规范，充分发挥公文效用。

第二十九条　党政机关公文由文秘部门或者专人统一管理。设立党委（党组）的县级以上单位应当建立机要保密室和机要阅文室，并按照有关保密规定配备工作人员和必要的安全保密设施设备。

第三十条　公文确定密级前，应当按照拟定的密级先行采取保密措施。确定密级后，应当按照所定密级严格管理。绝密级公文应当由专人管理。

公文的密级需要变更或者解除的，由原确定密级的机关或者其上级机关决定。

第三十一条　公文的印发传达范围应当按照发文机关的要求执行；需要变更的，应当经发文机关批准。

涉密公文公开发布前应当履行解密程序。公开发布的时间、形式和渠道，由发文机关确定。

经批准公开发布的公文，同发文机关正式印发的公文具有同等效力。

第三十二条　复制、汇编机密级、秘密级公文，应当符合有关规定并经本机关负责人批准。绝密级公文一般不得复制、汇编，确有工作需要的，应当经发文机关或者其上级机关批准。

复制、汇编的公文视同原件管理。复制件应当加盖复制机关戳记。翻印件应当注明翻印的机关名称、日期。汇编本的密级按照编入公文的最高密级标注。

第三十三条 公文的撤销和废止，由发文机关、上级机关或者权力机关根据职权范围和有关法律法规决定。公文被撤销的，视为自始无效；公文被废止的，视为自废止之日起失效。

第三十四条 涉密公文应当按照发文机关的要求和有关规定进行清退或者销毁。

第三十五条 不具备归档和保存价值的公文，经批准后可以销毁。销毁涉密公文必须严格按照有关规定履行审批登记手续，确保不丢失、不漏销。个人不得私自销毁、留存涉密公文。

第三十六条 机关合并时，全部公文应当随之合并管理；机关撤销时，需要归档的公文经整理后按照有关规定移交档案管理部门。

工作人员离岗离职时，所在机关应当督促其将暂存、借用的公文按照有关规定移交、清退。

第三十七条 新设立的机关应当向本级党委、政府的办公厅（室）提出发文立户申请。经审查符合条件的，列为发文单位，机关合并或者撤销时，相应进行调整。

第八章 附则

第三十八条 党政机关公文含电子公文。电子公文处理工作的具体办法另行制定。

第三十九条 法规、规章方面的公文，依照有关规定处理。外事方面的公文，依照外事主管部门的有关规定处理。

第四十条 其他机关和单位的公文处理工作，可以参照本条例执行。

第四十一条 本条例由中共中央办公厅、国务院办公厅负责解释。

第四十二条 本条例自2012年7月1日起施行。1996年5月3日中共中央办公厅发布的《中国共产党机关公文处理条例》和2000年8月24日国务院发布的《国家行政机关公文处理办法》停止执行。

2. 国家税务总局关于修订《全国税务机关公文处理办法》的通知

税总厅发〔2022〕×号

国家税务总局各省、自治区、直辖市和计划单列市税务局，国家税务总局驻各地特派员办事处，局内各单位：

为了进一步规范税务公文处理工作，提高税务机关公文处理工作的质量和效率，切实改进文风，增强履职能力，根据税务总局党委深化巡视整改有关要求，结合全国税务系统公文处理工作实际，税务总局修订形成了《全国税务机关公文处理办法》，现印发给你们，请遵照执行。

附件：1. 国家税务总局发文字号
　　　2. 公文特定格式

国家税务总局

2022 年×月×日

（对税务系统内只发电子文件）

全国税务机关公文处理办法

第一章　总则

第一条　为了推进全国税务机关公文处理工作科学化、制度化、规范化，根据《中共中央办公厅 国务院办公厅关于印发〈党政机关公文处理工作条例〉的通知》（中办发〔2012〕14 号），结合税务机关公文处理工作实际，制定本办法。

第二条 本办法适用于全国税务系统各级党的组织和行政机关公文处理工作。

第三条 税务机关公文是税务机关实施领导、履行职能、处理公务的具有特定效力和规范体式的文书，是传达贯彻党和国家的方针政策，公布规章和规范性文件，指导、布置和商洽工作，请示和答复问题，报告、通报和交流情况等的重要工具。

第四条 公文处理工作是指公文拟制、办理、管理等一系列相互关联、衔接有序的工作。

第五条 公文处理工作应当坚持实事求是、准确规范、精简高效、安全保密的原则。

第六条 各级税务机关应当高度重视公文处理工作，加强组织领导，强化队伍建设，设立文秘部门或者由专人负责公文处理工作。

第七条 各级税务机关办公厅（室）主管本机关的公文处理工作，并对下级机关的公文处理工作进行业务指导和督促检查。

第八条 各级税务机关应当加强公文处理教育培训。全体税务干部应当学习掌握公文处理知识，提高公文处理能力。文秘人员应当忠于职守，具备相关专业知识。公文处理知识及规范应当作为各级各类税务干部教育培训和测试重要内容之一。

第九条 各级税务机关应当为公文处理工作创造必要的条件，不断改进办公手段，全面提升公文处理信息化水平，努力提高公文处理工作的质量和效率。

第二章　公文种类

第十条 税务机关的公文种类主要有：决议、决定、命令（令）、公告、通告、意见、通知、通报、报告、请示、批复、函、纪要。

第十一条 决议，适用于会议讨论通过的重大决策事项。

第十二条 决定，适用于对重要事项作出决策和部署、奖惩有关单位和人员、变更或者撤销下级机关不适当的决定事项。决定属下行文。

第十三条 命令（令），适用于依照有关法律、行政法规发布税务规章，宣布施行重大强制性行政措施，嘉奖有关单位及人员。发布税务规章，应当按照税务规章产生的程序进行。命令（令）属下行文，一般无主送、抄送。

第十四条　公告，适用于向国内外宣布重要事项或者法定事项。税务机关应当依照有关法律、法规、规章向国内外公布税务规范性文件和其他重要税收事项。公告应当公开发布，无主送、抄送。

第十五条　通告，适用于在一定范围内公布应当遵守或者周知的事务性事项。通告面向社会并具有一定的约束力，可采用张贴或媒体刊播的形式公布，无主送、抄送。

第十六条　意见，适用于对重要问题提出见解和处理办法。意见一般分为参考建议性意见、表明意向性意见、工作指导性意见。意见可以用于上行文、下行文和平行文。

第十七条　通知，适用于发布、传达要求下级机关执行和有关单位周知或者执行的事项，批转、转发公文。通知一般分为指示性通知、发布和转发性通知、事务性通知和知照性通知。通知主要是上级机关对下级机关行文时使用，属下行文；向有关单位知照某些事项时（如告知机构变更和召开会议等），也可作平行文使用。

第十八条　通报，适用于表彰先进，批评错误，传达重要精神和告知重要情况。通报分为表扬性通报、批评性通报和情况通报。通报属下行文。

第十九条　报告，适用于向上级机关汇报工作、反映情况，回复上级机关询问。报告根据内容分为综合性报告和专题性报告。报告属上行文。

第二十条　请示，适用于向上级机关请求指示、批准。请示一般分为政策性请示、问题性请示和事务性请示。请示属上行文。

第二十一条　批复，适用于答复下级机关请示事项。批复一般分为政策性批复、问题性批复和事务性批复。批复属下行文。上级机关批复下级机关的请示时，必须明确表态，若予否定，应写明理由。批复一般只送请示单位，若批复的事项需有关单位执行或者周知，可抄送有关单位。若请示的问题具有普遍性，可使用通知或其他文种行文，不再单独批复请示单位。

上级税务机关对下级税务机关有关特定税务行政相对人的特定事项如何适用法律、法规、规章或者税务规范性文件的请示所作的批复，需要普遍适用的，应当按照《税务规范性文件制定管理办法》的规定另行制定税务规范性文件。

第二十二条　函，适用于不相隶属机关之间商洽工作、询问和答复问题、请求批准和答复审批事项。函分为商洽函、询问函、请求批准函、答复函、告知函。函属平行文，有隶属关系的上下级机关之间不得使用函。请求批准函仅用于向平级机关或有关主管部门请求批准相关事项。

第二十三条 纪要，适用于记载会议主要情况和议定事项。国家税务总局的会议纪要分为党委会议纪要、局务会议纪要、局长办公会议纪要、局领导专题会议纪要和××领导小组会议纪要等。

第三章 公文格式

第二十四条 公文一般由份号、密级和保密期限、紧急程度、发文机关标志、发文字号、签发人、标题、主送机关、正文、附件说明、发文机关署名、成文日期、印章、附注、附件、抄送机关、承办部门名称、印发部门名称和印发日期、页码等组成。

第二十五条 份号。公文印制份数的顺序号。涉密公文应当标注份号。份号一般用6位3号阿拉伯数字，顶格编排在版心左上角第一行。

第二十六条 密级和保密期限。公文的秘密等级和保密的期限。涉密公文应当根据涉密程度分别标注“绝密”“机密”“秘密”和保密期限。密级和保密期限一般用3号黑体字，顶格编排在版心左上角第二行，标注为“密级★保密期限”。保密期限中的数字用阿拉伯数字标注。

对不属于国家秘密，但属于税务工作秘密的公文，应当在文件首页版心左上方用3号黑体字顶格标注“内部”字样，并在附注位置明确相应管理要求。

第二十七条 紧急程度。公文送达和办理的时限要求。根据紧急程度，紧急公文应当分别标注“特急”“加急”，电报应当分别标注“特提”“特急”“加急”“平急”。公文的紧急程度一般用3号黑体字，顶格编排在公文首页版心左上角。如需同时标注份号、密级和保密期限、紧急程度，按照份号、密级和保密期限、紧急程度的顺序自上而下分行排列。

紧急公文中的“特急”是指：内容重要并特别紧急，已临近规定的办结时限，需特别优先传递处理的公文。“加急”是指：内容重要并紧急，需打破工作常规，优先传递处理的公文。

电报中的“特提”，适用于要求即刻办理的十分紧急事项，注明“特提”等级的电报，发电单位要提前通知收文单位机要部门；“特急”适用于2日内要办的紧急事项；“加急”适用于4日内要办的较急事项；“平急”适用于6日内要办的稍缓事项。

第二十八条　发文机关标志。由发文机关全称或者规范化简称加“文件”二字组成，也可以使用发文机关全称或者规范化简称。发文机关标志居中排布，上边缘至版心上边缘为35mm。发文机关标志一般使用小标宋体字，颜色为红色，以醒目、美观、庄重为原则。

联合行文时，发文机关标志可以并用联合发文机关名称，也可以单独用主办机关名称。需要同时标注联合发文机关名称的，一般应使主办机关名称在前，如有“文件”二字置于发文机关名称右侧，以联署发文机关名称为准上下居中排布。

第二十九条　发文字号。由发文机关代字、年份、发文顺序号组成，编排在发文机关标志下空二行位置，居中排布。年份、发文顺序号用阿拉伯数字标注；年份应标全称，用六角括号“〔〕”括入；发文顺序号不加“第”字，不编虚位（即1不编为01），在阿拉伯数字后加“号”字。上行文的发文字号居左空一字编排，与最后一个签发人姓名处在同一行。发文字号之下4mm处居中印一条与版心等宽的红色分隔线。

联合行文时，使用主办机关的发文字号。

明码、密码电报由办公厅（室）按明电和密电的有关规定分别编号处理。

国家税务总局各省、自治区、直辖市和计划单列市税务局，国家税务总局驻各地特派员办事处的发文字号，可参照国家税务总局发文字号（附件1），根据工作需要确定。

第三十条　签发人。上行文应当标注签发人姓名。签发人由“签发人”三字加全角冒号和签发人姓名组成，居右空一字，与发文字号平行，编排在发文机关标志下空二行位置。“签发人”三字用3号仿宋体字，签发人姓名用3号楷体字标注。

如有多个签发人，签发人姓名按发文机关的排列顺序从左到右、自上而下依次均匀编排，一般每行排两个姓名，回行时与上一行第一个签发人姓名对齐。

第三十一条　标题。由发文机关名称、发文事由和文种组成，应当准确简要地概括公文的主要内容并标明公文种类。公文标题中除法律、法规、规章和规范性文件名称加书名号外，一般不用标点符号。

转发公文，标题一般为：本机关名称+转发+被转发文件的标题+的通知；多层转发的，根据主要事由自拟标题，但标题中应含“转发”字样；不得以被转发文件的发文字号作为标题。

标题一般用 2 号小标宋体字，编排于红色分隔线下空二行位置，分一行或多行居中排布；回行时，应当做到词意完整、排列对称、长短适宜、间距恰当，标题排列应使用梯形或菱形。

第三十二条 主送机关。公文的主要受理机关，应当使用机关全称、规范化简称或者同类型机关统称。编排于标题下空一行位置，居左顶格，回行时仍顶格，最后一个机关名称后标全角冒号。如机关名称过多导致公文首页不能显示正文时，应将主送机关名称移至版记部分。

主送或者抄送税务机关时，统一使用全称。涉及部分省级税务机关并列时，一般按照行政区划排序，党委文件统一表述为：中共国家税务总局××、××、××省（区、市）税务局委员会；行政文件统一表述为：国家税务总局××、××、××省（区、市）税务局。

第三十三条 正文。公文的主体，用来表述公文的内容。公文首页必须显示正文，使用 3 号仿宋体字，编排于主送机关名称下一行，每个自然段左空二字，回行顶格。文中结构层次序数依次可以用“一、”“（一）”“1.”“（1）”标注；标题一般第一层用黑体字、第二层用楷体字、第三层和第四层用仿宋体字标注。

第三十四条 附件说明。公文附件的顺序号和名称。如有附件，在正文下空一行左空二字位置编排“附件”二字，后标全角冒号和附件名称。如有多个附件，使用阿拉伯数字标注附件顺序号（如“附件：1. ×××”）；附件名称后不加标点符号。附件名称较长需回行时，应与上行附件名称的首字对齐。

正文标题中已经标明所印发、转发的公文标题或主要内容的，文末不再将所印发或转发的公文列为附件。

第三十五条 发文机关署名。署发文机关全称或者规范化简称。

单一机关行文时，在成文日期之上、以成文日期为准居中编排发文机关署名。联合行文时，应将各发文机关署名按发文机关顺序整齐排列在相应位置。

第三十六条 成文日期。署会议通过或者发文机关负责人签发日期。联合行文时，署最后签发机关负责人的签发日期。

成文日期一般右空四字编排于发文机关署名之下，用阿拉伯数字将年、月、日标全，年份应标全称，月、日不编虚位（即1不编为01）。

第三十七条　印章。公文中有发文机关署名的，应当加盖发文机关印章，并与署名机关相符。印章用红色，不得出现空白印章。

单一机关行文时，印章端正、居中下压发文机关署名和成文日期，使发文机关署名和成文日期居印章中心偏下位置，印章顶端应上距正文（或附件说明）一行之内。

联合行文时，应使印章与各发文机关署名一一对应，端正、居中下压发文机关署名，最后一个印章端正、居中下压发文机关署名和成文日期，印章之间排列整齐、互不相交或相切，每排印章两端不得超出版心，首排印章顶端应上距正文（或附件说明）一行之内。

公文排版后所剩空白处不能容下印章或签发人签名章、成文日期时，应当对行距、字距进行调整。

电报应当署签发人姓名，不需加盖发文机关印章，但应当在电报首页右上角“签批盖章”处加盖机关“发电专用章”。

已启用电子印章的税务机关，对电子公文应当加盖电子印章。

第三十八条　附注。公文印发传达范围、联系人等需要说明的事项。居左空二字加圆括号编排在成文日期下一行。

信息公开选项作为附注，用3号黑体字，顶格编排在文件首页或者左空一字编排在版记之上。

第三十九条　附件。公文正文的说明、补充或者参考资料。附件应另面编排，并在版记之前，与公文正文一起装订。“附件”二字及附件顺序号用3号黑体字顶格编排在版心左上角第一行。附件标题居中编排在版心第三行。附件顺序号和附件标题应与附件说明的表述一致。附件格式要求同正文。

附件与正文不能一起装订的，应在附件左上角第一行顶格编排公文的发文字号并在其后标注“附件”二字及附件顺序号。

第四十条　抄送机关。除主送机关外需要执行或者知晓公文内容的其他机关，应当使用全称、规范化简称或者同类型机关统称。

抄送机关按上级机关、平级机关、下级机关次序排列；同级机关之间一般按照党委、人大、政府、政协、监委、军队、法院、检察院、人民团体、民主党派等次序排列。

抄送机关应当根据工作需要确定，不得随意扩大范围。

抄送机关编排在公文最后一页的下方位置。一般用 4 号仿宋体字，在印发部门和印发日期之上一行、左右各空一字编排。“抄送”二字后加全角冒号和抄送机关名称，回行时与冒号后的首字对齐，最后一个抄送机关名称后标句号。

如需把主送机关移至版记，除将“抄送”二字改为“主送”外，编排方法同抄送机关。既有主送机关又有抄送机关时，应将主送机关置于抄送机关之上一行，之间不加分隔线。

第四十一条 承办部门、印发部门和印发日期。一般用 4 号仿宋体字，编排在末条分隔线之上，承办部门左空一字，印发部门和印发日期右空一字，用阿拉伯数字将年、月、日标全，年份应标全称，月、日不编虚位（即 1 不编为 01），后加“印发”二字。

第四十二条 页码。公文页数顺序号。一般用 4 号半角宋体阿拉伯数字，编排在公文版心下边缘之下，数字左右各放一条一字线；一字线上距版心下边缘 7mm。单页码居右空一字，双页码居左空一字。公文的版记页前有空白页的，空白页和版记页均不编排页码。公文的附件与正文一起装订时，页码应当连续编排。

第四十三条 公文的版记一般包括两个要素：抄送机关，承办部门名称、印发部门名称和印发日期。

版记中如有其他要素，应当将其与承办部门、印发部门和印发日期用一条细分隔线隔开。

版记中的分隔线与版心等宽，首条分隔线和末条分隔线用粗线（0. 35mm），中间的分隔线用细线（0. 25mm）。首条分隔线位于版记中第一个要素之上，末条分隔线与公文最后一面的版心下边缘重合。

第四十四条 公文的版式按照《党政机关公文格式》（GB/T 9704—2012）国家标准执行。

文字从左至右横写、横排。一般每面排 22 行，每行排 28 个字，并撑满版心，特定情况可以作适当调整。

如无特殊说明，公文格式各要素的字体和字号一般采用 3 号仿宋体字。特定情况可以作适当调整。

如无特殊说明，公文中文字的颜色均为黑色。

根据公文格式的一般规定，设置相关公文特定格式（附件2）。

第四十五条　公文使用的汉字、数字、外文字符、计量单位和标点符号等，按照有关国家标准和规定执行。民族自治地方的公文，可以并用汉字和当地通用的少数民族文字。

第四十六条　公文用纸幅面采用国际标准A4型。特殊形式的公文用纸幅面，根据实际需要确定。

第四章　行文规则

第四十七条　行文应当确有必要，讲求实效，注重针对性和可操作性。要严格落实中央八项规定及其实施细则精神，坚决反对形式主义，切实改进文风，进一步精简文件，严格控制篇幅，遵循不同类型文件字数要求。

法律、法规中已有明确规定的，不再制发文件；现行文件规定仍然适用的，不再重复发文；已标注公开发布的文件，不再翻印；机关负责人的讲话，一般在内网发布，不以正式公文形式下发；对使用电话、内部网站等途径可以办理的事项，不发正式公文；贯彻落实上级文件除有明确要求的外，不再制定贯彻落实意见及其实施细则；除全局性重要工作外，一般性工作不下发通报。

第四十八条　各级税务机关应当根据隶属关系和工作需要，在职权范围内行文。涉及其他单位职权范围的，应当会签有关单位或者联合行文。

第四十九条　各级税务机关一般不得越级行文。因特殊情况（如重大灾害、重大案件、重大事故等）必须越级行文时，应当抄送被越过的上级机关（下级机关反映其直接上级机关和领导人问题的除外）。上级机关批复越级上报的请示时，也应当抄送被越过的机关。

第五十条　向上级机关行文，应当遵循以下规则：

（一）原则上主送一个上级机关，根据需要同时抄送相关上级机关和同级机关，不抄送下级机关。

（二）下级税务机关向上级税务机关请示、报告重大事项，应当同时遵循本级党委、政府的有关规定；属于职权范围内的事项应当直接报送上级税务机关。

（三）下级机关的请示事项，如需以本机关名义向上级机关请示，应当提出倾向性意见后上报，不得原文转报上级机关。

（四）请示必须在事前，应当一文一事，不得在报告等非请示性公文中夹带请示事项。正文末应当有请示语。

（五）除上级机关负责人直接交办事项外，不得以本机关名义向上级机关负责人报送公文，不得以本机关负责人名义向上级机关报送公文。

（六）受双重领导的机关向一个上级机关行文，必要时抄送另一个上级机关。

（七）在公文附注处注明联系人的姓名和电话。

第五十一条 向下级机关行文，应当遵循以下规则：

（一）主送受理机关，根据需要抄送相关机关。重要行文应当同时抄送发文机关的直接上级机关。

（二）各级税务机关不得向下级党委、政府发布指令性公文或者在公文中向下级党委、政府提出指令性要求。需经政府审批的具体事项，经政府同意后可以由税务机关行文，文中须注明已经政府同意。

各级税务机关可以以函的形式向下一级政府行文，商洽工作、询问和答复问题、审批事项。

（三）涉及其他部门职权范围内的事务，未协商一致的，不得向下行文；擅自行文的，上级税务机关应当责令其纠正或者撤销。

（四）上级机关向受双重领导的下级机关行文，必要时抄送该下级机关的另一个上级机关。

第五十二条 各级税务机关可以与同级党政各部门、下一级党委政府、相应的军队机关、同级人民团体和具有行政职能的事业单位联合行文。联合行文应当明确主办单位。

第五十三条 各级税务机关在职权范围内，可以向其他党政部门行文。

第五十四条 各级税务机关的办公厅（室）根据授权可以代表本级机关行文。

第五十五条 各级税务机关的内设机构除办公厅（室）和法律规定具有独立执法权的机构外不得对外正式行文。

第五十六条 各级税务机关的内设机构根据工作需要，在规定的职权范围内，向上、下级税务机关的内设机构和其他机关的有关内设机构行非正式公文时使用便函，机关内设机构之间根据工作需要也可以使用便函。便函不得以“国家税务总局×××省（自治区、直辖市、计划单列市）税务局”为行文对象。

便函适用于商洽工作，通报情况，询问和答复一般事务性问题，安排其他一般性、事务性、临时性内部工作。

便函不得发布行政许可、行政审批、行政处罚等事项；不得规定税务系统内部管理审批事项；不得进行税收政策解释；不得进行税收征管问题解释；不得部署直接面向纳税人的具体税收征管工作；不得部署检查、调查、核查纳税人工作；不得发布书刊征订等事宜。

税务机关各内设机构所发便函的版头，由税务机关名称和内设机构名称组成，不加“文件”字样。便函的发文字号按内设机构代字自行编号，成文日期上署内设机构名称，加盖内设机构印章，无版记。

第五十七条　对于人大代表的议案、建议和政协委员的提案，各级税务机关应当按照各级人大、政协规定的程序、时限、格式等要求办理。

第五十八条　全国税务系统党的组织和行政机关的发文机关标志、发文字号和印章不得混用。

税务系统内部，除特殊情况外，党的组织和行政机关之间一般不交叉行文。

第五章　公文拟制

第五十九条　公文拟制包括公文的起草、审核、签发等程序。

第六十条　公文起草应当做到：

（一）符合党的路线方针政策和国家法律法规，完整准确体现发文机关意图，并同现行有关公文相衔接。

（二）一切从实际出发，分析问题实事求是，所提政策措施和办法切实可行。

（三）内容简洁，主题突出，观点鲜明，结构严谨，表述准确，文字精炼。

（四）文种正确，格式规范。

（五）深入调查研究，充分进行论证，广泛听取意见。

（六）公文涉及其他部门职权范围内的事项，起草单位必须征求相关部门意见，力求达成一致。

（七）机关负责人应当主持、指导重要公文起草工作。

第六十一条 拟制紧急公文，应当体现紧急的原因，根据实际需要标明紧急程度，于拟发文时间前2个工作日送办公厅（室）审核；有特殊时限要求的，主办部门全程跟踪办理。

向下级布置工作或下达任务的紧急公文，应当在文中明确合理的时限要求。

制发需要税务系统尽快层层落实或上报材料的涉密文件，应当为基层预留必要的文件运转时间，对于特别紧急事项，可以密码电报形式制发。

第六十二条 公文起草后，主办部门的有关人员和负责人应当进行审核。审核的重点是：

（一）是否符合党的路线方针政策和国家法律法规，提出新的政策、规定和措施等是否可行。

（二）是否需要会签其他职能部门或者有关单位。

（三）公文文种的选用是否适当，拟制的公文是否符合行文规则和公文格式的有关要求。

（四）文稿的结构是否严谨，层次是否清楚，观点是否正确，情况是否真实，数据是否准确等。

第六十三条 本机关主办部门起草的公文，涉及其他内设机构职权范围内的事项，主办部门应当主动与有关职能部门协商、会签。

第六十四条 凡需会签的公文，主办部门应当与会办部门取得一致意见后行文。

（一）办文如有意见分歧，主办部门应当主动与会办部门协商，会办部门应当予以配合。经协商不能取得一致意见的，主办部门应当列明各方意见及理由和依据，提出建设性意见，并与有关部门会签后报请机关负责人协调或裁定。

（二）对会签的公文，会办部门如无不同意见，由部门负责人签署姓名和日期；如有不同意见，应当提出书面会签意见，经会办部门负责人签字后送主办部门。重要公文由会办部门主要负责人会签。主要负责人外出时可授权其他负责人会签，其他负责人应在会签栏注明“已向主要负责人报告”。

（三）遇有重大问题的会签公文，会办部门应当充分讨论后提出会签意见。

（四）对会签的公文，应当由主办部门根据办文需要和会办部门工作实际，明确办理时限。无时限要求的，会办部门一般应当在2个工作日内提出会签意见。加急件应当在1个工作日内会签，特急件应当随到随签。

第六十五条　本机关起草的公文，涉及其他单位职权范围的，应商得其他单位同意或征求意见。会签前，本机关负责人应当在发文处理单签发栏内明确签署意见，再送有关单位。需紧急办理的，可派人持会签文直接送该单位。如需会签的单位较多，可将会签文复印后分头送达。

如会签单位返回修改意见，本机关对起草的公文作出相应调整的，应当再次送本机关负责人明确签署意见。

第六十六条　对外单位主办的联合行文和外单位来会签的公文，应当由办公厅（室）提出拟办意见交有关部门办理。本机关主办部门对来文应当按办文程序提出会签意见，报机关负责人审签后，将会签文稿复印一份备查。

对外单位主办的联合行文和外单位来会签的公文，如无不同意见，由机关负责人签署姓名和日期；如有修改意见，应当在来文中进行修改，并征得来文单位同意后，由机关负责人签署姓名和日期；如不同意会签，机关负责人不签署姓名，并由主办部门向来文单位说明理由，将来文退回。

第六十七条　公文文稿签发前，应当由办公厅（室）进行审核。审核的重点是：

（一）行文理由是否充分，行文依据是否准确。

（二）内容是否符合党的路线方针政策和国家法律法规；是否完整准确体现发文机关意图；是否同现行有关公文相衔接；所提政策措施和办法是否切实可行。

（三）涉及有关部门职权范围内的事项是否经过充分协商并达成一致意见。

（四）文种是否正确，格式是否规范；人名、地名、时间、数字、段落顺序、引文等是否准确；文字、数字、计量单位和标点符号等用法是否规范。

（五）其他内容是否符合公文起草的有关要求。

需要发文机关审议的重要公文文稿，审议前由办公厅（室）进行初核。

第六十八条　经审核不宜发文的公文文稿，应当退回起草部门并说明理由；符合发文条件但内容需作进一步研究和修改的，由起草部门修改后重新报送。

第六十九条　以机关名义制发的公文，由机关负责人签发。

（一）对应当集体审议或者传批审定的公文，由主要负责人或者主要负责人授权的其他负责人签发。

（二）以本机关名义制发的上行文，由主要负责人或者主持工作的负责人签发。

（三）以本机关名义制发的平行文或下行文，由其他负责人签发，重要事项报主要负责人签发。

（四）本机关主办与其他单位联合制发或者会签的公文，由本机关主办部门分管负责人签发，涉及重要事项的，由分管负责人审核后报主要负责人签发。

（五）本机关协办与其他单位联合制发或者会签的公文，按照对等原则，由本机关主办部门分管负责人或者主要负责人签发，涉及重要事项的，须报主要负责人审核同意后签发。

（六）纪要由会议主持人签发。

（七）电报的签发按照《税务系统密码电报使用和管理规定》执行。

（八）拟稿人不得签发自己草拟的公文。

第七十条 以办公厅（室）名义代表本机关制发的公文，由其他负责人或者授权的办公厅（室）负责人签发，重要事项须报主要负责人审核同意后签发。

第七十一条 签发人签发公文，应当签署意见、姓名和完整日期；圈阅或者签名的，视为同意。联合发文由所有联署机关的负责人会签。

（一）未经办公厅（室）审核的公文，机关负责人不予签发。

（二）文稿核准签发后即为定稿，未经签发人同意，不得改动。

（三）签发公文应当符合存档要求。不得使用圆珠油笔和铅笔，不得使用蓝黑色和黑色以外其他颜色的墨水。

第六章　发文办理

第七十二条 发文办理指以本机关名义制发公文的过程，包括复核、编号、校对、印制、用印、登记、封发等程序。

第七十三条 办公厅（室）应当在公文正式印制和发出前进行复核。复核的重点是：审批、签发手续是否完备，附件材料是否齐全，格式是否统一、规范等。不符合要求的公文，不予缮印和发出。

经复核需要对文稿进行实质性修改的，应当提请签发人复审并签名。

第七十四条　公文签发后，由办公厅（室）统一编排文号。文号应当连续编排。编号后取消发文的，原文号重新使用；跨年度取消发文的，原文号不再使用。

第七十五条　主办部门应当提供需印制的公文电子版，并以签发公文的原稿为蓝本，同清样进行校对。

校对的重点是：校正与原稿不符的部分；补正被遗漏的部分；校正错别字词；校正标点符号、公式、图表方面的错漏；纠正格式方面的差错；查找公文中的疏漏。

校对应当使用国家专业标准《校对符号及其用法》中规定的符号。

公文的校对，有时限要求的，按照时限要求完成；没有时限要求，应在1个工作日内完成。

第七十六条　对已签发公文，由办公厅（室）按照规定的标准格式统一印制。

（一）印制文件以负责人签发的原稿为依据，不得改动。

（二）公文制版应当版面干净无底灰，字迹清楚无断划，尺寸标准，版心不斜，误差不超过1mm。

（三）公文应当左侧装订，不掉页，两页页码之间误差不超过4mm，裁切后的成品尺寸允许误差±2mm，四角成90°，无毛茬或缺损。骑马订或平订的公文应当：

1. 订位为两钉外订眼距版面上下边缘各70mm处，允许误差±4mm。

2. 无坏钉、漏钉，钉脚平伏牢固。

3. 骑马订钉锯均订在折缝线上，平订钉锯与书脊间的距离为3mm~5mm。

包本装订公文的封皮（封面、书脊、封底）与书芯应吻合、包紧、包平、不脱落。

（四）涉密公文应当在符合保密要求的场所印制。

第七十七条　印制成正式文本的公文，由办公厅（室）统一加盖印章。

（一）检查原稿上有无负责人签字。有负责人签字并确认符合规定的，方可在制成的公文上加盖印章。

（二）加盖印章的公文份数是否与原稿标明印刷份数相同，多余份数不加盖印章。

（三）印模效果应呈正面图样，清晰端正。

第七十八条 公文印成发出前，办公厅（室）应当对所发公文的份数、序号及发往单位、日期、文号、标题、密级、附件和封发情况等进行登记。

第七十九条 制成的公文登记后，办公厅（室）应当按主送、抄送去向分别装封和发出。封发时应注意以下几点：

（一）清点公文份数。

（二）对发送范围、密级、时限、有无附件、是否用印等逐项检查，准确无误后再装封。

（三）收件机关的名称、地址、邮编要书写准确、清晰。

（四）对于密件、急件，要在封套上标注密级、紧急程度并进行登记。

（五）装封时，封口要严，不得用书钉装订，不得粘住封内公文。

第八十条 涉密公文应当通过机要交通、邮政机要通信、城市机要文件交换站或者收发件机关机要收发人员进行传递，通过密码电报或者符合国家保密规定的计算机信息系统进行传输。

第八十一条 公文发出后，因发现错误需要追回的，办公厅（室）应当及时通知发送范围内的所有单位，有关单位应当配合做好公文收回工作。

第七章　收文办理

第八十二条 收文办理指对收到公文的处理过程，包括签收、审核、登记、拟办、批办、承办、传阅、催办、答复等程序。

第八十三条 收文人员收到公文后，应当在对方投递单或送文簿上签字以示收到。签收时要注意以下几点：

（一）清点实收文件，与对方的投递单或送文簿核对，查看是否相符，包装和封口是否牢固，确认无误后再签收。

（二）如发现错投应当及时退回或转投，有散包或被拆后重封等现象的应当立即追查原因。

（三）收到绝密级公文后，必须在机要室存放并专人保管。

（四）本机关内设机构收到外单位来文应当交办公厅（室）签收。

第八十四条 对下级税务机关上报并需要办理的公文，办公厅（室）应当对来文的合法性、规范性进行审核。

来文出现以下情况的，应予退回并说明理由：不应当由本机关办理的；

与有关法律、法规及规章相抵触的；文种使用不当，违反行文规则的；上行文未注明签发人的；文头与机关代字不相符的；用印有误，未注明附件或附件有缺漏的；其他违反《党政机关公文处理工作条例》或本办法的。

对来文标有“特急”或“加急”字样的，收文部门应当优先进行审核，及时送下一环节办理。

第八十五条　公文签收、审核无误后，收文人员应当对来文进行登记。登记的内容主要包括：收文编号、日期、来文机关、文号、标题、密级、保密期限、紧急程度、附件、份数、处理情况等。

第八十六条　经签收、登记后，需要本机关办理的公文，应当由办公厅（室）提出拟办意见。拟办意见应当明确、具体。需要2个以上部门办理的公文，应当明确主办部门。紧急公文，应当明确办理时限。

一般性公文由办公厅（室）提出拟办意见后，送承办部门办理；重要公文由办公厅（室）提出拟办意见后，呈机关负责人批办。

第八十七条　机关负责人对办公厅（室）呈请批示的公文应当提出批办意见。如对拟办意见无异议，负责人圈阅视为同意。如拟办意见为呈请负责人阅示的，或者对拟办意见有补充以及不同意拟办意见的，负责人应当作出明确的批示。

第八十八条　承办部门收到交办的公文后应当及时办理，不得延误、推诿，在规定的时限内办理完毕。紧急公文应当按时限要求优先办理，确有困难的，应当及时向交办的办公厅（室）说明。对不属于本单位职权范围或者不宜由本单位办理的，应当及时退回交办的办公厅（室）并说明理由。

第八十九条　公文办理中遇有涉及其他部门职权范围内的事项，主办部门应当主动与有关部门协商。如有分歧，主办部门主要负责人要出面协调，如仍不能取得一致意见，报请本机关负责人协调或者裁定。

第九十条　阅知性公文，根据领导批示和工作需要将公文及时送传阅对象阅知或者批示。办理公文传阅应当随时掌握公文去向，不得漏传、误传、延误。

第九十一条　对有具体请示事项的收文，主批人应当明确签署意见、姓名和审批日期，其他审批人圈阅视为同意；没有请示事项的，圈阅表示已阅知。

第九十二条　经机关负责人批示或者交有关部门办理的公文，办公厅（室）要负责督查催办。紧急公文应当跟踪督查催办，重要公文应当重点督查催办，一般公文应当定期督查催办。

第九十三条 公文的办理结果应当及时答复来文单位，并根据需要告知相关单位。明确需要书面答复的，应予书面答复。

第八章 公文归档

第九十四条 公文办理完毕后，应当根据《中华人民共和国档案法》及档案管理有关规定，及时将公文定稿、正本和有关材料交本部门文秘人员整理、归档。

个人不得保存应当归档的公文。

第九十五条 归档范围内的公文，应当根据其相互联系、特征和保存价值等进行整理，保证归档公文的齐全、完整，准确反映本机关的主要工作情况，便于保管和利用。

第九十六条 归档范围内的公文，应当以“件”为单位进行分类、排列、编号、编目、装订、装盒。首页右上部空白处加盖“归档章”，打印文件目录。

归档文件整理的具体方法，按照全国档案行业标准《归档文件整理规则》的规定执行。

第九十七条 联合办理的公文，原件由主办机关整理、归档，其他机关保存复制件或其他形式的公文副本。

第九十八条 本机关负责人兼任其他机关职务，在履行所兼职责过程中形成的公文，由其兼职机关整理、归档。

第九十九条 税务机关公文的归档范围和保管期限，按照档案管理的有关规定执行。每年6月30日前将本部门上一年度办理完毕的公文、材料整理后集中向本机关档案管理部门移交。

第一百条 拟制、修改和签批公文，书写及所用纸张和字迹材料应当符合存档要求。归档公文的用纸应当是中性纸，字迹材料应当是墨汁、碳素或蓝黑墨水。

第九章 公文管理

第一百零一条 各级税务机关应当建立健全本机关公文管理制度，确保管理严格规范，充分发挥公文效用。

第一百零二条 税务机关公文由办公厅（室）或者专人统一管理。县以上税务机关应当建立机要保密室和机要阅文室，并按照有关保密规定配备工作人员和必要的安全保密设施设备。

第一百零三条　公文确定密级前，应当按照拟定的密级先行采取保密措施。确定密级后，应当按照所定密级严格管理。绝密级公文应当由专人管理。公文的密级需要变更或者解除的，由原定密机关或者其上级机关决定。

公文涉及工作秘密的，应当按照税务工作秘密有关规定进行管理和使用。

第一百零四条　公文的印发传达范围应当按照发文机关的要求执行；需要变更的，应当经发文机关批准。

第一百零五条　传递涉密公文，必须采取保密措施，确保安全。

第一百零六条　复制、汇编机密级、秘密级公文，应当符合有关规定并经本机关负责人批准。绝密级公文一般不得复制、汇编，确有工作需要的，应当经发文机关或者其上级机关批准。复制、汇编的公文视同原件管理。

复制件应当加盖复制机关戳记。翻印件应当注明翻印的机关名称、日期。汇编本的密级按照编入公文的最高密级标注。

第一百零七条　涉密公文应当按照发文机关的要求和有关规定进行清退或者销毁。

第一百零八条　不具备归档和保存价值的公文，经批准后可以销毁。销毁涉密公文必须严格按照有关规定履行审批登记手续，确保不丢失、不漏销。个人不得私自销毁、留存涉密公文。

第一百零九条　各级税务机关报送上级税务机关的公文，不得同时报送上级税务机关的内设机构；邮寄时，收件人（单位）应与公文主送单位一致。各地税务机关报送国家税务总局的公文，数量为1份。

第一百一十条　公文公开发布的时间、形式和渠道，由发文机关确定。涉密公文公开发布前应当履行解密程序。经批准公开发布的公文，同发文机关正式印发的公文具有同等效力，各级税务机关可以不再行文。同时，发文机关应当印制少量文本，供存档备查。

第一百一十一条　公文的撤销和废止，由发文机关、上级机关或者权力机关根据职权范围和有关法律法规决定。公文被撤销的，视为自始无效；公文被废止的，视为自废止之日起失效。

第一百一十二条　机关合并时，全部公文应当随之合并管理；机关撤销时，需要归档的公文经整理后按照有关规定移交档案管理部门。

工作人员离岗离职时，所在机关应当督促其将暂存、借用的公文按照有关规定移交、清退。

第一百一十三条 新设立的机关应当向上级税务机关办公厅（室）和本级党委、政府的办公厅（室）提出发文立户申请；机关合并或者撤销时，相应进行调整。

第十章 电子公文

第一百一十四条 电子公文是指在计算机网络系统中形成的具有规范格式的公文的电子数据。税务机关制发的电子公文在税务系统内部具有行政效力，可以作为本系统、本机关内部处理公务的依据。

第一百一十五条 各级税务机关应当通过税务系统内部建立的电子公文系统，按照本办法和有关规定进行电子公文的拟制、办理、管理和归档。

电子公文系统的管理由各级税务机关办公厅（室）负责；技术支持与维护由各级税务机关的信息技术部门负责。

第一百一十六条 税务系统内部非涉密公文，发电子公文，其中作为执法依据的，同时发纸质公文。既有电子公文，又有纸质公文的，以纸质公文为准。

不便于用电子公文方式传输的，可以只发送纸质公文。

第一百一十七条 电子公文在归档时应当对标题、发文字号、发文日期、发文单位、密级、保密期限、类别、保管期限进行标引。有相应纸质公文的，还应标引纸质公文的档号。

第一百一十八条 公文处理系统中形成的电子公文数据应当备份。

第十一章 附则

第一百一十九条 税务专业文书、执法文书按有关规定处理。外事方面的公文，按照外事主管部门的有关规定处理。

第一百二十条 国家税务总局各省、自治区、直辖市和计划单列市税务局，国家税务总局驻各地特派员办事处可以根据本办法，结合本地区公文处理工作的实际，制定本单位公文处理的具体办法。

第一百二十一条 本办法由国家税务总局办公厅负责解释。

第一百二十二条 本办法自印发之日起施行。《国家税务总局关于印发〈全国税务机关公文处理办法〉的通知》（国税发〔2012〕92号）停止执行。

附件 1

国家税务总局发文字号

一、国家税务总局党的组织发文字号包括：

1. 税总党委发〔公元年份〕×号。适用于：向上级党的机关请示、报告和提出意见；制定税务总局党委重要工作制度；向下级党委部署重要工作等；转发上级党的机关的重要文件。

2. 税总党委函〔公元年份〕×号。适用于：向下级党委部署一般事务性工作；与平级党的机关商洽事宜、回复意见或者报送需平级党的机关核批的事项等；转发上级党的机关的一般文件和平级党的机关的文件。

3. 税总党委任〔公元年份〕×号。适用于：任免干部党内职务。

4. 税总党委办发〔公元年份〕×号。适用于：印发省级税务局、副省级城市税务局“三定”方案；代表税务总局党委向下级党委部署阶段性、临时性、日常性事务工作等。

5. 税总党委办函〔公元年份〕×号。适用于：印发税务机构的设置、变动批复文件；税务总局党委各职能部门与平级党的机关内设机构商洽事宜、报送情况；征求下级党委意见；下发税务总局党委组织的重要会议、培训(包括视频）通知等。

二、国家税务总局行政公文发文字号包括：

1. 税总××发〔公元年份〕×号。适用于：向上级机关请示、报告和提出意见；向下级机关部署全局性税收工作，制定工作制度，提出指导性意见；下达年度税务经费安排；对税收收入、重要工作、重大事件的情况通报；对下级机关或个人给予重大奖励、表彰或批评、惩处；转发上级机关的重要文件；与平级机关或有关团体单位的联合发文；其他有关重要事项的通知。

2. 税总××函〔公元年份〕×号。适用于：向下级机关部署局部的、阶段性的或临时性的工作；对税务经费作局部和临时性的安排；对税务工作情况的通报；一般性的表扬或批评；与平级机关商洽事宜、答复问题或报送需要平级机关核批的事项；转发上级机关的一般性文件、平级机关与税收工作有关的文件；对下级机关的请示事项予以批复；对人大议案、建议和政协提案的答复等。

3. 税总任〔公元年份〕×号。适用于：按照干部管理权限，任免干部行政职务。

4. 税总办××发〔公元年份〕×号。适用于：代表国家税务总局发布税务系统内部适用的各类制度规定；布置日常性的事务工作，通报有关情况等。

5. 税总办××函〔公元年份〕×号。适用于：代表国家税务总局向平级单位的有关部门或其他单位行文，通报有关情况，商洽事宜；向上级机关的有关部门报送有关情况，提出意见和建议；就有关重要事项向下级税务机关征求意见；下发国家税务总局组织的重要会议、培训（包括视频）通知，向有关单位发出邀请；向有关单位提供证明等。

附件 2

公文特定格式

一、信函格式

首页的发文机关标志使用发文机关全称或者规范化简称，居中排布，上边缘至上页边为 30mm，使用红色小标宋体字。联合行文时，使用主办机关标志。

发文机关标志下 4mm 处印一条红色双线（上粗下细），距下页边 20mm 处为一条红色双线（上细下粗），线长均为 170mm，居中排布。

如需标注份号、密级和保密期限、紧急程度，顶格居版心左边缘编排在第一条红色双线下，按照份号、密级和保密期限、紧急程度的顺序自上而下分行排列，第一个要素与该线的距离为 3 号汉字高度的 7/8。

发文字号顶格居版心右边缘编排在第一条红色双线下，与该线的距离为 3 号汉字高度的 7/8。

标题居中编排，与其上最后一个要素相距二行。

第二条红色双线上一行如有文字，与该线的距离为 3 号汉字高度的 7/8。

首页不显示页码。

版记中不加分隔线，位于公文最后一面版心内最下方。

二、命令（令）格式

发文机关标志由发文机关全称加“命令”或“令”字组成，居中排布，上边缘至版心上边缘为20mm，使用红色小标宋体字。

令以机关名义发出，连续编流水号。发文机关标志下空二行居中编排令号，令号下空二行编排正文。

单一机关行文时，在正文（或附件说明）下空二行右空四字加盖签发人签名章，签名章左空二字标注签发人职务，以签名章为准上下居中排布；联合发布的命令，应先编排主办机关签发人职务、签名章，其余机关签发人职务、签名章依次向下编排，与主办机关签发人职务、签名章上下对齐，每行只编排一个机关的签发人职务、签名章，签发人职务应当标注全称。签名章一般用红色。在签发人签名章下空一行右空四字编排成文日期。

三、公告、通告格式

发文机关标志由发文机关全称加“公告”、“通告”组成，上边缘至版心上边缘为20mm，使用红色小标宋体字，字号大小由发文机关酌定。发文机关标志下空二行居中编排公告、通告号，公告、通告号按年编排顺序号：“××××年第×号”。公告、通告号下空二行编排正文，正文之上无主送机关。

公告、通告版记由分送，承办部门、印发部门和印发日期两个要素组成。公告、通告对外公布时，可以无版记。

公告、通告的其他格式与文件格式相同。

四、纪要格式

纪要由标志、编号、纪要事项、出席人、请假人、列席人、签发人、分送单位等部分组成。

纪要标志由“×××纪要”组成，上边缘至版心上边缘为35mm，使用红色小标宋体字。

标注出席人员名单，一般用3号黑体字，在正文（或附件说明）下空一行左空二字编排“出席”两字，后标全角冒号，冒号后用3号仿宋体字标注出席人单位、姓名，回行时与冒号后的首字对齐。

标注请假和列席人员名单，除依次另起一行并将“出席”两字改为“请假”或“列席”外，编排方法同出席人员名单。

纪要格式可以根据实际制定。

纪要不加盖印章。

3. 国家税务总局办公厅关于修订《文秘工作规范》的通知（节选）

税总办发〔2021〕×号

局内各单位：

为不断提升文秘工作的能力和水平，更好地服务保障税收中心工作，按照党史学习教育活动有关要求，结合税务机构改革后公文处理工作实际，税务总局对《文秘工作规范》进行了修订，现印发给你们，自2022年1月1日起施行。《国家税务总局办公厅关于印发〈文秘工作规范〉的通知》（税总办发〔2013〕153号）同时废止。执行中遇到有关问题和重要情况，请及时向税务总局（办公厅）报告。

国家税务总局办公厅

2021年×月×日

（对税务系统内只发电子文件）

文秘工作规范

第一章 文秘工作岗位职责

税务总局办公厅负责草拟全国税务系统公文处理和档案管理制度，指导税务系统的公文和档案管理工作；负责总局机关拟发公文的审核与运转工作；负责总局机关公文、资料的收发、运转和机要通信工作；负责总局机关公文排版、校对、印制工作；负责总局机关的档案管理工作，指导局内各单位的归档工作；负责管理税务总局党委印章、税务总局党委办公室印章、税务总局印章。

各司局综合处（办公室，下同）负责本司局的上述相关工作。

文秘工作分收文、内部文件运转、核稿、发文、机要交换、档案管理、文印、电子公文系统管理、党委规范性文件备案审查9个岗位，具体职责如下：

一、收文岗位

（一）对中央国家机关机要文件交换站（以下简称交换站）、北京市机要局（以下简称机要局）、北京市邮政局（以下简称邮局）和有关单位交换、邮寄、直送至税务总局的各类文件、信件进行审核、签收、登记和急件催办。

（二）对收到的纸质文件（绝密级文件、密码电报、非工作时间收文除外），提出拟办意见并呈报办公厅领导阅示后，打印国家税务总局收文批办单（以下简称收文批办单，见附件5），分送承办司局办理。

（三）对收到的省级税务机关上报税务总局的请示性文件，涉及一个业务司局的，打印收文批办单，送该司局办理；涉及两个及以上业务司局的，填写收文批办单，报办公厅领导拟（批）办。

（四）对收到的省级税务机关上报税务总局的非涉密报告类文件，直接分送相关司局处理。属于重大事项的，经办公厅领导审示后报税务总局领导。

二、内部文件运转岗位

（一）对局内各单位的签报（见附件6、附件7）进行签收、登记后呈局领导。

（二）将局领导已签批的税务总局发文，送发文岗位编号；外部委送来会签的文稿、需要外部委会签的文稿，退主办司局做好后续工作。

（三）将局领导已批阅的签报、信息资料，分送相关司局。

三、核稿岗位

（一）对税总党委发、税总党委函、税总党委办发、税总党委办函、国家税务总局令、国家税务总局公告、国家税务总局通告、税总××发、税总××函、税总办××发、税总办××函（××为司局代字，下同）、税务总局起草的联合发文等公文，从文种使用、行文规则、公文格式和公文拟制等方面进行审核把关，报办公厅领导审核。

（二）对上述文稿差错情况进行登记，并按照绩效考评规则进行考评。

四、发文岗位

（一）对税务总局领导签发的税总党委发、税总党委函、税总党委办发、税总党委办函、国家税务总局令、国家税务总局公告、国家税务总局通告、税总××发、税总××函、税总办××发、税总办××函进行发文编号后送排版。

需要外部委会签的文稿，退主办司局发送至有关部委。

（二）对已印制的纸质文件、已排版的电子文件进行分发。底稿退主办单位。

（三）保管税务总局党委印章、税务总局党委办公室印章、税务总局印章；对已印制的文件盖印；对经税务总局领导或者办公厅领导审批的印章使用申请单（见附件12）所列明材料盖印。

为税务总局与有关单位联合发文的印制，提供印模。

五、机要交换岗位

（一）负责到交换站取送信件。

负责通过机要局、邮局的信件发送工作。

按照中办、国办、税务总局领导、办公厅领导的要求取送文件。

（二）负责非工作时间内的机要文件取送值班工作。

（三）负责智能文件交换系统的管理。

六、档案管理岗位

（一）负责局内各单位归档工作的指导、监督；接收局内各单位已整理归档的档案。

（二）负责电子公文的标引、归档；对纸质档案进行电子化；负责电子档案数据的管理。

（三）对库房档案进行整理、排列。

（四）负责档案库房的日常管理。

（五）负责纸质档案及电子档案的查阅、借阅、复印。

（六）负责《国家税务总局公报》的编辑和《国务院公报》的文件提供工作。

（七）负责对全国税务系统档案工作进行业务指导。

七、文印岗位

（一）负责对已编号的税总党委发、税总党委函、税总党委办发、税总党委办函、国家税务总局令、国家税务总局公告、国家税务总局通告、税总××发、税总××函、税总办××发、税总办××函等公文进行排版、终校和印制。

（二）根据税务总局领导以及办公厅领导的要求，对其他有关文件和资料进行排版和印制。

（三）负责文印操作人员和文印设备的日常管理。

八、电子公文系统管理岗位

（一）负责电子公文系统建设规划和需求管理，并对电子公文系统运维服务商进行评价。

（二）负责电子公文系统（总局版）的账号权限管理，对税务总局各司局提交的电子公文内容修改、删除、销毁等需求进行审核管理。

九、党委规范性文件备案审查岗位

（一）负责税务总局党委制发的规范性文件向党中央报备审核工作；

（二）负责各省税务局党委上报税务总局党委规范性文件的登记、转办、运转等工作。

各司局应结合工作实际，指定专人（1人或多人）承担本单位收文、内部文件运转、发文、司核稿、机要交换、档案管理、电子公文系统管理等岗位的工作。

第二章　文秘工作流程

一、局机关公文处理基本流程

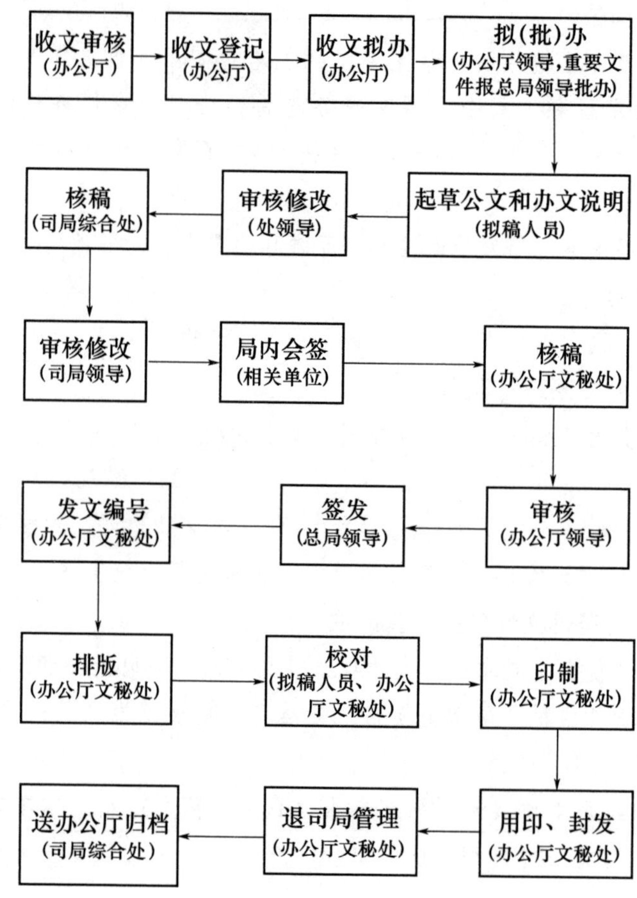

二、收文处理流程

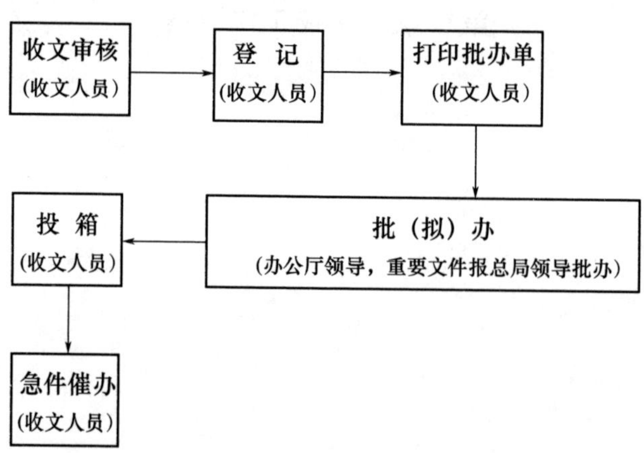

三、发文处理流程

接收登记
（办公厅文秘处）
核 稿
（核稿人员）
审 核
（办公厅领导）
差错登记
（核稿人员）
送局长办公室
（运转人员）
签 发
（总局领导）
退局长办公室
（录入人员）
发文编号
（发文人员）
排版
（排版人员）
校对
（拟稿人员、校对人员）
印制
（文印人员）
用 印
（发文人员）
纸质文件分发
（发文人员）
底稿退回
（发文人员）
电子文件分发
（发文人员）
跟踪管理
（发文人员）

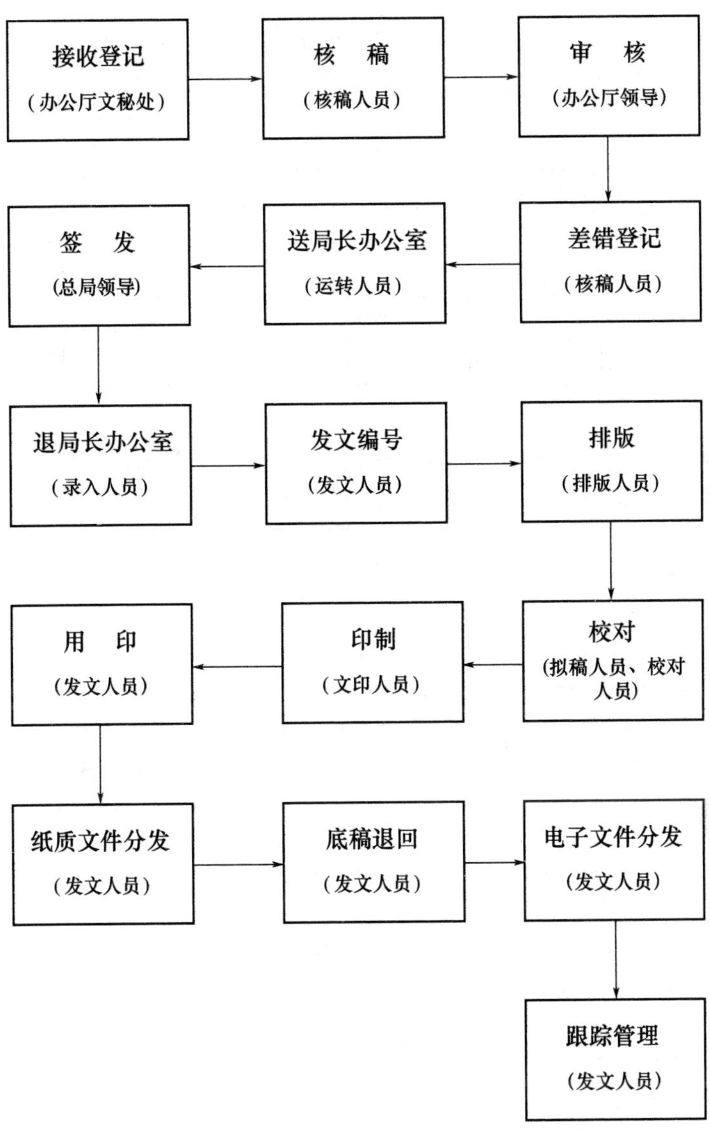

四、签报运转流程

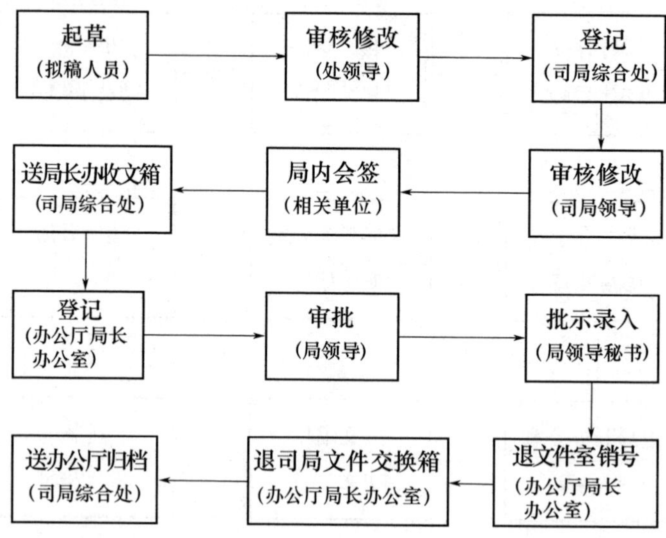

五、档案管理流程

（一）归档流程

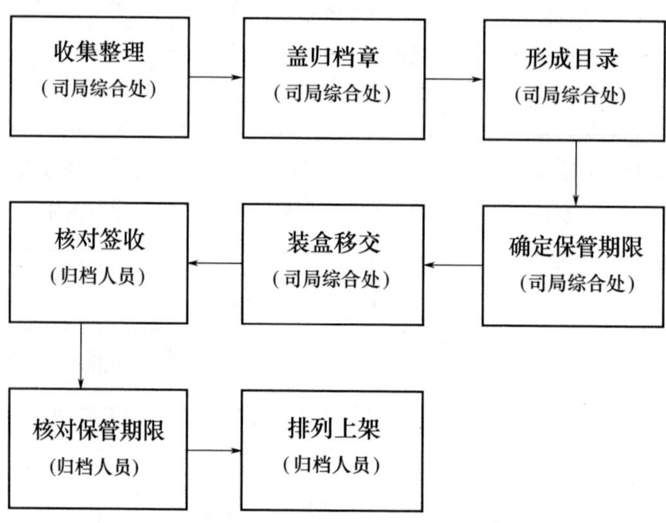

（二）涉密档案查阅审批流程

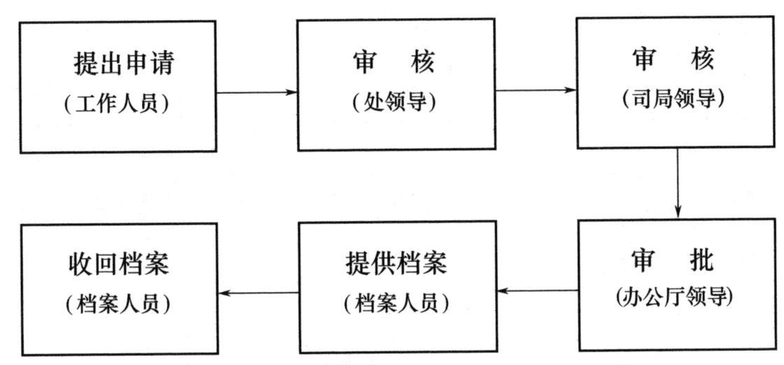

（三）档案移交、销毁流程

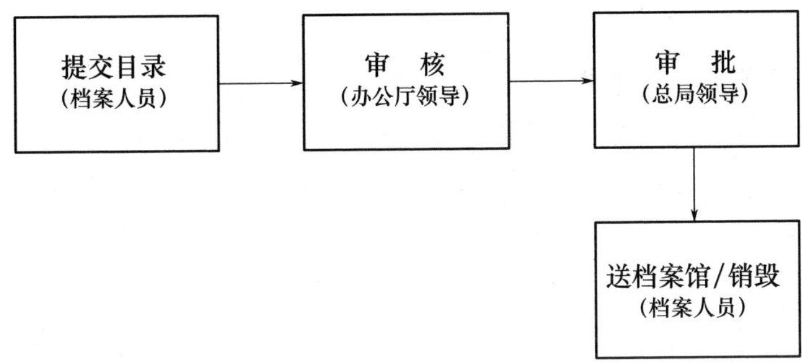

六、发信工作流程

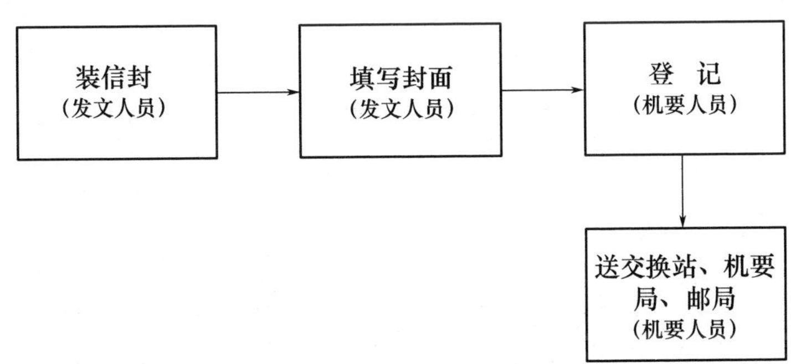

第三章　收文处理

一、文件的签收

（一）中央国家机关机要文件交换站（交换站）

收文人员收到机要交换人员从交换站取回的文件，与机要交换清单进行核对，发现收件人不是税务总局、局内各单位或者个人，以及信封破损的，退机要交换人员处理；核对无误的，拆封处理。

（二）北京市机要局（机要局）

收文人员收到机要局送来的文件，核对收件人是否属于税务总局、局内各单位或者个人，封装有无问题，核对无误后，在送件清单上加盖“国家税务总局收文章”签收。

（三）北京市邮政局（邮局）

外收发人员送来的收件人为税务总局或者税务总局办公厅信件，由收文人员拆封处理，其中挂号信件、特快专递件核对后签收。

非挂号信件（比如报刊、杂志、信访件等）可根据具体情况分别处理。

办公厅不负责收取和处理各司局或者个人邮件。

（四）直送、直取文件

直送文件是指外单位机要人员直接送到税务总局的文件。收文人员对直送文件核对无误后，在送件清单上加盖“国家税务总局收文章”签收。

直取文件是指由税务总局机关机要交换人员直接到上级机关、同级机关及领导同志处取回的文件，签收流程同交换站取回的文件。

（五）传真

收文人员通过红机或者普通传真机收到的文件，核对后按照“收文处理流程”处理。

（六）明码电报

收文人员收到的明码电报以及通过“两办专网”收到的文件（中央文件、密码电报除外），核对后按照“收文处理流程”处理。

（七）电子文件

电子公文分为中办、国办电子公文和税务系统电子公文。中办电子公文是指法规业务平台发送的文件；国办电子公文是指政府系统的电子公文交换、电子邮件等系统发送的文件；税务系统电子公文是指税务系统报送的请示、报告和其他类文件。以上电子文件由收文人员在相关系统核对后按照“收文处理流程”处理。

二、处理流程

（一）密件的处理

1. 需办理的密件

（1）审核

收文人员对拆封后的文件进行审核：主抄送机关是否为税务总局或者税务总局办公厅，文件有无缺页或者破损，印章（特殊单位无印章）、附件是否齐全，内容有无明显错误。对有问题的文件及时与来文单位沟通，协商处理。

（2）登记

机密级、秘密级文件使用涉密计算机《密件收文登记簿》进行登记，栏目设置有：序号、收文时间、来文单位、密级及保密期限、份号、紧急程度、标题、承办单位、条形码号、限办日期、备注。

（3）拟办

收文人员在收文批办单上提出拟办意见，贴条形码，呈请办公厅领导审示。

（4）分送

经办公厅领导、收文人员批（拟）办的文件，将收文批办单和密件直接投入承办司局文件交换箱。

（5）特殊件处理

绝密件以及其他特殊文件（包括中央文件、国家密码局文件、中央改革办文件、国秘复印件、国家保密局文件、送税务总局党委文件等）不拆封，扫描条形码后直接投入机要室文件交换箱，由办公厅保密处处理。

2. 不需办理的密件

阅件直接分送：需税务总局领导阅知的文件、资料、信息、简报、专报、情况反映等，投入机要室文件交换箱；需司局阅知的文件、资料、信息、简报、专报、情况反映等，投入相关司局文件交换箱。

（二）非密件的处理

1. 需办理的非密件

（1）审核

收文人员对拆封后的文件进行审核：主抄送机关是否为税务总局或者税务总局办公厅，文件有无缺页或者破损，印章（特殊单位无印章）、附件是否齐全，内容有无明显错误。对有问题的文件及时与来文单位沟通，协商处理。

（2）登记

收文人员在电子公文系统“总收文登记簿”中进行登记。登记的内容包括：收文号、来文单位、标题、紧急程度、来文要求反馈日期、承办单位，要按照来文要素填写完整，不得简化。

收文号按照收文时间所属年份统一编流水号，具体为：税总收××号、部委来文××号等。收文时间由电子公文系统自动生成。

税务系统请示件在报送电子文件后，应当于10个工作日内寄送相应纸质文件到税务总局或者税务总局办公厅。收文人员收到纸质文件后，通过电子公文系统“反馈”钮进行反馈。

（3）拟办

收文人员提出拟办意见后，将电子收文批办单发送至办公厅领导审批。

（4）分送

根据办公厅领导批办意见，将电子文件发送至承办司局。承办有主办、协办之分的，同时分送主办、协办司局，并打印电子收文批办单，将电子收文批办单和文件投入相关司局的文件交换箱。

2. 不需办理的非密件

阅件直接分送：需税务总局领导阅知的文件、资料、信息、简报、专报、情况反映等，投入机要室文件交换箱；需司局阅知的文件、资料、信息、简报、专报、情况反映等，投入相关司局文件交换箱。

三、收文批（拟）办

（一）收文批（拟）办原则

1. 职责分工原则

根据来文主送部门、司局职责分工确定承办司局；来文内容与过去来文具有连续性、相似性的，一般由以往承办司局负责（或者牵头）承办。

2. 请示确定原则

对来文涉及重大事项、重要工作的须呈报办公厅主要领导阅示；对无法依据职责分工确定承办司局的，根据税务总局领导的指示批示确定承办司局。

3. 沟通协商原则

对来文内容不涉及国家税务总局职责的，应及时主动与来文单位联系沟通，以达成共识，做好电话记录；经过沟通协商未果的来文，呈办公厅主要领导、税务总局领导阅示，根据领导批示意见确定承办司局。

4. 急件优先原则

文件呈批按照紧急程度优先，依次为特急件、急件、限时件、一般件。

（二）分类批（拟）办办法

收文人员要了解税务总局领导批示指示精神和有关工作要求，熟悉各司局主要工作任务、重要工作动态，来文内容比较复杂的，要加强与来文单位联系，与各司局综合处或者承办处室沟通，了解来文的背景和办理需求，及时、准确向办公厅领导提出拟办意见。具体如下：

1. 来文涉及一个业务司局税费政策的，由该业务司局承办，并会签法规司。

2. 来文涉及两个及以上业务司局税费政策的，由法规司牵头承办。

3. 来文涉及税费相关法律、法规、规章、规范性文件的，由相关司局牵头承办。

4. 来文涉及国家层面的其他法律、法规、规章、规范性文件及中长期规划等，由法规司牵头承办。

5. 来文涉及政策执行、落实层面的，由相应的业务司局承办或者指定业务司局牵头承办。

6. 来文涉及征收管理类的，由征管科技司牵头承办。

7. 来文涉及对外提供税收数据的，按照《税务总局机关税收数据供应工作规程（试行）》（税总办发〔2020〕24号印发）等制度执行。来文涉及对外提供单个税种数据的，由主管业务司局牵头承办。

8. 党和国家以及各部委表彰评优评先，需协查法人或者个人是否违反税法的，由稽查局牵头承办。

9. 党和国家以及各部委表彰评优评先，需要税务总局参加、报名的，由党建工作局牵头承办。

10. 来文涉及偷逃税款、骗取退税、虚开发票等，配合银行、外汇、证券、保险等部门办理企业或者个人涉及违反税法事项的，由稽查局牵头承办。

11. 来文涉及审计类的，由督察内审司牵头承办。

12. 来文涉及“放管服”整体工作的，由征管科技司牵头承办，涉及单项工作据实研判承办部门。

13. 来文涉及“诚信体系建设”“营商环境”类的，由纳税服务司牵头承办。

14. 来文涉及“减税降费”政策类的，由法规司牵头承办；数据类的，单一税费种政策的数据由相应的业务司局承办；跨司局的减税降费数据由法规司牵头承办；减税降费总规模数据由规划核算司承办。

15. 来文涉及税务系统财务、资产、基建等工作的，由财务司牵头承办。

16. 来文涉及国际税收合作、国际区域合作、“税收协定”、“一带一路”类的，由国际税务司牵头承办。

17. 来文涉及相关“部际联席会议成员单位”完成的工作，由联络员单位承办。

（三）文件分送

1. 收件人为税务总局或者税务总局办公厅的密件和非密件，按照前述“收文处理流程”规定分送。

2. 收件人为局内各单位或者个人的，按照信封所标明的单位或者个人，扫描条形码后投入相关司局文件交换箱；不方便扫码投箱的，进行纸质登记，电话通知相关司局签收。

3. 经税务总局领导和办公厅领导批办的文件，按照以下办法分送：

（1）只有一个承办司局的，直接投入司局文件交换箱。有电子文件的，在电子公文系统中同时发送。

（2）只有一位税务总局领导批示，涉及多个承办司局的，按照批示排序第一的承办司局确定为主办司局，相关司局为协办司局，纸质文件分送到主办司局，有电子文件的，同时发送到相关司局。

（3）有多位税务总局领导批示，涉及多个承办司局的，按照税务总局领导排序，结合批示内容综合研判确定主办司局；纸质文件分送到主办司局，有电子文件的，同时发送到相关司局。

（4）经办公厅局长办公室（总值班室）、保密处呈批的文件，按照相关规定处理。

4. 无需经税务总局领导和办公厅领导批办的税务系统请示、报告类纸质文件、电子文件，直接分送相关司局办理。

（四）特急件、急件、限时件的处理办法

特急件、急件、限时件，随到随办。经批办后，收文人员通过电话（手机）依次通知相关司局文秘人员、综合处长、司领导，并做好记录，相关司局应及时派人取回文件；30 分钟内联系不到，收文人员应将文件报请办公厅领导研提处理意见。

四、司局收文处理

（一）各司局收到来文主送为国家税务总局或者国家税务总局办公厅以及主送本司局的文件，应送办公厅（文秘处）收文岗进行审核、登记并按照有关规定处理，否则不予办理。

（二）各司局收到办公厅批（拟）办的文件，应按照本司局收文处理流程，及时呈报司领导或转相关处室办理。

第四章　发文处理

一、核稿

局内各单位送办公厅核稿的文件，应当齐全完整，手续完备。纸质文件加贴（或者打印）条形码，在本单位进行发文登记并录入条形码号后，投入核稿文印文件交换箱；电子文件发送到电子公文系统“总核稿岗”。对于特急文件，在投箱时，应当通知核稿人员及时取出；必要时，应当由办文单位派人按照发文处理流程跟踪办理。

起草文件时应同时起草“办文说明”（模板见附件11），对办文背景、过程、依据、理由等情况进行说明。

税务规范性文件应同时起草“政策解读稿”（模板见附件10）。其他文件根据需要解读。

发文处理单样式见附件8。

局内各单位送办公厅核稿的文件应经司核稿岗位初核，并经司领导审签。司局便函等司发文（包括议事协调机构发文）应履行司内核稿程序。

（一）文种使用审核

公文文种的使用，要注意以下几个方面：

1. 在规定的范围内选用文种。税务总局有13个文种，即命令（令）、决议、决定、公告、通告、通知、通报、报告、请示、批复、意见、函和纪要，文种使用不得超出这一范围。

2. 根据行文方向选用文种。向上级机关的请示、汇报工作或者对重要问题提出建议时用“请示”“报告”“意见”；同平级机关商洽工作，请求批准有关事项用“函”；向下级机关行文可用“通知”“批复”“通报”“决定”“意见”；对社会公开发布可用“令”“公告”“通告”。

3. 根据隶属关系选用文种。对有隶属关系的下级税务机关来文请示有关事项，使用“批复”直接答复，若请示的问题具有普遍性，可使用“通知”或者其他文种行文，不再单独批复请示单位，其中，上级税务机关对下级税务机关有关特定税务行政相对人的特定事项如何适用法律、法规、规章或者税务规范性文件的请示所作的批复，需要普遍适用的，应当按照《税务规范性文件制定管理办法》（国家税务总局令第50号）规定的制定规则和制定程序另行制定税务规范性文件。

对没有隶属关系的平级单位或者其他单位来文请求批准有关事项，不能使用“批复”，应当采用“通知”或者“函”。

4. 向有关单位请求批准事项、答复有关单位询问事项、向外单位咨询有关事项、与有关单位商洽工作、向有关单位报送工作进展情况、答复外单位来文征求意见使用“函”。

（二）公文格式审核

1. 密级。公文的密级分为绝密、机密和秘密三个等级。应当根据保密事项范围、来文的密级和保密期限确定密级和保密期限，如“秘密★6个月”“机密★5年”“绝密★30年”。国家秘密的保密期限，除另有规定外，绝密级不超过30年，机密级不超过20年，秘密级不超过10年。回复涉密公文时，应当依据来文的密级和保密期限依法进行派生定密。

根据《税务工作秘密管理暂行办法》，涉及税务总局在履行职能过程中产生或者获取的，不属于国家秘密，但泄露后妨碍税务机关正常履行职能或者对国家安全、纳税人和缴费人权益造成不利影响的内部敏感事项的公文，应当在文件首页版心左上方顶格标注“内部”字样，并在附注位置明确相应管理要求。

2. 紧急程度。公文的紧急程度是对受文单位办理文件的时限要求，分特急、加急两种。公文的紧急程度应该根据文件的内容标注，不能随意标注。特急件、加急件，要随到随办；其他文件要在2个工作日内完成核稿工作。

3. 发文字号。税务总局机关公文的发文字号有税总党委发、税总党委函、税总党委任、税总党委办发、税总党委办函、国家税务总局令、国家税务总局公告、国家税务总局通告、税总××发、税总××函、税总任、税总办××发、税总办××函。发文字号根据公文内容确定，具体适用范围如下：

（1）税总党委发

向上级党的机关请示、报告和提出意见；

制定税务总局党委重要工作制度；

向下级党委部署重要工作等；

转发上级党的机关的重要文件。

(2) 税总党委函

向下级党委部署一般事务性工作；

与平级党的机关商洽事宜、回复意见或者报送需平级党的机关核批的事项等；

转发上级党的机关的一般文件和平级党的机关的文件。

(3) 税总党委任

任免税务系统厅局级干部党内领导职务。

(4) 税总党委办发

印发省税务局、副省级城市税务局“三定”方案；

代表税务总局党委向下级党委部署阶段性、临时性、日常性事务工作等。

(5) 税总党委办函

印发税务机构的设置、变动批复文件；

税务总局党委各职能部门与平级党的机关内设机构商洽事宜、报送情况；

征求下级党委意见等。

(6) 国家税务总局令

依照有关法律、行政法规发布税务规章；

宣布施行重大强制性行政措施；

嘉奖有关单位及人员。

(7) 国家税务总局公告

向国内外公布税务规范性文件；

向国内外公布其他重要税收事项。

(8) 国家税务总局通告

在一定范围内公布应当遵守或者周知的事务性事项。

(9) 税总××发

向上级机关请示、报告和提出意见；

向下级机关部署全局性税收工作，制定工作制度，提出指导性意见；

下达年度税务经费安排；

对税收收入、重要工作、重大事项的情况通报；

对下级机关或者个人给予重大奖励、表彰或者批评、惩处；

转发上级机关的重要文件；

与平级机关或者有关团体单位的联合发文；

其他有关重要事项的通知。

(10) 税总××函

向下级机关部署局部、阶段性或者临时性的工作；

对税务经费作局部和临时性安排；

对税务工作情况的通报；

一般性的表扬或者批评；

与平级机关商洽事宜、答复问题或者报送需要平级机关核批的事项；

转发上级机关的一般性文件、平级机关与税收工作有关的文件；

对下级机关的请示事项予以批复；

对人大议案、建议和政协提案的答复等。

(11) 税总任

按照干部管理权限，任免干部行政职务。

(12) 税总办××发

代表国家税务总局向省税务机关布置日常性的事务工作，通报有关情况；

发布局机关内部适用的各类制度规定；

通报局机关内部的有关情况等。

(13) 税总办××函

代表国家税务总局向平级单位的有关部门或者其他单位行文，通报有关情况，商洽事宜；

向上级机关的有关部门报送有关情况，提出意见和建议；

就有关重要事项向下级税务机关征求意见；

下发重要的会议、培训（包括视频）通知，向有关单位发出邀请；

向有关单位提供证明等。

司局便函、议事协调机构发文字号以及适用范围按照有关规定和要求执行。

4. 标题。公文标题一般由发文机关、事由和文种三个部分组成。转发公文，标题一般为：本机关名称+转发+被转发文件的标题+的通知；多层转发的，根据主要事由自拟标题，但标题中应含“转发”字样；不得以被转发文件的发文字号作为标题。

5. 主送机关和抄送机关的标注。要求如下：

(1) 主送、抄送机关应当使用全称或者规范化的简称，其中主送和抄送为税务机关时应当使用全称，即“国家税务总局××省（自治区、直辖市、计划单列市）税务局”［党委文件为“中共国家税务总局××省（自治区、直辖市、计划单列市）税务局委员会”］、“国家税务总局驻××特派员办事处”(党委文件为“中共国家税务总局驻××特派员办事处委员会”)、“国家税务总局税务干部学院”（党委文件为“中共国家税务总局税务干部学院委员会”)。

(2) 若主送或者抄送税务系统时，统称为“国家税务总局各省、自治区、直辖市和计划单列市税务局，国家税务总局驻各地特派员办事处”(党委文件为“中共国家税务总局各省、自治区、直辖市和计划单列市税务局委员会，中共国家税务总局驻各地特派员办事处委员会”)。

(3) 若主送或者抄送部分省税务机关时，一般按照行政区划排序，统一表述为:“国家税务总局××、××、××省（区、市）税务局，国家税务总局驻××、××、××特派员办事处”［党委文件为“中共国家税务总局××、××、××省（区、市）税务局委员会，中共国家税务总局驻××、××、××特派员办事处委员会”］。

(4) 主送或者抄送机关数量多，不发的机关少时，可以在“国家税务总局各省、自治区、直辖市和计划单列市税务局”(党委文件为“中共国家税务总局各省、自治区、直辖市和计划单列市税务局委员会”）后注明“(不发××、××)”，如（不发西藏、大连)。

(5) 主送机关中同时有各地税务机关和局内相关单位的，局内相关单位排列在后。

(6) 抄送机关涉及不同级别单位时，按照上级机关、平级机关、下级机关次序排列；同级机关按照党委、人大、政府、政协、监委、军队、法院、检察院、人民团体、民主党派的次序排列。

(7) 主送、抄送机关中并列关系的单位序列之间用逗号，一个单位组合序列当中各组成单位之间用顿号，最后一个主送机关后用冒号，最后一个抄送机关后用句号。

(8) 司局便函如涉及多个司局工作、需省税务局多个处室共同落实的，可联合发文，采用主办司局发文字号，同时主送各司局对口的省税务局相关处室。如采用会签形式，主送主办司局对口的省税务局相关处室，抄送会签司局对口的省税务局相关处室。

6. 附件说明。公文有附件的，要在“附件说明”中标注附件的序号和标题，并注意以下几个方面：

（1）印发规章、办法等公文或者转发公文时，正文标题已经标明所印发或者转发公文标题时，正文末不再将所印发或者转发的公文列为附件。规章、办法等有附件的，作为公文正文附件。

（2）附件只发给部分主、抄送单位时，填写时应注明“（不发××单位）”或者“（只发××单位）”字样。

（3）附件分缮的，附件标题相同时，文件中印制附件标题；附件标题不同的，印制“附件分缮”。

（4）为避免混乱，附件中的附件不填在“附件说明”中，应写在所附附件的后面；为了区分两个层次的附件，在附件后面的附件只注明“附”。

（5）标注附件名称不加书名号。

（6）发文处理单附件说明中的附件标注、正文中的附件说明应与附件标题保持一致。

7. 附注。公文附注是指公文印发传达范围以及在正文中不宜说明的其他事项，如“对税务系统内只发电子文件”等。附注的位置为居左空两字加圆括号，标注在成文日期下一行。附注内容各条之间用逗号分隔。

8. 政府信息公开选项。行政公文公开属性分为主动公开、依申请公开、不予公开三类。

公文内容符合下列要求之一的，应当主动公开：税务部门规章，税务规范性文件及解读，通告，非涉密税收个案批复类公文，失效或者废止的税务规范性文件目录；税务总局制定的涉及纳税人缴费人切身利益的重点改革任务、重要税收政策的执行措施、征管制度、实施步骤、监督方式等；税务总局权责清单；税务总局制定的便民办税缴费措施、指南、流程等服务事项；税务总局司局级领导干部及直属单位、省级税务机关领导班子人事任免信息；税务总局办理的涉及公众利益、社会关切及需要社会广泛知晓的全国人大代表建议和全国政协委员提案办理复文；涉及公众利益调整、需要公众广泛知晓或者需要公众参与决策的政府信息等。

在履行行政管理职能过程中形成的讨论记录、过程稿、磋商信函、请示报告等过程性信息和行政执法案卷信息，可以不予公开。另外，公文内容符合下列要求之一的，不予公开：公开后可能危及国家安全、公共安全、经济安全、社会稳定的政府信息；内部事务信息，包括人事管理、后勤管理、内部工作流程等方面的信息；法律、行政法规禁止公开的政府信息。

各司局拟制公文时，应当确定主动公开、依申请公开、不予公开等政府信息公开选项。对拟不予公开的，要依法依规说明理由。对未确定政府信息公开选项或者没有说明不予公开合理理由的，办公厅予以退文处理。所转发公文有公开选项的，原则上与其保持一致；所转发公文没有公开选项的，一般不予公开；确需公开的，应当征求发文单位意见。

9. 重要的会议、培训通知格式。税务总局重要的会议和培训（包括视频会议和培训）的通知正文一般包括开头和通知具体事项两个部分。

开头。简要说明会议、培训的依据和目的，然后用“现就……通知如下”的承启语过渡到通知事项部分。文字要精练，篇幅不宜太长。

通知的具体事项。基本内容包括：

（1）会议、培训内容。直接表述会议或者培训的主题、内容等。

（2）参加会议人员或者培训对象。规定参加会议、培训人员的范围和人数。

（3）会议、培训时间和地点。写明会议、培训的起止时间和报到时间；会议、培训的具体地点。

（4）有关要求。针对不同会议、培训的特点提出具体要求。有关会议、培训管理制度已有规定的，不再叙述，如会议（培训）纪律、考勤、不得超员等基本要求。

通知的结尾，应当根据需要写明接站方式，联系人和电话。

（三）行文规则审核

行文规则是文件从拟制到发布必须遵循的行为规范。行文必须做到以下几点：

1. 行文必须确有必要，讲究实效，注重针对性和可操作性。

（1）法律、法规中已有明确规定的，不再制发文件；

（2）现行文件规定仍然适用的，不再重复发文；

（3）已标注公开发布的文件，不再翻印；

(4) 机关负责人的讲话，不以正式公文形式下发；

(5) 对使用电话、内部网站等途径可以办理的事项，不发正式公文。

2. 在规定的职权范围内行文。要根据隶属关系和工作需要，在职权范围内行文。涉及其他单位职权范围的，应当会签有关单位或者联合行文。

(1) 税务总局机关各司局起草的公文，凡上报党中央、国务院及其工作部门的重要文件，应当会签办公厅；

办理税费政策性文件（包括会签外部委联合发文、回复外部委意见、呈报有关重大税费政策的签报）应当会签法规司；

起草国家税务总局公告，相关司局会签后，送办公厅核稿前，应送法规司进行合法性审查、合规性评估和公平竞争审查；

主办司局拟作出税收个案批复的，送办公厅核稿前，应将批复文本送相关业务司局、督察内审司会签后，将全部案卷材料送法规司进行合法性审查；

涉及调整税收征管业务流程的公文，应当会签征管科技司；

涉及省税务局配套IT资源、系统调整的公文，应当会签征管科技司、数据风险局、电子税务中心，并在办文说明中注明；

要求纳税人端提供数据的公文，应当会签数据风险局；

涉及税务总局千户集团企业涉税具体事项的公文，应当会签大企业管理司；

涉及调整机构、人员、编制的公文，应当会签人事司；

涉及财务支出事项的公文，应当会签财务司；

涉及税收规划统计、会计核算的，应当会签规划核算司；

涉及局内相关议事协调机构职责的，应当会签负责议事协调机构日常工作的部门。

(2) 会签单位内部应形成一致意见。对主办单位转来会签的文件，会签单位必须进行认真研究，并在内部经过充分讨论，特别是要注重从加强工作统筹与协调等方面，形成司局内部统一意见后会签（模板见附件9），避免因人而异、因处而异、前后不一。

(3) 重要文件必须由主要负责人会签。向党中央、国务院以及中央纪委、中央组织部、中央宣传部、中央办公厅、国务院办公厅等上级部门报送的文件和涉及全局性、重点性工作且主办单位认定属重要文件的，在转有关单位会签时，主办单位应注明“请主要负责人会签”。会签单位在集体研究讨论后，如无不同意见，由主要负责人在会签栏签署姓名和日期；如有不同意见，应当提出书面意见，经主要负责人签字后送主办单位。

对需要紧急会签的重要文件，会签单位主要负责人外出时，经办人员应向主要负责人报告，经主要负责人同意可授权其他负责人会签，并在会签栏中注明“已向主要负责人报告”。

（4）主办单位应主动加强沟通协商。文件办理和会签过程中，主办单位应与会签单位积极沟通并争取达成一致意见。如有意见不一致，主办单位主要负责人要主动协商。经协商仍不能达成一致的，主办单位应列明各方意见及理由、依据，提出办理建议，报税务总局领导决定。对会签单位既提出具体意见又会签的文件，主办单位在修改后应向会签单位反馈修改情况并达成一致，将相关情况在办文说明中反映。

主办单位对征求相关单位意见后汇总起草的文件，在送办公厅核稿前应送相关单位会签，原则上不能以征求意见代替会签，紧急或者特殊情形下不能会签的应在办文说明中予以说明。对会签后根据各方意见又有重大修改的文件，应送有关单位再确认或者重新会签。

（5）统筹预留安排好会签时间。主办单位在办理文件会签时，应为会签单位预留时间研究讨论。局内会签时间原则上为1~2个工作日，具体由主办单位在充分考虑会签单位工作实际和办文需要的前提下，提出合理的时限要求，并与会签单位积极沟通。特急件应当随到随签，对限办时间超过5个工作日的文件，主办单位原则上不能按照特急件送相关单位会签。对临近办理时限的，主办单位要安排专人跟踪运转，会签单位应积极配合，确保文件按时报出。

（6）涉及外部委职权范围的，必须送外部委会签。

3. 税务总局向上级机关行文，应当注意以下几个方面：

（1）同时主送中共中央、国务院的文件以中共国家税务总局委员会、国家税务总局联合发文形式上报，发文机关标志为中共国家税务总局委员会、国家税务总局文件，发文字号选用税总党委发，发文机关署名为中共国家税务总局委员会、国家税务总局，同时加盖党委、行政印章。

（2）落实国务院领导同志批示精神有关情况的报告，须将领导同志批示件作为公文附件，主办单位拟稿时应事先与办公厅（保密处）联系办理领导同志批示复制（复印）手续。

（3）向党中央、国务院报告全局性、重要的税收工作的文件一般不超过5000字，报告专项、具体税收工作的文件一般不超过3000字。

（4）主送中共中央、国务院、中共中央办公厅文件均按照上行文要求办理，在附注标注联系人，统一格式为“（联系人：国家税务总局/税务总局××司×××；联系电话：××××）”联系人为承办处室熟悉文件内容的处领导，联系电话应同时注明固定电话和手机号码。

（5）除同时主送中共中央、国务院的文件外，原则上主送一个上级机关，根据需要同时抄送相关上级机关和同级机关，不抄送下级机关。

（6）下级机关的请示事项，如需以税务总局名义向上级机关请示，应当提出倾向性意见后上报，不得原文转报上级机关。

（7）请示必须在事前，应当一文一事，不得在报告等非请示性公文中夹带请示事项。正文末应当有请示语。

（8）除上级机关负责人直接交办事项外，不得以本机关名义向上级机关负责人报送公文，也不得以本机关负责人名义向上级机关报送公文。

4. 税务总局向下级税务机关行文，应当注意以下几个方面：

（1）主送受理税务机关，根据需要抄送其他税务机关。重要行文同时抄送上级机关。

（2）涉及其他部门职权范围内的事务，未协商一致的，不得向下行文。

（3）税务总局向省税务局行文，必要时根据需要抄送相应省委、省政府。

5. 税务总局在职权范围内，可以向党中央、国务院有关部门行文。可以以函的形式向省政府行文，商洽工作、询问和答复问题、审批事项。但不得向省委、省政府发布指令性公文，或者在公文中向省委、省政府提出指令性要求。需经国务院审批的具体事项，经国务院同意后可以由税务总局行文，文中须注明已经国务院同意。

6. 税务总局可以与党中央各部门、国务院各部委联合行文；可以与省委、省政府联合行文；可以与相应的军队机关联合行文；可以与部级人民团体和具有行政职能的事业单位联合行文；不可以与非部级单位（包括税务总局所属事业单位和社团组织）联合行文。联合行文应当明确主办单位（一般排列在前），并编主办单位的文号。

税务总局办公厅与相关部委办公厅的联合发文，根据来文和对等原则确定签发人。文件由其他部委起草并由司局领导签发的，一般由税务总局主办部门草拟签报，经局领导审批后，由主办部门负责人签发。

7. 办公厅根据授权可以代表税务总局行文，其他内设机构不得对外正式行文。

8. 税务总局各内设机构根据工作需要，在规定的职权范围内，向省税务机关的内设机构和其他机关的有关内设机构行非正式公文时使用便函，机关内设机构之间根据工作需要也可以使用便函，但不得以“国家税务总局××省（自治区、直辖市、计划单列市）税务局”为行文对象。

便函适用于商洽工作，通报情况，询问和答复一般事务性问题，安排其他一般性、事务性、临时性内部工作，以对等原则回复征求意见。便函不具备法定效力，不得发布行政许可、行政审批、行政处罚等事项；不得规定税务系统内部管理审批事项；不得进行税收政策解释；不得进行税收征管问题解释；不得部署直接面向纳税人的具体税收征管工作；不得部署检查、调查、核查纳税人工作；不得发布书刊征订等事宜。

9. 对于人大代表的议案、建议和政协委员的提案，税务总局应当按照人大、政协规定的程序、时限、格式等要求办理。

10. 税务总局向上级机关和下级机关行文可以抄送同级机关；向同级机关行文可以同时抄送其他同级机关；转发上级机关、同级机关和不相隶属机关的公文，如无补充内容，可不抄送被转发机关。

11. 国家税务总局令按照《税务部门规章制定实施办法》（国家税务总局令第45号）的要求制发。

12. 国家税务总局公告按照《税务规范性文件制定管理办法》（国家税务总局令第50号）的要求制发。

13. 原则上不对个人行文。除上级机关负责人直接交办的事项和答复人大代表、政协委员建议、议案、提案外，不得以机关名义向个人行文。

（四）公文内容审核

1. 政策法规审核。行文必须符合党和国家的方针、政策，与相关法律、法规、规章和规定一致，政策规定要明确和切实可行。

2. 结构层次序数。公文中的结构层次序数，第一层为“一、”，第二层为“（一）”，第三层为“1.”，第四层为“（1）”。一般第一层用黑体字，第二层用楷体字，第三层和第四层用仿宋体字标注。

3. 公文引用要注意以下几个方面：

（1）引用公文应先引标题，后引发文字号，发文字号在公文的标题后用圆括号注明。文中多次引用同一份文件，有文号的，下次可直接引用文号；无文号的，第一次引用时可在文件名称后面加括号注明简称。

（2）引用法律条文以及办法等制度类文件中具体条、款、项、目时，该条、款、项、目的序号不加括号，表述为“第×条”“第×款”“第×项”“第×目”，不表述为“第（×）条”“第（×）款”“第（×）项”“第（×）目”。在表述连续的条、款、项、目时，要使用完整的表述。如：第一款、第二款；第三项至第六项，不使用：第一、二款；第三至第六项。

（3）公告的格式较为特殊，按以下示例引用：

公告标题中有发文机关，如《财政部 商务部 税务总局关于继续执行研发机构采购设备增值税政策的公告》（2019 年第 91 号），同一文件中再次引用时，可直接表述为“财政部、商务部、税务总局公告 2019 年第 91 号”。

公告标题中无发文机关，如国家互联网信息办公室、国家发展和改革委员会、工业和信息化部、财政部《关于发布〈云计算服务安全评估办法〉的公告》（2019 年第 2 号），同一文件中再次引用时，可直接表述为“国家互联网信息办公室、国家发展和改革委员会、工业和信息化部、财政部公告 2019 年第 2 号”。

公告无标题，如财政部、中央文明办、国家发展改革委、工业和信息化部、公安部、民政部、文化和旅游部、人民银行、市场监管总局、体育总局、国家网信办、银保监会公告 2018 年第 105 号，同一文件中再次引用时，与第一次引用的表述相同。

（4）文件修订后，按以下示例引用：

《国家税务总局关于印发〈国家税务局系统行政单位国有资产管理办法〉的通知》（税总发〔2014〕147 号），作出调整文件：《国家税务总局关于发布税务系统涉及机构改革的行政管理类文件专项清理结果的通知》（税总发〔2019〕3 号），规范引用：《国家税务总局关于印发〈税务系统行政单位国有资产管理办法〉的通知》（税总发〔2014〕147 号，税总发〔2019〕3 号修改）；若只引用管理办法，规范引用：《税务系统行政单位国有资产管理办法》（税总发〔2014〕147 号印发，税总发〔2019〕3 号修改）。

（5）引用外文时，应当注明中文含义。使用国际组织外文名称或者其缩写形式，应当在第一次出现时注明准确的中文译名。

4. 公文中年、月、日写法如下：

（1）文件标题和内容以及成文日期中公历纪元的年、月、日、时均使用阿拉伯数字，不能用汉字书写。

（2）公文中日期的表述应当完整，四位数字表示的年份不应简写为两位数字，如不能将“2021年”写成“21年”。

（3）公文中日期一般应写明具体的年、月、日，在连续性的表述中，年度、月份相同时，可以省略年度或者年度和月份。

（4）要慎重使用“前年”“去年”“明年”“上月”“昨天”“上一年”“前5年”等词语。在使用时，要考虑时间前后关系，要特别注意起草文件时间与成文时间之间的关系。

（5）表述“年代”，应将所属世纪写出。如“上世纪九十年代”应为“20世纪90年代”。

（6）用表示月、日的数字来指称事件、节日、纪念日时，不论事件、节日、纪念日的知名度如何，一律加引号，且在一、十一、十二这三个月份后加间隔号“·”，其他月份不加。例如：“一·二八”事变；“五一”劳动节；“一二·九”运动。

5. 公文中的数字用法要求如下：

（1）用于计量的数字、用于标号的数字、已定型的含阿拉伯数字的词语，应使用阿拉伯数字。如：100~150kg；文号；5G手机。

（2）非公历纪年、概数、已定型的含汉字数字的词语，应使用汉字数字。如：丙寅年十月十五日；二十几；七上八下。

（3）表达计量或者编号所需要用到的数字个数不多，选择汉字数字还是阿拉伯数字在书写的简洁性和辨识的清晰性两方面没有明显差异时，使用阿拉伯数字与汉字数字均可。如：4个月（四个月）。

（4）突出简洁醒目的表达效果，应使用阿拉伯数字；突出庄重典雅的表达效果，应使用汉字数字。如：北京时间2021年7月1日上午8时；六方会谈。

（5）在同一场合出现的数字，应遵循“同类型同形式”原则来选择数字的书写形式。如果数字的表达功能类别相同（比如都是表达年月日时间的数字），或者两数字在上下文中所处的层级相同（比如文章目录中同级标题的编号），应选用相同的形式。反之，如果两数字表达的功能不同，或者所处层次不同，可以选用不同的形式。

（6）标示时间、地点起止时，宜用一字线，标示数量范围时，宜用浪纹线。使用浪纹线表示数值范围时应当注意，在不引起歧义的情况下，一般只在后一数值后加计量单位，在前一数值后不加计量单位。例如：10月10日—11日；50~120米。

（7）“以上”“以下”的使用。公文中所称“以上”“以下”含本数或者本级，不加括号说明；不含本数或者本级，要加括号说明。满多少，包括本数；不满多少，不包括本数。超过多少，不包括本数；不超过多少，包括本数。

6. 公文中的称谓书写要求如下：

（1）正文中机构名称一般使用全称，如果使用简称，必须是规范化的简称。国务院机构全称和简称，国务院机构英文译名，税务总局机关司局全称和简称、英文译名，税务机构称谓的使用要求参见附件1至附件4，不得随意概括。

（2）公文中使用非规范化的简称，应当先用全称，再用括号注明简称。简称中必须保留关键词或者语素，如《著作权集体管理条例（草案）》后面可注明“（以下简称管理条例）”或者“（以下简称草案）”；若不是简略而来，而是另取的名称，可以表述为“以下称送审稿”。加括号说明简称的位置应紧接在简称对象之后。

7. 标点符号的使用要符合汉语语言规范，在公文中要注意以下几点：

（1）公文标题中除法律、法规、规章和规范性文件名称加书名号外，一般不用标点符号。

（2）文中的层次标题后如回行，一般不加标点符号。

（3）标有引号的并列成分之间、标有书名号的并列成分之间通常不用顿号。若有其他成分插在并列的引号之间或者并列的书名号之间（如引语或者书名号之后还有括注），宜用顿号。

（4）表示概述不应用顿号隔开。例如：七八个。

（5）若两数字连用为缩略形式，宜用顿号。例如：二、三产业。

（6）多层书名号，最多用两层《〈〉》，第三层以上的不再使用任何符号。

（7）课题、奖品奖状、证明、会议、活动等名称，不用书名号。某某课题如果是作品名称，使用书名号。

(8) 书名带有括注，括注是书名组成部分时，应放在书名号内。例如：《——办法（试行）》《——讲话（征求意见稿）》。

(9) 图或者表的说明文字，最后结尾处不用句号。

(10) 提示语后分号显示出并列的几种情况时，提示语后宜用冒号。

(11) 栏目名称宜加书名号。例如：央视栏目《新闻联播》。

(12) 版本说明要放在书名号之外，而“草案”“征求意见稿”“初稿”等，则宜加括号放在书名号内。例如：《汉语大词典》（缩印本）；《××管理办法（征求意见稿）》。

(13) 同一句中，不宜套用冒号。在列举式或者条文式公文中，不得不套用冒号时，应当分行来写。例如：

遗产按照下列顺序继承：

第一顺序：配偶、子女、父母。

第二顺序：兄弟姐妹、祖父母、外祖父母。

8. 计量单位。公文中应使用国家法定计量单位。

9. 起草印发办法等制度类通知时，应当注意以下几点：

(1) 为避免通知开头部分表述与办法、制度中的第一条内容重复，通知开头部分可简洁表述如下：

现将税务总局制定的《×××办法》印发给你们，请遵照执行。执行中遇到有关问题和重要情况，请及时向税务总局（××司局）报告。

(2) 采用条文式表述的制度类通知，语言应尽量符合规范性文件的要求，使用“法言法语”，尽量使用双音节词而不使用单音节词。如使用“为了”而不用“为”，使用“但是”而不用“但”，使用“应当”而不用“应”，使用“必须”而不用“须”，使用“需要”而不用“需”等。

(3) 印发办法等制度类通知中，有必要说明文件的解释部门的，一般应在附则中单独列一条，即“本办法由税务总局（××司局）负责解释。”

(4) 印发办法等制度类通知中，需要说明新旧制度前后衔接关系的，一般只在“办法”的正文最后一条与文件执行时间同时说明，通知开头部分不再重复表述前后制度的衔接关系。

10. 对于一些不易归类但又需要说明和通知的事项，可统一在正文末列入“其他有关事项”。

11. 规范单位、地名和人名的排序。起草通报等公文时，正文和附件中的单位、地名排序要有依据。一般情况下，单位按照序列、地名按照区划排列；特殊情况下，单位、地名按照行文时使用的具体标准排序。正文和附件中的人员排序，一般应按照先省区市税务局、后税务总局；先系统内单位、后系统外单位的顺序排列。

附件中需明确人员单位的，单位名称表述须完整规范统一。

主送机关需要分缮的，仍然需要严格按照公文处理办法有关规定，在发文处理单上依行政区划正确填写主送机关名称。

12. 修改公文要注意前后衔接。正文与附件、正文与解读稿要同步修改，修改完毕后要对全文再次进行通读，对修改处进行点校，避免改前不改后或改后不改前。

13. 在公文起草、审核和运转中增强涉税舆情风险意识，强化涉税舆情风险防控。公文起草中，凡是涉及国际税收、个人所得税、房地产、汇市、股市等税收政策需要制发公告或主动公开的，拟稿人应在办文说明中注明涉税舆情风险评估及应对情况；公文审核把关中，凡是涉及以上事项的，在办公厅（文秘处）双核、分管厅领导审核的同时，还应送办公厅主任复核。

二、差错项目登记

文稿经办公厅领导审核确认后，办公厅根据公文差错考核项目和公文超时办理情况，下发公文差错提醒，并按照绩效考评规则进行考评。

三、送税务总局领导签发

运转人员将文稿送办公厅局长办公室（文件室），由局长办公室（文件室）呈税务总局领导签发。

四、接收局长办公室退回的文件

收到局长办公室（文件室）退回的文件，税务总局领导已经签发的税务总局单独发文，送发文人员进行编号；需要外部委联合签发或者会签外部委的文件，需要主办司局修改的文件，需要局内有关单位会签的文件，决定不发的文件，退主办司局办理或者保存。

五、发文编号

办公厅编号范围为：税总党委发、税总党委函、税总党委办发、税总党委办函、国家税务总局令、国家税务总局公告、国家税务总局通告、税总××发、税总××函、税总办××发、税总办××函。其他文件（包括司局便函）字号由各单位自行编排。

基本要求：按照文稿上标注的发文机关代字、签发日期所属年份、收到时间顺序编发文机关代字、年份、顺序号。

国家税务总局令不分年份、不分领导任期，接上年序号编排。在税务总局不更名、隶属关系不变、职能不作大调整的情况下，统一编大流水号，为"国家税务总局令""第×号"。

国家税务总局公告、国家税务总局通告按照年份编号，严格按照序号发布，不空号、不跳号，分别为"国家税务总局公告""××××年第×号"，"国家税务总局通告""××××年第×号"。

税总××发、税总××函、税总办××发、税总办××函按照4类发文分别编年度发文顺序号。

特殊情况处理：编号后文件撤销的，当年发生的，空出的号，在为新文件编号时补上；跨年度的，空号不再填补。

文件印发后发现错误，需要重印的，仍使用原文号。在重印的文件上标明"前文作废，此文为准"。

编号当中遗漏号，并且在当年发现的，用新的文件替补；次年发现的，不再填补。

错用发文机关代字、错编文件序号的，重新编号。原文号用当年新的文件替补。

涉密文件的编号：涉密文件应从电子公文系统中获取字号，在专用的纸质《涉密文件登记簿》上登记发文字号、主办单位、拟稿人、主送单位、份数、密级。

六、确定纸质文件印制数量

纸质文件印制份数为：文件主送单位数量+抄送单位（包括局内抄送）数量+分送税务总局领导数量+退主办司局存档数量+分送局内各单位数量+办公厅（文秘处）留存数量。

文件主送单位、抄送单位（包括局内抄送）数量，根据文稿的标注范围进行计算。主送国务院的外事请示件，需要8份。

分送税务总局领导的文件数量：税总党委发、税总党委函、国家税务总局令、国家税务总局公告、国家税务总局通告，主送或者抄送全国税务机关的税总××发、税总××函，分送税务总局领导（包括离退休老领导）每人1

份。其他文件，分送现任税务总局领导每人1份。

退司局存档数量：税总党委发、税总党委函、税总党委办发、税总党委办函、国家税务总局令、国家税务总局公告、国家税务总局通告、税总××发、税总××函、税总办××发、税总办××函文件，以上皆为5份。

分送局内各单位数量：国家税务总局令、国家税务总局公告、国家税务总局通告，局内各单位（包括国家税务总局税务干部学院和中共国家税务总局党校）各1份（其中办公厅16份），共47份。

办公厅（文秘处）留存数量：2份。

七、排版

正式公文严格按照《党政机关公文格式》（GB/T 9704—2012）和党政机关电子公文标准（GB/T 33476~33483—2016）的要求对纸质文件和电子文件进行排版，并制作电子版条形码。排版后的文件清样退回主办司局校对。

司局便函、总局议事协调机构发文、情况通报、税务简报、税收经济调研、其他简报等文件资料，参照《党政机关公文格式》（GB/T 9704—2012）和党政机关电子公文标准（GB/T 33476~33483—2016）要求排版，文稿应格式规范、字迹清晰、内容无误、页码连续。

税务总局各内设机构所发便函的版头，由税务总局名称和内设机构名称组成，不加“文件”字样。成文日期上署内设机构名称，加盖内设机构印章。

八、主办司局校对

严格按照领导签发的文稿进行校对。发现错字、别字、漏字、标点符号错误等文字问题的，应商办公厅进行修改。发现文件内容需要修改的（包括文中数字统计计算错误需要进行调整的），应经本单位领导和办公厅领导同意后进行修改，是否报税务总局领导审批由本单位领导和办公厅领导确定。在修改文件校对稿的同时，应对原文稿作相应修改。

九、对发文进行终校

严格按照领导签发的文稿进行终校。发现错字、别字、漏字、标点符号错误等文字问题的，应向核稿人员反映。发现文件内容需要修改的（包括文中数字统计计算错误需要进行调整的），应经办公厅领导和主办单位领导同意后进行修改，是否报税务总局领导审批由办公厅领导和主办单位领导确定。在修改文件清样的同时，应对原文稿作相应修改。

十、公文印制

正式公文严格按照经过终校的文件清样和已确定的纸质文件印制数量进行印制。印制完成后，由文印岗位人员对印刷质量、格式规范等进行复核。

其他文件资料的印制按照有关规定办理。

十一、用印

税总党委发、税总党委函、税总党委任由办公厅（文秘处）盖税务总局党委印章；税总党委办发、税总党委办函由办公厅（文秘处）盖税务总局党委办公室印章；国家税务总局令、国家税务总局公告、国家税务总局通告、税总××发、税总××函、税总任由办公厅（文秘处）盖税务总局印章，税总办××发、税总办××函由办公厅（办公室）盖办公厅印章。

其他文件材料由各司局根据印章管理要求用印。

十二、纸质文件封发

（一）税总党委发、税总党委函、税总党委办发、税总党委办函、国家税务总局令、国家税务总局公告、国家税务总局通告、税总××发、税总××函、税总办××发、税总办××函由办公厅（文秘处）负责封发，其中涉及人员处分、解除处分的文件，由主办单位封发；税总党委任、税总任、司局便函、议事协调机构发文、情况通报、税务简报、税收经济调研、其他简报等由主办单位封发。

（二）非涉密文件，通过邮局进行挂号邮寄。封发人员按照受文单位抄写地址、单位、邮编、文号，字迹清晰。将文件装入信封，粘实。

（三）涉密文件应按照机要局的要求进行装封和填写信封封面。

（四）向中央国家机关机要文件交换站登记注册的单位发文，应通过交换站进行。装封、填写信封封面、粘贴条形码等，应按照交换站的规定进行。主送国务院的外事请示件，应交换到外交部。

（五）为节约文件邮寄、交换、机要成本，发往同一个单位的文件，可以多份文件装入一个信封。具体要求如下：

1. 一件最多不得超过5份。
2. 不得将一份文件夹入另一份文件。
3. 不得压时。等待时间不得超过3个工作日。特急件、限时件随到随办。
4. 通过邮局邮寄的信件中不得装有涉密文件。
5. 信封封面应当标明所有文件的文号。

6. 邮寄、交换、机要登记单上应同时标明该件所有文号。

（六）局内分发

1. 分送税务总局领导

税总党委发、税总党委函、税总党委办发、税总党委办函、国家税务总局令、国家税务总局公告、国家税务总局通告、税总××发、税总××函、税总办××发、税总办××函的纸质文件，由办公厅（文秘处）投入局领导文件交换箱；税总党委任、税总任的纸质文件，由主办单位投入局领导文件交换箱。

其他文件、简报、资料等由主办单位按规定投入局领导文件交换箱。

2. 主办单位存档

国家税务总局令、国家税务总局公告、国家税务总局通告、税总××发、税总××函、税总办××发、税总办××函由办公厅（文秘处）退司局存档。

税总党委任、税总任由主办单位存档。

税总党委发、税总党委函、税总党委办发、税总党委办函由办公厅（文秘处）存档。

其他文件、简报、资料等由主办单位按规定存档。

3. 分送局内各单位

税总党委发、税总党委函、税总党委办发、税总党委办函、国家税务总局令、国家税务总局公告、国家税务总局通告的纸质文件由办公厅（文秘处）投入局内各单位文件交换箱。分送国家税务总局税务干部学院的，应通过邮局或者北京市机要局邮寄。

税总党委任、税总任、司局便函、总局议事协调机构发文、情况通报、税务简报、税收经济调研、其他简报等文件资料由主办单位按规定分送局内相关单位。

十三、电子文件分发

税总党委发、税总党委函、税总党委办发、税总党委办函、国家税务总局令、国家税务总局公告、国家税务总局通告、税总××发、税总××函、税总办××发、税总办××函的电子文件由办公厅（文秘处）负责加盖电子印章。经办公厅（文秘处）排版的非涉密文件的电子文件，收文单位与税务内网相连接的，都要发送（其中作为执法依据的同时发纸质文件）。涉密文件，人员处分和解除处分、人事任免的文件，不发送电子文件。

上述文件主送或者抄送全国税务机关的，电子文件分发局内各单位。

司局便函、总局议事协调机构发文、情况通报、税务简报、税收经济调研、其他简报等文件资料由主办部门根据情况封发电子文件。

各司局对已封发的电子文件进行跟踪，没有发到的，要查明原因，及时补发。办公厅对各单位电子文件分发、接收工作进行管理。

对税务系统内只发电子文件的（包括以税务总局、办公厅名义发出的重要会议通知、培训通知以及其他只在税务系统内部需要贯彻的布置性、告知性、事务性文件等），应标注“对税务系统内只发电子文件”字样。

对税务总局不发纸质文件的电子文件，如需要答复，各地可以通过电子公文系统的封发，向税务总局发送电子文件，不再邮寄纸质文件。但要求报送纸质文件的除外。

省税务机关应指定专人负责税务总局下发的电子公文的接收和处理工作。每天上班后、下班前必须按时开机处理电子文件。每天查收处理电子文件不得少于4次。对于既发电子文件又发纸质文件的公文，各单位在收到电子文件后可先行研究贯彻；待收到纸质文件后，应及时与电子文件核对。如发现电子文件与纸质文件不一致，应以纸质文件为准，并将情况及时告知办公厅，以便查明原因。

由于客观原因（主要指办公楼搬迁、机房改造、网络改造、更换服务器、网络和服务器故障等），与税务总局中断文件远程传输的单位，应提前或者及时报告办公厅、电子税务中心。办公厅核实有关情况后在限定期限内（一般为2个月）可向该单位发送纸质文件，以保证其与税务总局文件传递渠道畅通。

电子文件分发司局在电子文件发出后1个工作日内，对接收单位是否接收处理进行检查。对处于“发送中”的文件，由电子税务中心负责查明原因，及时解决问题；对于“已送达”单位未处理的文件，由分发司局负责查明原因。

第五章 印章管理

一、税务总局党委印章、税务总局党委办公室印章、税务总局印章由办公厅（党委办公室）负责管理。各司局印章由综合处管理。印章必须保存在保险柜里，密码和钥匙由发文岗位人员管理。

二、用印范围和份数

（一）经税务总局领导签发的文件，按照文件印制份数用印，一件一印。

（二）对需要盖税务总局党委印章、税务总局党委办公室印章、税务总局印章的材料，按照经税务总局领导、办公厅领导审批的签报所注明的材料名称、份数用印。签报未注明份数和用印次数的，视为领导批准用印一次。

（三）经税务总局领导、办公厅领导审批的印章使用申请单（见附件12）所标注的材料，按照标注的材料名称、份数用印。

三、印章的使用，由发文人员负责。大批量证书、奖状，需要用印的，主办单位应商办公厅进行套印。没有套印，需要逐份盖印的，可委托主办单位工作人员盖印，办公厅工作人员必须进行监督，并清点份数、核对内容。不得将印章拿到印章存放办公室以外的地方使用。

四、用印时，印章端正、居中下压发文机关署名和成文日期，使发文机关署名和成文日期居印章中心偏下位置，印章顶端应当上距正文（或附件说明）一行之内。

五、其他单位与税务总局的联合发文，需要使用税务总局印模的，办公厅工作人员应主动配合，并核对税务总局领导会签的文稿、印制份数，履行印模借还手续。

各司局印章管理参照上述规定执行。

第六章　签报管理

一、适用范围

签报用于税务总局内部工作人员就有关事项向上级领导的请示或报告。

二、格式

签报一般由签报处理单和签报正文两部分组成（见附件6、附件7）。

（一）签报处理单主要由紧急程度、标题、主送、会签等部分组成。

1. 紧急程度。签报的紧急程度分“特急”“加急”两种。只有特急的签报，才在主管局领导外出时，报有关领导批阅。签报事项的紧急程度，由各司局根据工作需要确定。

2. 标题。为便于阅批、引用、传递、查询，签报必须有标题。标题应概括反映签报的内容，基本模式为“关于×××的请示”“关于×××的报告”。

3. 主送。报税务总局领导审批、阅示的签报，主送统称“局领导”，也可具体写明某位局领导的称谓。

为方便签报的呈批，除某位局领导直接交办事项外，主送一律写“局领导”。主送写明某位局领导的签报，不管紧急与否，一律报该领导阅批。

报司局领导批阅的签报，主送的写法由司局确定。但是，不得将司领导与税务总局领导并列，写成“××司领导并局领导”。

4. 会签。签报事项涉及其他司局主管业务的，应在“批示”栏写明应会签的单位，会签后再报税务总局领导阅批。

（二）签报正文，由各司局拟定。

三、运转要求

1. 需要报税务总局领导批、阅的签报由办公厅统一管理。除内容特别敏感外，各司局均应以正式签报的形式起草呈税务总局领导批、阅的请示、报告，办公厅在文件运转过程中发现不符合要求的“白头”文件时，将退承办司局重新起草办理。

2. 各司局报税务总局领导批、阅的签报应当由本司局综合处进行登记后送办公厅（局长办公室）登记、编号、运转。通常情况下，签报应通过文件交换箱运转；对于时限特别紧急、内容特别重要或敏感的签报，承办司局应指定专人直送办公厅局长办公室（文件室）登记后全程跑签。对于有特别办理要求的，从其规定。

3. 签报运转全程应做到纸质件与电子件同步运转（密件除外），各司局在将签报投入智能文件交换系统“局长办收文”箱或直送至办公厅局长办公室（文件室）时，应同时将电子件通过电子公文系统发送到文件室。

4. 签报内容涉及其他司局主管业务的，应当送相关司局进行会签；会签后，由主办司局综合处按签报运转要求办理。

5. 税务总局领导对签报进行审批后，由办公厅局长办公室（文件室）汇总批示、销号后退相关司局。各司局跑签的签报应在税务总局领导作出批示后及时到办公厅局长办公室（文件室）履行销号手续。

第七章　档案管理

一、归档

纸质文件，由局内各单位（不含国家税务总局税务干部学院）按照《全国税务机关档案管理办法》所确定的归档范围和时间、《全国税务机关归档文件整理办法》所确定的整理方法以及《全国税务机关公文处理办法》《全国税务机关文件材料归档范围和文书档案保管期限规定》《国家税务总局文书档案保管期限表》的有关规定，将本单位应归档文件收集齐全、整理有序后，每年5月底送档案管理部门归档。档案管理员按照各单位形成的归档目录，进行清点、核对后，办理签字、移交手续。

电子公文系统内各司局形成的电子文件，由局内各单位综合处通过电子公文系统“文件归档”功能进行预归档，由税务总局档案管理部门负责正式归档。

电子文件由档案管理员进行标引、归档，并确保与纸质档案编号相对应。非涉密档案，存入档案管理服务器，在税务总局局域网上实行网络化管理；涉密档案，存入档案管理部门的涉密档案服务器，实行单机管理，不在网络上运行。

各司局管理的专业档案、音像、实物、科研、基建档案应根据以上制度和有关专业档案管理规定，制定专门管理办法，定期归档，规范管理，音像、实物、科研、基建档案应按规定时间和要求移交总局档案管理部门。档案管理部门根据工作安排进行业务指导检查。

二、已归档文件整理

档案管理员应按照《国家税务总局文书档案保管期限表》的有关规定，核定档案保管期限。分年度、分司局将档案排列上架，司局顺序按照行政序列确定。

三、档案库房管理

档案库房由档案管理员负责管理。无人在库房工作期间，门窗应当关闭并上锁。下班后，应当关灯。节日期间，应当关闭涉密档案服务器及其他电器设备。库房应保持清洁，确保防火、防盗、防潮、防光、防鼠、防虫、防尘、防高温、防磁、防有害气体等十防到位。不得在库房内吸烟。无关人员不得进入档案库房。

四、档案借阅查询

（一）纸质档案

局内各单位工作人员可凭工作证到档案室查阅或者借阅纸质档案。

1. 需要借阅非涉密档案的，到档案室办理登记手续后方可查阅或者借阅。需要借阅的，档案管理员将档案原件复印并加盖档案室专用章，交给借阅人员。

2. 需要借阅涉密档案的，填写《涉密档案借阅申请单》并写明借阅原因，报经本单位领导、办公厅领导审批同意后，档案管理员将档案原件复印并加盖档案室专用章，交给借阅人员。借阅人员应在使用后两周内将借阅的复印件归还至档案室。超过两周仍需使用的，应及时办理续借手续。

3. 需要查阅绝密档案的，填写《涉密档案借阅申请单》并写明借阅原因，报经本单位领导、办公厅领导、司局分管局领导审批同意后，可在档案室查阅。密码电报不得复印、借阅。

档案管理员应做好档案查阅、复印、借阅登记，按期催还，检查所归还档案有无缺损、涂改，发现问题及时报办公厅领导处理。

（二）电子档案

局内各单位工作人员可通过电子公文系统档案查询功能查阅非涉密电子档案。

五、档案移交

税务总局保存的永久档案，根据中央档案馆要求进行移交。档案管理员经商中央档案馆，按照移交标准，分阶段列出目录，报办公厅领导、税务总局领导审批后，移交到中央档案馆。电子档案可拷贝一并移交。

六、档案销毁

超过保管期限的长期、短期、30 年、10 年纸质档案，可根据档案库房容量，分阶段列出目录，报办公厅领导、税务总局领导审批后，送国家保密局指定部门进行销毁。电子档案保存期限可适当延长，具体期限请示办公厅领导确定。

第八章 机要交换

一、税务总局机关内部文件交换管理

（一）税务总局机关配有智能文件交换系统，为每个单位设置 2 个文件交换箱：条形码箱和普通箱。

贴有条形码的文件、信件通过条形码箱进行交换；没有贴条形码的文件、信件通过普通箱进行交换。

（二）智能文件交换系统由机要交换人员负责管理。系统出现故障，应及时联系技术支持公司的人员进行修复。

故障期间，应对各单位送来的贴有条形码的文件进行登记，故障排除后及时投箱；对特急件，应要求送件单位与收件单位协商处理，以免延误。

对需要明确交接责任、记录运转过程的文件、信件，各单位应通过条形码箱进行交换。

（三）局内各单位应选派专人负责文件交换工作，并将文件交换人员、综合处领导、司局领导名单和电话（手机）号码送办公厅（文秘处）登记。人员名单和电话（手机）号码如有变化，应书面通知办公厅（文秘处）。

（四）办公厅（文秘处）负责发放文件交换人员身份认证卡。各单位文件交换人员凭卡进行文件交换。

各单位要加强文件交换人员身份认证卡的管理。文件交换人员调离岗位，应及时将身份认证卡收回。身份认证卡丢失，应及时到办公厅（文秘处）注销作废，并补办新卡。身份认证卡注销作废前，发生本单位文件交换箱中的文件、信件被取走事件，责任由该单位负责。

（五）文件交换范围为文件、签报、信息等公务活动的材料和信件。下列材料、物品不得交换：

1. 各种非文件类物品，包括贺年片、明信片、挂历、照片、货币、有价证券、图书杂志、私人信函等。

2. 印刷品、音像制品。

3. 按照有关规定不得发送的其他材料物品。

（六）下列文件、信件投入相关单位的文件交换箱：

1. 交换挂号信、邮局挂号信、机要信、特快专递信。

2. 收文办件、收文阅件中的急件和密件。

3. 分送办公厅（保密处）的国发、国办发文件。

4. 税务总局领导有批示的文件材料。

5. 送办公厅（文秘处）排版的文件（同时运转电子文件）。

6. 退回各单位的发文底稿和存档文件。

上述文件材料上已有条形码的，不得再贴条形码，只对原条形码进行扫描。

（七）下列文件、信件，可以不贴条形码、不登记，直接投入相关单位的文件交换箱：

1. 邮局平信。

2. 信息简报。

（八）各单位送办公厅（文秘处）进行核稿的文件和办公厅（局长办公室）进行登记的签报，必须贴条形码，分别投核稿文印箱和局长办收文箱。投放特急件、限时件时，必须通知办公厅有关人员。

各单位之间交换的文件、信件，是否贴条形码，由各单位确定。

（九）税务总局机关内部文件、信件运转所需的条形码标签由办公厅统一制发。各单位领取时应检查标签是否有错误或者打印不清晰。

内部条形码的粘贴：签报贴在首页上端中间；文件贴在发文处理单上端中间，不得贴在“办文说明”上。电子公文系统中已生成条形码的，不必再另贴条形码。

（十）办公厅向相关单位分发限时件、特急件的，依次电话（手机）通知相关单位文秘人员、综合处领导、司领导，并做好记录；相关单位应及时（不得超过1个小时）派人取回文件；30分钟内联系不上，或者相关单位在1个小时内没有将文件取出，工作人员应将信件送办公厅领导提出处理意见。

（十一）局内各单位交换特急件、限时件时，应通知收件单位派人来取。

（十二）文件交换时间为每个工作日的8：00至17：00。

各单位每个工作日的上午、下午各进行一次文件交换。交换时必须携带文件交换人员身份认证卡。

未按照规定时间进行文件交换造成文件压误的，由收文单位负责。

（十三）文件交换人员应爱护智能文件交换系统，严格按照操作说明进行收发文件操作，注意轻开、轻关箱门，遇到问题及时通知智能文件交换系统管理人员处理，并服从工作人员的业务指导。

交换文件时应注意单件文件厚度不要超过4.5厘米，超出此限度的文件由工作人员负责处理。

二、局内各单位向外单位发送信件的管理

（一）局内各单位向外单位发送信件的渠道有：交换站、机要局、邮局。

收件单位为经中央国家机关机要文件交换站注册的单位及其代管单位的，应当通过交换站发送信件。包括：人大、政协、高法院、高检院，国务院部门，中央、军队、银行、人民团体、新闻报社，院所、中心、市属各部门，中央企业、北京市企业及其他，共6类。

收件单位不在上述范围内的，涉密信件通过机要局发送，非涉密信件通过邮局发送。

（二）局内各单位向外单位发送信件的范围为：文件（含司局便函）、信息简报等公务活动的信件。下列材料、物品不得通过上述渠道发送：

1. 各种非文件类物品，包括贺年片、明信片、挂历、照片、货币、有价证券、图书杂志、私人信函等。

2. 印刷品、音像制品。

3. 按照有关规定不得发送的其他材料物品。

（三）使用交换、机要、邮政部门规定的标准信封封装材料，粘实封口。

发送涉密文件材料时，要严格按照保密规定，使用加厚或者双层封套，加盖密级标记并密封。其中发送“绝密”级文件材料的，应当使用由防透视材料制作的、周边缝有韧线的专用信封，信封的封口及中缝处应当加盖密封章或者加贴密封条。

（四）信封封面栏目要填写完整，字迹端正清晰。

1. 通过交换站发送的信件，信封的正面中间填写被交换单位名称，右下角填写“国家税务总局×××司（局、社、所、中心）。”

2. 通过邮局、机要局发送的信件，要填写收件单位邮政编码、详细地址和名称，发件单位邮政编码、详细地址和名称。其中通过机要局发送的信件，还要标明密级；一件中有多种密级文件材料的，按照其中最高涉密等级标注。

（五）机要信件和交换、邮局挂号信件，要在信封上贴条形码，登记条形码号备查，分别投入智能文件交换系统的中央国家机关机要文件交换站（交换站）箱、北京市机要局（机要局）箱、邮局箱。

三、税务总局与外单位进行文件交换

（一）对外发送文件和信件的渠道和范围、信封的封装和封面的填写等要求按照本章“二、局内各单位向外单位发送信件的管理”的规定执行。信封封面的发件单位填写“国家税务总局”。

（二）机要交换人员于工作日的每天9：00到交换站进行文件交换。双休日每天，七天长假期间的第一天和第五天、三天小长假期间的第一天加班到交换站交换文件一次，具体时间遵照交换站规定。

（三）机要交换人员应按照交换站有关规定进行文件交换。

1. 审核信封封面的填写、封装是否符合要求，并在信封正面贴交换站条形码；登记发件条形码号、收件单位名称、交换站条形码号。

2. 使用专用文件箱装放信件，乘坐机要车辆到交换站。

3. 将税务总局信件分别投入相关单位的文件交换箱。

4. 取出其他单位投入税务总局文件交换箱的信件。

5. 打印回执清单，进行核对。发现误投的信件，退回发件单位，打印系统退信清单。

（四）取回的信件，主送税务总局或者税务总局办公厅的，交收文人员。主送有关司局的，扫描条形码后投入智能文件交换系统的相关单位条形码箱，不便投箱的，进行纸质登记，电话通知收件单位领取并签收；无条形码的直接投智能文件交换系统的普通箱。

节假日从交换站取回的信函，主送有关司局的，扫描条形码后投入智能文件交换系统的相关单位条形码箱；主送税务总局或者税务总局办公厅的，上班时交收文人员处理，其中特急件由机要人员拆封处理（绝密件除外），需要及时处理的送总值班室处理。机要人员应当记录处理过程，信件、文件的交接要进行签收。

（五）发出机要信件，要审核信封封面的填写、封装是否符合要求；登记发件单位的名称、编号（条形码号）、收件单位名称；打印机要文件交寄清单（两联，机要局编号后返回一联）。在机要局来税务总局送信时，交机要局人员签收。

（六）邮寄信件，审核信封封面的填写、封装是否符合要求。挂号的，贴邮局挂号条形码。

平信的，填写大宗邮件交寄清单（三联，核对总数后返回一联）。

每周于周二、周四向邮局发信两次。遇紧急情况，可联系邮局予以配合，增加发信次数（节假日除外）。

（七）税务总局向税务系统印发的特急件、加急件，需要通过特快专递发送的，使用特快专递专用信封进行封装。认真填写封面各栏，字迹要清晰端正。登记发件单位、收件单位、文号、发出时间。

四、直接取送信件

（一）中办、国办、税务总局领导、办公厅领导要求直接取送信件的，机要交换人员应及时取送。

（二）直接取送信件，要做好记录。

建立《直接取送文件登记簿》，记录文件、信件交接过程。

送出信件的，要登记交件人、信封编号、主送单位（个人）、交件时间。

送到后，应要求收件人签收、接收时间。

取回信件的，要进行签收、审核封装是否完整；登记发件单位、信封编号、收件单位（个人）、收到时间。取回后，应要求收件人签收并写明交接时间。

五、文件信件交接凭单的管理

文件、信件交接过程中产生的交接凭证要妥善保管，保存3年后销毁。

六、机要车辆使用

机要人员到交换站取送信件或者直接取送信件必须乘坐机要车辆，并电话通知机关服务中心指派机要车辆，机关服务中心全天保障机要交通用车。

第九章　电子公文系统管理

电子公文系统分为总局版、省局版2个版本。办公厅对电子公文实行全程管理，负责税务总局机关电子公文处理工作的组织协调、培训指导、监督检查，负责指导下级税务机关电子公文管理工作，配合技术部门做好税务系统电子公文系统开发升级、服务保障等工作，促进电子公文的归档、保管、利用，确保电子公文管理安全规范。

一、业务需求管理

（一）电子公文系统升级完善工作应当在办公厅统一安排下组织进行，一般每年集中组织1次。由相关单位向办公厅提交业务需求，审核通过后提交技术部门（电子税务中心）组织升级完善。

（二）各单位根据工作需要可以在日常工作中提出电子公文系统功能变更业务需求，由需求提出单位通过电子公文系统“维护申请”模块向业务审核部门提交申请，电子公文系统管理岗审核通过后，于2个工作日内提交技术部门进行变更。

（三）涉及文件类型、组织架构、工作流程变更的，一般应由有关司局报经局领导审批同意，而后按照需求变更程序申请变更。

（四）对电子公文系统有较大变更需求时，需求单位应事先与办公厅进行沟通，会同技术部门共同研究变更需求的可行性、必要性以及涉及的相关工作。

二、账号管理

（一）总局版、省局版电子公文系统的账号实行分级维护管理，各单位人员发生岗位变动、职务变更等情况时，应按照规定程序及时申请调整电子公文系统账号及权限。

（二）总局版电子公文系统账号的新增、迁移、停用或者权限变更，应由本单位工作人员通过电子公文系统“维护申请”模块向业务审核部门提出申请，经电子公文系统管理岗审核后，于2个工作日内转交技术审核部门（电子税务中心）办理。提交申请时需另附借调文件、会议纪要、抽调干部通知书等证明材料。

（三）省局版电子公文系统账号的新增、迁移、停用或者权限变更，应由使用单位结合实际严格规范管理。

三、电子公文内容变更管理

（一）总局版、省局版电子公文系统的电子公文内容变更实行分级维护管理。

（二）相关司局需要变更总局版电子公文系统内电子公文的内容或者领导批示，且无法在系统内自行操作实现的，应由变更单位通过电子公文系统“维护申请”模块提出申请，经对应纸质文件最高签批人审批同意后，提交业务审核部门。电子公文管理岗收到申请后，应严格审核把关，并于2个工作日内转交技术审核部门（电子税务中心）办理。

（三）相关司局需要变更总局版电子公文系统发送至省局版电子公文系统的电子公文，除履行变更程序外，还需由变更司局及时联系收文单位告知变更情况并删除原接收公文。

（四）变更后的电子公文要与领导审批的纸质文件内容保持一致，不一致的申请内容不予修改。电子公文删除应当长期保存删除记录。

第十章　党委规范性文件备案审查

一、税务总局党委规范性文件报备

（一）报备范围

税务总局党委履行职责过程中形成的具有普遍约束力、在一定时期内可以反复适用的意见、规划、计划、方案、办法、细则、举措等文件，包括贯彻落实习近平总书记重要讲话和重要指示批示精神、贯彻落实中央文件和中央会议精神、指导推动税收工作发展、涉及人民群众切身利益、加强和改进党的建设、以及改革创新等方面的重要文件，应自发布之日起30日内，通过机要交换方式送中央办公厅法规局备案。

（二）报备程序

1. 主办司局在起草党委规范性文件时，须同步起草备案报告、备案说明。其中，备案说明包括文件的制定背景、主要内容、起草过程、审议情况，以及其他重要事项等内容。

2. 税务总局党委规范性文件印发后，主办司局应当在文件印发之日起5日内，将正式文件、备案报告、备案说明的电子件送办公厅（文秘处），由办公厅装订成册后向党中央报备。

（三）报备审查

1. 党委规范性文件应送人事司（党委组织部）进行政治性、合法合规性、合理性审查。人事司（党委组织部）审查的重点：是否认真贯彻落实习近平新时代中国特色社会主义思想，有关政治表述是否规范；是否同党章、党内法规、上位规范性文件相抵触，是否与同位规范性文件规定相冲突；是否适应形势发展需要，是否可能存在造成重大负面影响等。

2. 通过人事司（党委组织部）审查后，送办公厅（党委办公室）进行审核。办公厅（党委办公室）除对政治性、合法合规性、合理性进行再次审查外，还应重点审核文种使用是否规范、体例格式是否正确、表述是否准确，是否符合精简文件、改进文风要求等。

二、省税务局党委规范性文件备案审查

（一）报备范围

各省税务局党委制发的规范性文件应当自印发之日起30日内向税务总局党委报备。具体指各省税务局党委在履行职责过程中形成的具有普遍约束力、在一定时期内（一般指一年以上）可以反复适用的文件。包括贯彻落实习近平总书记重要讲话和指示批示精神，贯彻落实中央文件、中央会议精神，指导推动税收工作发展，加强和改进党的建设，以及改革创新等方面的规则、规划、规定、计划、办法、方案、细则、举措、意见、通知等文件。

（二）报备程序

1. 报备规范性文件，应当提交备案报告、正式文本和备案说明，装订成册，一式两份，并报送电子文本（OFD格式）。备案说明应当写明文件制定背景、主要内容、政策创新及其依据、重要数据指标来源、征求意见、审议签批过程等情况。

2. 办公厅（党委办公室）收到省税务局党委报备的规范性文件应当从形式上进行审查：

（1）报备文件是否属于报备范围；

（2）是否自印发之日起30日内报备；

（3）报备材料是否齐全；

（4）报备材料是否符合规定格式；

（5）电子文本与纸质文件是否一致。

并根据情况作出不同处理：

（1）属于报备范围且报送材料符合要求的，予以备案登记；

（2）不属于报备范围的，不予备案登记，并反馈下级税务局党委；

（3）属于报备范围但报送材料不符合要求的，通知下级税务局党委在5日内补正。

3. 办公厅（党委办公室）备案登记后，分送税务总局党委工作部门对文件进行审查。

（三）报备审查

税务总局党委工作部门对文件进行全面审查，在10日内提出审查意见报办公厅（党委办公室）。办公厅（党委办公室）对审查意见进行全面复核，并重点对规范性进行把关，汇总整理审查意见报局领导审批后下发省税务局党委。

附件1

国务院机构全称和简称

全称	简称
中华人民共和国国务院办公厅	国务院办公厅
国务院组成部门	
中华人民共和国外交部	外交部
中华人民共和国国防部	国防部

续表

全称	简称
中华人民共和国国家发展和改革委员会	国家发展改革委
中华人民共和国教育部	教育部
中华人民共和国科学技术部	科技部
中华人民共和国工业和信息化部	工业和信息化部
中华人民共和国国家民族事务委员会	国家民委
中华人民共和国公安部	公安部
中华人民共和国国家安全部	国家安全部
中华人民共和国民政部	民政部
中华人民共和国司法部	司法部
中华人民共和国财政部	财政部
中华人民共和国人力资源和社会保障部	人力资源社会保障部
中华人民共和国自然资源部	自然资源部
中华人民共和国生态环境部	生态环境部
中华人民共和国住房和城乡建设部	住房城乡建设部
中华人民共和国交通运输部	交通运输部
中华人民共和国水利部	水利部
中华人民共和国农业农村部	农业农村部
中华人民共和国商务部	商务部
中华人民共和国文化和旅游部	文化和旅游部
中华人民共和国国家卫生健康委员会	国家卫生健康委
中华人民共和国退役军人事务部	退役军人事务部
中华人民共和国应急管理部	应急管理部
中国人民银行	中国人民银行

续表

全称	简称
中华人民共和国审计署	审计署
教育部对外保留国家语言文字工作委员会牌子。工业和信息化部对外保留国家航天局、国家原子能机构牌子。人力资源和社会保障部加挂国家外国专家局牌子。自然资源部对外保留国家海洋局牌子。生态环境部对外保留国家核安全局牌子。农业农村部加挂国家乡村振兴局牌子。	
国家语言文字工作委员会	国家语委
国家航天局	国家航天局
国家原子能机构	国家原子能机构
国家外国专家局	国家外专局
国家海洋局	国家海洋局
国家核安全局	国家核安全局
国家乡村振兴局	国家乡村振兴局
国务院直属特设机构	
国务院国有资产监督管理委员会	国务院国资委
国务院直属机构	
中华人民共和国海关总署	海关总署
国家税务总局	税务总局
国家市场监督管理总局	市场监管总局
国家金融监督管理总局	金融监管总局
中国证券监督管理委员会	中国证监会
国家广播电视总局	广电总局
国家体育总局	体育总局
国家信访局	国家信访局

续表

全称	简称
国家统计局	国家统计局
国家知识产权局	国家知识产权局
国家国际发展合作署	国家国际发展合作署
国家医疗保障局	国家医保局
国务院参事室	国务院参事室
国家机关事务管理局	国管局
国家市场监督管理总局对外保留国家反垄断局、国家认证认可监督管理委员会、国家标准化管理委员会牌子。国家新闻出版署（国家版权局）在中央宣传部加挂牌子，由中央宣传部承担相关职责。国家宗教事务局在中央统战部加挂牌子，由中央统战部承担相关职责。	
国家反垄断局	国家反垄断局
国家认证认可监督管理委员会	国家认监委
国家标准化管理委员会	国家标准委
国家新闻出版署	国家新闻出版署
国家版权局	国家版权局
国家宗教事务局	国家宗教局
国务院办事机构	
国务院研究室	国务院研究室
国务院侨务办公室在中央统战部加挂牌子，由中央统战部承担相关职责。国务院港澳事务办公室在中共中央港澳工作办公室加挂牌子，由中共中央港澳工作办公室承担相关职责。国务院台湾事务办公室与中共中央台湾工作办公室、国家互联网信息办公室与中央网络安全和信息化委员会办公室，一个机构两块牌子，列入中共中央直属机构序列。国务院新闻办公室在中央宣传部加挂牌子，由中央宣传部承担相关职责。	
国务院侨务办公室	国务院侨办
国务院港澳事务办公室	国务院港澳办

续表

全称	简称
国务院台湾事务办公室	国务院台办
国家互联网信息办公室	国家网信办
国务院新闻办公室	国务院新闻办
国务院直属事业单位	
新华通讯社	新华社
中国科学院	中国科学院
中国社会科学院	中国社科院
中国工程院	中国工程院
国务院发展研究中心	国务院发展研究中心
中央广播电视总台	中央广电总台
中国气象局	中国气象局
国家行政学院与中央党校，一个机构两块牌子，作为党中央直属事业单位。	
国家行政学院	国家行政学院
国务院部委管理的国家局	
国家粮食和物资储备局	国家粮食和储备局
国家能源局	国家能源局
国家数据局	国家数据局
国家国防科技工业局	国家国防科工局
国家烟草专卖局	国家烟草局
国家移民管理局	国家移民局
国家林业和草原局	国家林草局
国家铁路局	国家铁路局

续表

全称	简称
中国民用航空局	中国民航局
国家邮政局	国家邮政局
国家文物局	国家文物局
国家中医药管理局	国家中医药局
国家疾病预防控制局	国家疾控局
国家矿山安全监察局	国家矿山安监局
国家消防救援局	国家消防救援局
国家外汇管理局	国家外汇局
国家药品监督管理局	国家药监局
国家移民管理局加挂中华人民共和国出入境管理局牌子。国家林业和草原局加挂国家公园管理局牌子。国家公务员局在中央组织部加挂牌子，由中央组织部承担相关职责。国家档案局与中央档案馆、国家保密局与中央保密委员会办公室、国家密码管理局与中央密码工作领导小组办公室，一个机构两块牌子，列入中共中央直属机关的下属机构序列。	
中华人民共和国出入境管理局	中国出入境管理局
国家公园管理局	国家公园局
国家公务员局	国家公务员局
国家档案局	国家档案局
国家保密局	国家保密局
国家密码管理局	国家密码局

附件2（略）

附件 3

税务机构简称和常用称谓释义

一、税务机构全称——简称对照表

序　号	全称	简称
（一）	国家税务总局	税务总局
（二）	国家税务总局各内设机构	局内各单位
	办公厅（党委办公室）	办公厅（党委办公室）
	政策法规司	法规司
	货物和劳务税司	货物劳务税司
	所得税司	所得税司
	财产和行为税司	财产行为税司
	国际税务司	国际税务司
	社会保险费司（非税收入司）	社保非税司
	收入规划核算司	规划核算司
	纳税服务司	纳税服务司
	征管和科技发展司	征管科技司
	大企业税收管理司	大企业管理司
	稽查局	稽查局
	财务管理司	财务司
	督察内审司	督察内审司
	人事司（党委组织部）	人事司（党委组织部）
	党建工作局（党委宣传部、巡视工作办公室）	党建工作局（党委宣传部、巡视办）
	机关党委	机关党委
	离退休干部局	离退局

续表

序　号	全称	简称
	税收大数据和风险管理局	数据风险局
	教育中心	教育中心
	机关服务中心	服务中心
	电子税务管理中心	电子税务中心
	集中采购中心	采购中心
	税收科学研究所	科研所
	税收宣传中心	宣传中心
	中国税务学会	学会
	中国国际税收研究会	研究会
	中国注册税务师协会	协会
	中国税务杂志社	杂志社
	中国税务报社	报社
	中国税务出版社	出版社
	国家税务总局税务干部学院（中共国家税务总局党校）	税务总局干部学院（税务总局党校）
（三）	国家税务总局各省、自治区、直辖市和计划单列市税务局	各省（区、市）税务局
	国家税务总局××省税务局 国家税务总局××自治区税务局 国家税务总局××市税务局	××省税务局 ××自治区税务局 ××市税务局
	国家税务总局驻××特派员办事处	税务总局驻××特派办

二、税务机构常用称谓释义

序号	称谓	释义
1	全国税务系统	包括税务总局在内的各级税务机关及其事业单位
2	各级税务机关	包括税务总局在内的各级税务机关
3	各地税务机关	除税务总局以外的各级税务机关

续表

序号	称谓	释义
4	省税务局（税务机关）	国家税务总局各省、自治区、直辖市、计划单列市税务局
5	市税务局（税务机关）	国家税务总局各市、地区、盟、州、市级区税务局
6	县税务局（税务机关）	国家税务总局各县、旗、县级市、县级区税务局
7	××以上、以下税务局（税务机关）	除特别注明，表示包括本级

附件4

国家税务总局机构中英文对照表

中文	英文
国家税务总局	State Taxation Administration（STA）
国家税务总局各内设机构	STA In-house Departments
办公厅	General Office
政策法规司	Tax Policy and Legislation Department
货物和劳务税司	Goods and Services Tax Department
所得税司	Income Tax Department
财产和行为税司	Property and Behavior Tax Department
国际税务司	International Taxation Department
社会保险费司（非税收入司）	Social Security Contributions Department (Non-tax Revenue Department)
收入规划核算司	Revenue Planning and Accounting Department
纳税服务司	Taxpayer Service Department
征管和科技发展司	Tax and Information Technology Administration Department

续表

中文	英文
大企业税收管理司	Large Business Taxation Department
稽查局	Tax Investigation Bureau
财务管理司	Financial Management Department
督察内审司	Supervision and Internal Audit Department
人事司	Personnel Department
党建工作局	CPC Party Building Bureau
机关党委	STA Headquarters Committee of CPC
离退休干部局	Retired Staff Bureau
税收大数据和风险管理局	Big Dataand Risk Management Bureau
教育中心	Education Center
机关服务中心	Logistics Center
电子税务管理中心	E-Tax Management Center
集中采购中心	Procurement Center
税收科学研究所	Tax Scienceand Research Institute
税收宣传中心	Tax Publicity Center
中国税务学会	China Tax Society
中国国际税收研究会	China International Tax Research Society
中国注册税务师协会	China Certified Tax Agents Association
中国税务杂志社	China Tax Journal Office
中国税务报社	China Tax Newspaper Office
中国税务出版社	China Tax Press
国家税务总局税务干部学院（中共国家税务总局党校）	Tax Academy of STA （STA Party School of CPC）

附件 5

国家税务总局收文批办单

年　月　日

<table>
<tr><td colspan="2">来文单位　　　　　　　　文号　　　　　　　　密级</td></tr>
<tr><td>来文标题</td><td></td></tr>
<tr><td colspan="2">领导批示：</td></tr>
<tr><td colspan="2">办公厅拟办：</td></tr>
<tr><td>备注</td><td></td></tr>
</table>

登记单位：办公厅文秘处　　拟办人及电话：　　　办公室：

附件 6

国家税务总局签报处理单

<table>
<tr><td>主办单位：</td><td>缓急：</td></tr>
<tr><td></td><td>会签：</td></tr>
<tr><td colspan="2">主送：局领导：
司局领导：</td></tr>
<tr><td colspan="2">标题：</td></tr>
<tr><td colspan="2">附件：</td></tr>
<tr><td colspan="2">领导批示：</td></tr>
</table>

附件 7

签　　报

国家税务总局××司（局）	年　月　日
批 示	

（标题）

附件 8

国家税务总局发文处理单

<table>
<tr><td colspan="2">密级：（ ）</td><td colspan="2">缓急：（ ）</td><td>发文字号：　〔 〕 号</td></tr>
<tr><td colspan="2">签发：</td><td colspan="2">局外签发：</td><td>局外会签：</td></tr>
<tr><td colspan="2">办公厅
审　核：</td><td colspan="3" rowspan="2">局内会签：</td></tr>
<tr><td colspan="2">办公厅
核　稿：</td></tr>
<tr><td>主办部门：

电话：</td><td>拟稿人：</td><td>处领导：</td><td>司核稿：</td><td>司领导：</td></tr>
<tr><td colspan="5">标题：</td></tr>
<tr><td colspan="5">工作秘密确定依据：</td></tr>
<tr><td colspan="5">知悉范围：</td></tr>
<tr><td colspan="5">主送：</td></tr>
<tr><td colspan="2">抄送：</td><td colspan="3">局内抄送：</td></tr>
<tr><td colspan="5">附件说明：</td></tr>
<tr><td colspan="2">附注：□ 对税务系统内只发电子文件</td><td colspan="3">印刷份数：　打字：　校对：</td></tr>
</table>

附件9

会 签 意 见

关于×××的意见［标题］

×××司局：

（正文）

×××司局（领导签字）

年　　月　　日

附件10

政 策 解 读

×××司（局）　　　　　　　　　　　　　　　　　　　　年　月　日

关于×××公告（通知）的解读

（正文）

附件 11

办 文 说 明

×××司（局）　　　　　　　　　　　　　　　　　　　　（日期）

关于××××的说明

（正文）

附件 12

印章使用申请单

申请单位	
印章名称	☞税务总局党委印章 ☞税务总局党委办公室印章 ☞税务总局印章
司领导审核	
办公厅领导审核	
总局领导审批	
内容（事由）	
份数	
经办人	
日期	

附件 13

文印申请单

填表日期：

<table>
<tr><td colspan="2">申请单位</td><td colspan="2"></td></tr>
<tr><td colspan="2">资料名称</td><td colspan="2"></td></tr>
<tr><td colspan="2">印制份数</td><td colspan="2"></td></tr>
<tr><td>经办人</td><td></td><td>联系方式</td><td></td></tr>
<tr><td colspan="2">司领导审核</td><td colspan="2">（签章）</td></tr>
<tr><td colspan="2">办公厅（文秘处）
审核</td><td colspan="2"></td></tr>
<tr><td colspan="2">备注</td><td colspan="2"></td></tr>
</table>

填表说明

各司局如需在办公厅文印室统一印制内部文件、资料的，须由申请单位填写《文印申请单》并经所在司局领导签批、办公厅（文秘处）审核后予以印制。若印制涉密文件、资料，应履行涉密文件复制审批手续。

交付印制的稿件，应符合以下标准：

一、交付印制的稿件为纸质件的，稿件应纸面干净、排版规范、字迹清晰、内容无误、页码连续。

二、交付印制的稿件为电子件的，应将文件格式转换成PDF格式并刻录光盘，不得使用软盘、U盘等移动存储介质；涉密稿件应使用涉密U盘等涉密载体。

附件 14

涉密档案借阅申请单

<table>
<tr><td>借阅人及单位</td><td colspan="2"></td><td>手机号码</td><td></td></tr>
<tr><td rowspan="2">借阅文件信息</td><td colspan="2">标题</td><td>档号/文号</td><td>密级程度</td></tr>
<tr><td colspan="2"></td><td></td><td></td></tr>
<tr><td>借阅理由</td><td></td><td>借阅时间</td><td colspan="2"></td></tr>
<tr><td>本司局领导审批</td><td></td><td>办公厅领导审批</td><td colspan="2"></td></tr>
<tr><td colspan="2">总局领导审批
（适用借阅绝密档案）</td><td colspan="3"></td></tr>
<tr><td colspan="2">归还签字</td><td colspan="3"></td></tr>
</table>

附件 15

国家税务总局关于《×××》的备案报告

中共中央办公厅：

现将中共国家税务总局委员会于×年×月×日印发的《×××》和备案说明一式一份报请中央备案。

国家税务总局办公厅
年　月　日

注：标题用方正小标宋二号字，正文用方正仿宋三号字，数字用 Times New Roman 体，均加粗。

附件 16

关于《×××》的备案说明

中共国家税务总局委员会于×年×月×日印发了《×××》，现将有关制定问题作出如下说明：

……

注：标题用方正小标宋体二号字，正文用方正仿宋三号字，数字用 Times New Roman 体，均加粗。

4. 国家税务总局办公厅关于印发《国家税务总局机关公文考核办法》的通知（节选）

税总办发〔2013〕×号

局内各单位：

经国家税务总局领导批准，现将《国家税务总局机关公文考核办法》印发给你们。本办法自 2013 年 6 月 1 日起施行。

国家税务总局办公厅

2013 年×月×日

国家税务总局机关公文考核办法

第一条 为了进一步提高公文办理的质量和效率，切实转变工作作风，根据《全国税务机关公文处理办法》《全国税务机关督促检查工作办法》《文秘工作规范（试行）》等规定，结合实际，制定本办法。

第二条 办法所称公文考核，包括公文质量考核和公文运转效率考核。

第三条 公文考核范围包括：

（一）税务总局机关制发的公文，包括税务总局令、公告、通告、税总发、税总函。

（二）办公厅代表税务总局制发的公文，包括税总办发、税总办函。

第四条 公文质量方面，主要考核局内各单位在文种选用、公文格式、行文规则、公文拟制上是否符合公文处理办法的规定和要求。具体考核项目包括：

（一）文种使用方面

1. 是否选用规定范围内的文种。

2. 所用文种与公文内容、行文方向是否一致。

（二）公文格式方面

3. 密级公文是否标注密级，标注是否准确、规范。

4. 紧急公文是否标注紧急程度，所拟定的紧急程度是否具有可操作性。

5. 发文字号中的发文机关代字填写是否准确、规范。

6. 公文标题填写是否准确、规范。

7. 主送单位填写是否准确、规范。

8. 抄送单位填写是否准确、规范。

9. 附件说明填写是否准确、规范。

10. 附件是否齐全、完整。

11. 发文机关署名填写是否准确、规范。

（三）行文规则方面

12. 行文是否确有必要。

13. 是否越权行文或者越级行文。

14. 涉及其他司局或外部门职权的，是否会签有关单位或部门。会签部门对会签文有异议的，主办部门是否经协商后送审。

15. 请示文是否符合有关规定。

16. 报告中是否夹带请示事项。

（四）公文拟制方面

17. 拟制的公文是否符合国家法律法规和党的路线方针政策。

18. 公文主题是否明确、结构是否完整、逻辑是否清晰。

19. 公文语言是否准确、精炼、规范。人名、地名、时间、段落顺序、引文等是否准确。简称、数字、计量单位、标点符号、公文层次序数等是否规范。

20. 公文是否因文字质量问题被局领导及办公厅退回修改。

21. 主办部门司、处负责人和核稿人及拟稿人是否签署姓名和日期。

22. 是否存在先签后核的问题。

23. 公文校对时是否擅自对已签发公文进行修改，校对是否存在差错。

24. 公文是否附有办文说明。办文说明是否对办文背景、过程、依据、理由、意见采纳等情况进行说明。

25. 税收规范性文件是否同步进行政策解读，解读是否准确并具有可操作性。

第五条 对局内各单位拟制的公文，办公厅按月对本办法第四条所列考核项目的差错情况进行统计，计算各单位公文的差错率。计算公式如下：

差错率%=∑差错项目/∑考核项目

第六条 公文运转方面，凡纳入办公厅督办范围的公文，由办公厅按照督查办法进行督办，按月统计立项、按时办结、超时办结、未办结、撤单情况。

同时，对省税务机关的请示性公文办理情况，分总数、按时书面批复、按时口头答复、申请延期办理、撤单进行统计。

第七条 未纳入办公厅督办范围的公文，按以下环节进行运转效率考核。

（一）公文会签，有时限要求的，按照时限要求完成；没有时限要求的，局内会签应在3个工作日内完成。

（二）办公厅领导审核和文秘处核稿，有时限要求的，按照时限要求完成；没有时限要求的，应在2个工作日内完成。

（三）主办司局校对，有时限要求的，按照时限要求完成；没有时限要求的，应在1个工作日内完成。

（四）办公厅登记编号、打字排版、复核、印制、电子公文排版、用印（不包括联合发文的套印）、电子公文的分发、纸质公文的封发等8个环节，有时限要求的，按照时限要求完成；没有时限要求的，应在3个工作日内完成，并且单个环节不得超过1个工作日。

第八条 涉及税收个案批复工作的公文处理时限，按照《税收个案批复工作规程（试行）》的规定执行。

第九条 主办司局应跟踪掌握公文运转情况，特急件、限时件应当派人跑签；相关单位和人员应当积极配合，立即办理。

第十条 公文会签超时的情况，由主办司局按月向办公厅提供。主办司局需要通过文件交换箱系统提取数据的，办公厅予以配合。

其他环节超时情况，由办公厅根据文件交换箱系统、文件登记簿中的记录进行统计。

第十一条 办公厅按月对公文差错率，公文按时办结、超时办结、请示性公文书面批复、口头答复、申请延期办理情况进行通报。

第十二条　公文考核情况作为局内相关单位组织考核的参考依据。

第十三条　本办法自2013年6月1日起实施，《国家税务总局办公厅关于印发〈总局机关公文质量考核办法（试行）〉的通知》（国税办发〔2005〕32号）同时废止。

附件（略）

5. 中共国家税务总局委员会关于印发《中共国家税务总局委员会工作规则》的通知（节选）

税总党委发〔2019〕×号

中共国家税务总局各省、自治区、直辖市和计划单列市税务局委员会，中共国家税务总局驻各地特派员办事处分党组，中共国家税务总局税务干部进修学院委员会，局内各单位：

根据《中国共产党章程》《中国共产党党组工作条例》及有关规定，税务总局党委研究修订了《中共国家税务总局委员会工作规则》，现印发给你们，请结合实际完善本单位的党委工作规则并认真抓好落实。

附件：中共国家税务总局委员会议事内容目录清单（略）

中共国家税务总局委员会

2019 年×月×日

（对税务系统内只发电子文件）

中共国家税务总局委员会工作规则

第三章　组织原则

第十七条　以党委名义发布或者上报的文件、发表的文章，党委委员代表党委的讲话和报告，应当事先经党委集体讨论或者传批审定。党委委员署名发表或者出版同工作有关的文章、著作、言论，应当事先经党委审定或者党委书记批准。

党委委员在调查研究、检查指导工作或者参加其他公务活动时发表的个人意见，应当符合党中央有关精神。

6. 国家税务总局关于印发《国家税务总局工作规则》的通知（节选）

税总厅发〔2023〕33号

国家税务总局各省、自治区、直辖市和计划单列市税务局，国家税务总局驻各地特派员办事处，局内各单位：

现将修订后的《国家税务总局工作规则》印发给你们，请认真遵照执行，推进各项工作更加规范高效有序开展，确保党中央、国务院各项决策部署在税务系统得到不折不扣落实、取得实实在在成效。

请各单位对照《国家税务总局工作规则》，相应做好有关制度规定的调整修订工作，确保衔接顺畅有序。各省级税务局要结合工作实际，于2023年8月31日前完成本单位工作规则的修订。

国家税务总局

2023年7月10日

（对税务系统内只发电子文件）

国家税务总局工作规则

第六章　公文处理

第二十八条　税务总局机关各单位要认真落实全国税务机关公文处理办法和文秘工作规范，严格遵循行文规则和程序。行文应当确有必要，讲求实效；未经批准不得越级行文，不得多头报文；请示应当一文一事，报告不得夹带请示事项。坚持实事求是、准确规范、精简高效、安全保密的原则，规范公文处理工作。

第二十九条　税务总局起草法律草案、行政法规草案、部门规章、规范性文件，以及提请国务院研究决定重大事项的公文，必须遵守依法科学民主决策程序，深入开展调查研究，进行合法性、必要性、科学性、可行性和宏观政策取向一致性评估论证；涉及地方或其他部门的，应当事先征求意见；涉及重大公共利益和公众权益、容易引发社会稳定问题的，要采取多种形式听取各方面意见，进行社会稳定风险评估。部门规章草案，除依法需要保密的外，要公开征求意见，对争议较大的重要事项，应充分评估、慎重决策。

第三十条　税务总局发布命令（令）、重大决定等公文由局长签发。税务规范性文件内容涉及重大公共利益，或者可能对税务行政相对人合法权益和税务管理产生重大影响的，提请局领导集体审议决定或者传批审定后，由局长签发。

以税务总局名义制发的上行文，经分管局领导审核后，由局长或受委托主持工作的副局长签发。以税务总局名义制发的平行文或下行文，由分管局领导签发，重要事项报局长签发。

以税务总局办公厅名义制发的公文，由分管局领导签发，重要事项报局长审核同意后签发。

第三十一条　税务总局主办与其他部门联合制发或会签的公文，由本机关主办单位分管局领导签发，涉及重要事项的由分管局领导审核后报局长签发。协办与其他部门联合制发或会签的公文，按照对等原则，由本机关主办单位分管局领导或局长签发，涉及重要事项的须报局长审核同意后签发。

第三十二条　税务总局机关各单位之间征求意见或会签文件时，除主办单位另有时限要求外，一般应在3个工作日内回复；特殊情况不能按期回复的，应主动与主办单位沟通并商定回复时限及方式，逾期不回复视为无不同意见。

第三十三条　制定税务部门规章和税务规范性文件，必须符合宪法、法律、行政法规和国务院有关决定、命令的规定，严格遵守法定权限和程序，严格合法性审查。税务部门规章应当依法依规及时报国务院备案，由国务院司法行政部门审查并定期向社会公布目录。税务规范性文件应依照有关规定报国务院备案。

涉及其他部门职权范围的事项，要充分听取相关部门的意见，并由国务院制定行政法规、发布决定或命令，或与有关部门联合制定规章或规范性文件。其中，涉及纳税人、缴费人权益重大变化、社会关注度高、敏感性强的事项，应当事先请示国务院；与有关部门联合制定的重要规章和规范性文件发布前须经国务院批准。未经国务院授权，不得向省级政府发布指令性公文或者在公文中向省级政府提出指令性要求。

第三十四条 税务总局机关各单位要切实提高公文处理效率，限时办理公文。对公文内容有分歧并经协商仍不能取得一致意见的，主办单位应列明各方理由、依据并提出办理建议，由分管局领导批转相关局领导审核后决定，必要时，报局长决定。

第三十五条 要精简文件简报，加强发文统筹，从严控制发文数量、发文规格和文件篇幅。凡法律、行政法规和规章已作出明确规定、现行文件已有部署且仍然适用的，不再制发文件。从严控制配套类、分工类发文。不得以贯彻落实、督查考核等名义擅自要求省级税务局制发配套文件。分工方案原则上应与文件合并印发，不单独发文。没有实质内容的文件简报，一律不发。

要加强信息化应用和保障，积极推广电子公文，提倡文件和简报资料网络传输和网上办理，减少纸质文件和简报资料。

第七章 工作落实

第三十六条 税务总局要自觉对标对表，坚决贯彻落实习近平总书记重要指示批示和党中央、国务院重大决策部署，坚持系统观念，加强研究部署，压实主体责任，完善工作机制，强化跟踪督办，及时报告办理进展，确保见到实效。税务总局领导要亲力亲为抓落实，指导、推动、督促分管领域和部门，加强协调推进，努力当好落实党中央、国务院决策的执行者、行动派、实干家，确保党中央、国务院政令畅通、令行禁止。

第三十七条 税务总局机关各单位要坚决贯彻落实党中央、国务院决策部署，严格落实工作责任制，各单位主要负责人是第一责任人，要加强组织领导，严格绩效管理，全面履职尽责，主动担当作为，细化任务分工，制定具体措施，强化协同配合，强化跟踪问效，确保各项政策举措落到实处。涉及多部门参与的工作，牵头部门要发挥主导作用，协办部门要积极配合，形成工作合力。

第三十八条　税务总局办公厅要充分发挥督查抓落实促发展的作用，加强对机关各单位和各地税务机关的督查督办，完善督查工作机制，健全限期报告、检查复核、督促整改、情况通报及第三方评估等制度，创新督查方式，增强督查的针对性和实效性，推动习近平总书记重要指示批示和党中央、国务院重大决策部署贯彻落实。要加强督查工作的统筹规范、联动协同，防止重复督查、多头督查，减轻基层负担。

第八章　工作纪律和自身建设

第三十九条　税务总局及机关各单位要贯彻落实全面从严治党要求，切实加强自身建设。要严格遵守政治纪律和政治规矩，严格落实廉洁从政各项规定，严格落实中央八项规定及其实施细则精神，严格执行税务系统领导班子和领导干部监督管理各项规定。税务总局领导要带头讲政治、守规矩，严律己、不谋私，勤作为、勇担当，以身作则、以上率下，抓好分管领域和部门的党风廉政建设，形成风清气正、团结奋斗的良好局面。要加强对各级税务机关领导干部特别是主要负责同志的日常管理和监督，将严的基调贯穿始终、贯通到底。

建立健全重大决策终身责任追究制度及责任倒查机制，完善内控机制，加强风险防控，健全激励约束、容错纠错机制，提高税务部门公信力和执行力。

第四十条　税务总局及机关各单位要加强和改进调查研究，大兴调查研究之风，深入群众、深入基层，多到困难多、情况复杂、矛盾尖锐的地方开展实地调研，掌握实际情况，了解民情民意，研究解决问题，注重实际效果。要积极为地方和基层服务，帮助解决工作中的困难和问题。

第四十一条　税务总局及机关各单位要严格执行请示报告制度，工作中涉及党和国家工作全局的重大方针政策、重大原则和问题，以及党中央集中统一管理的事项等，必须向党中央请示报告。

税务总局工作中的方针、政策、计划和重大行政措施，应向国务院请示报告。税务总局发布涉及政府重要工作部署、经济社会发展重要问题的信息，要经过严格审定，重大情况要及时向国务院报告。

第四十二条 税务总局工作人员要严格遵守各项工作纪律，坚决执行党中央、国务院的决定，不得有与党中央、国务院决定相违背的言论和行为。

税务总局领导考察调研、出席会议活动要严格执行中央规定要求，减少陪同人员，简化接待工作，规范新闻报道。税务总局领导不公开出版著作、讲话单行本，不发贺信、贺电，不题词、题字、作序，特殊情况必须严格按照有关规定报批。税务总局领导代表税务总局发表讲话和文章，个人发表署名文章，必须严格按照有关规定执行；税务总局其他工作人员代表税务总局发表讲话或文章，事先须按程序报经批准。

要严格执行请销假制度。局长出访、离京出差或休假等，按规定程序向中共中央办公厅和国务院办公厅报告。副局长及总师出访、离京出差或休假等，按规定程序报批。税务总局机关各单位主要负责人离京出差或休假等，应报局长批准；其他司局级干部离京出差或休假等，应报分管局领导批准；处级及以下工作人员出差或休假等，由所在单位按规定程序审批。税务总局机关要加强考勤管理，考勤情况纳入公务员考核。

要严格执行财经纪律，艰苦奋斗，厉行勤俭节约，坚决制止奢侈浪费，严格执行办公用房、住房、用车等方面的规定，严格控制差旅费、会议费等一般性支出，严格执行因公出国（境）有关规定，严格控制因公出国（境）团组数量和规模。严格规范公务接待工作，不得违反规定用公款送礼和宴请，不得接受纳税人、缴费人和下级税务机关的礼品、礼金和宴请。因公出差应按规定住宿、就餐、用车，并交纳费用。

要严格遵守保密纪律和外事纪律，严禁泄露国家秘密、工作秘密或因履行职责掌握的商业秘密等，坚决维护国家的安全、荣誉和利益。

税务总局机关各单位对职权范围内的事项要认真负责地按程序和时限办理，不符合规定的事项不得办理。税务总局工作人员要忠于职守，勤勉尽责，按照规定权限和程序认真履行职责，服从和执行上级工作安排，增强服务观念，强化责任意识，努力提高工作效率。不得利用职权和职务影响为本人或特定关系人谋取不正当利益。领导干部要严格执行个人有关事项报告制度，不得违反规定干预或插手市场经济活动；要加强对亲属和身边工作人员的教育和约束，坚决反对特权、不搞特权。

第四十三条 税务总局工作人员要弘扬伟大建党精神，牢记“三个务必”，强化责任担当，勤勉干事创业，敢于斗争、善于斗争，真抓实干、埋头苦干。坚决反“四风”、树新风，纠治形式主义、官僚主义，推进作风建设常态化长效化。

税务总局及机关各单位要进一步建立健全激励与约束机制，为担当者担当，为负责者负责，为干事者撑腰，努力营造干事创业的良好氛围。

第四十四条　本规则自印发之日起施行。2018 年 9 月 6 日国家税务总局印发的《国家税务总局工作规则》(税总发〔2018〕144 号）同时废止。

7. 国家税务总局关于修改《税务部门规章制定实施办法》的决定

国家税务总局令第45号

《国家税务总局关于修改〈税务部门规章制定实施办法〉的决定》，已经2018年12月29日国家税务总局2018年度第3次局务会议审议通过，现予公布，自2019年3月1日起施行。

2019年1月23日

国家税务总局关于修改《税务部门规章制定实施办法》的决定

国家税务总局决定对《税务部门规章制定实施办法》作如下修改：

一、将第二条修改为：“国家税务总局根据法律和国务院的行政法规、决定、命令，在权限范围内制定对税务机关和税务行政相对人具有普遍约束力的税务规章。

“税务规章以国家税务总局令公布。”

二、增加一条，作为第三条：“税务规章的立项、起草、审查、决定、公布、解释、修改和废止，适用本办法。”

三、增加一条，作为第四条：“制定税务规章，应当贯彻落实党的路线方针政策和决策部署，体现全面深化改革、全面依法治国精神，符合社会主义核心价值观的要求。

“制定政治方面法律的配套税务规章和制定对经济社会有重大影响的税务规章，在提交局务会议审议前应当向国家税务总局党委报告。

“按照规定应当向党中央、国务院报告的重要税务规章，依照有关程序办理。”

四、将第三条改为第五条，第一款修改为：“制定税务规章，应当符合上位法的规定，体现职权与责任相统一的原则，切实保障税务行政相对人的合法权益。”

增加一款，作为第二款：“没有法律或者国务院的行政法规、决定、命令的依据，税务规章不得设定减损税务行政相对人权利或者增加其义务的规范，不得增加本部门的权力或者减少本部门的法定职责。”

五、增加一条，作为第十条：“国家税务总局可以向社会公开征集税务规章制定项目建议。

“国家税务总局各省、自治区、直辖市和计划单列市税务局以及国家税务总局驻各地特派员办事处，可以向国家税务总局提出税务规章制定项目建议，项目建议应当包括制定税务规章的依据、必要性、所要解决的主要问题等说明。”

六、增加一条，作为第十一条：“国家税务总局政策法规司（以下称‘政策法规司’）会同相关司局对立项申请和税务规章制定项目建议进行评估论证，拟订年度税务规章制定计划，报局务会议批准后向社会公布。

“年度税务规章制定计划需要调整的，应当经局务会议批准。”

七、增加一条，作为第十三条：“起草税务规章，应当深入调查研究，广泛听取相关司局、基层税务机关和社会公众的意见；相关内容与其他部门关系紧密的，应当征求其他部门的意见。

“除依法需要保密的外，起草司局应当将税务规章征求意见稿及其说明向社会公开征求意见，期限一般不少于30日。依法需要听证的，起草司局应当举行听证会。

“起草专业性较强的税务规章，可以吸收相关领域的专家参与，或者委托有关专家、教学科研单位、社会组织起草。”

八、将第九条改为第十四条，修改为：“起草司局形成税务规章送审稿后，应当连同下列材料，一并送政策法规司审查：

“（一）起草说明，包括制定税务规章的必要性、规定的主要措施、有关方面的意见及协调处理情况等；

“（二）作为制定依据的法律，国务院的行政法规、决定、命令；

“（三）其他相关材料，如听证会笔录、调研报告等。”

增加一款，作为第二款：“按照规定应当对送审稿进行公平竞争审查的，起草司局应当提供相关审查材料。”

九、将第十条改为第十五条，第一款修改为：“政策法规司应当从以下方面对税务规章送审稿进行审查：

“（一）是否符合本办法第四条至第八条、第十三条的规定；

“（二）是否与其他税务规章协调、衔接；

“（三）是否正确处理各方面对税务规章送审稿主要问题的意见；

“（四）是否符合立法技术要求；

“（五）其他需要审查的内容。”

十、增加一条，作为第十六条：“政策法规司按照世界贸易组织规则，对送审稿进行合规性评估。”

十一、将第十条第二款改为第十七条，修改为：“税务规章送审稿有下列情形之一的，政策法规司应当退回起草司局：

“（一）制定税务规章的基本条件尚不成熟或者发生重大变化的；

“（二）有关司局或者其他部门对税务规章送审稿规定的主要制度存在较大争议，起草司局未进行充分协商达成一致的；

“（三）未按照本办法有关规定公开征求意见的；

“（四）未按照本办法第十四条规定报送相关审查材料的。”

十二、增加一条，作为第十八条：“政策法规司应当按照规定，对税务规章送审稿涉及的主要问题深入调查研究、广泛听取意见；涉及重大利益调整的，应当开展论证咨询。

“出现较大争议的，政策法规司应当进行协调，力求达成一致。不能达成一致的，政策法规司应当将主要问题、各方意见及时报局领导决定。”

十三、将第十条第三款改为第十九条，修改为：“政策法规司应当认真研究各方面意见，会同起草司局对税务规章送审稿进行修改，形成税务规章草案和草案说明，报局务会议审议。”

十四、删去第十一条。

十五、将第十二条改为第二十条，修改为：“税务规章草案经局务会议审议通过后，政策法规司应当根据局务会议审议意见进行修改，形成草案修改稿，报请局长签署国家税务总局令公布。”

十六、增加一条，作为第二十三条：“税务规章应当自公布之日起30日后施行；但是，公布后不立即施行将有碍施行的，可以自公布之日起施行。”

十七、增加一条，作为第二十四条：“税务规章由国家税务总局解释。

“税务规章有下列情形之一的，国家税务总局应当及时作出解释：

“（一）税务规章的规定需要进一步明确具体含义的；

“（二）税务规章制定后出现新的情况，需要明确适用规章依据的。”

十八、增加一条，作为第二十五条：“税务规章解释文本由主管司局负责起草，政策法规司参照规章送审稿审查程序提出意见，报局长批准后以公告形式公布。

“税务规章的解释与税务规章具有同等效力。”

十九、增加一条，作为第二十七条：“国家税务总局应当根据全面深化改革、经济社会发展需要以及上位法规定，及时组织开展税务规章清理工作。对不适应全面深化改革和经济社会发展要求、不符合上位法规定的税务规章，应当及时修改或者废止。”

二十、增加一条，作为第二十八条：“国家税务总局可以根据需要，开展税务规章立法后评估，并把评估结果作为修改、废止税务规章的重要参考，具体工作由主管司局实施。”

此外，对条文顺序和个别文字作相应调整和修改。

本决定自2019年3月1日起施行。

《税务部门规章制定实施办法》根据本决定作相应修改，重新公布。

税务部门规章制定实施办法

（2002年2月1日国家税务总局令第1号公布，根据2019年1月23日国家税务总局令第45号修正）

第一条 为了规范税务部门规章（以下简称“税务规章”）制定工作，根据《中华人民共和国立法法》和《规章制定程序条例》，制定本办法。

第二条 国家税务总局根据法律和国务院的行政法规、决定、命令，在权限范围内制定对税务机关和税务行政相对人具有普遍约束力的税务规章。

税务规章以国家税务总局令公布。

第三条 税务规章的立项、起草、审查、决定、公布、解释、修改和废止，适用本办法。

第四条 制定税务规章，应当贯彻落实党的路线方针政策和决策部署，体现全面深化改革、全面依法治国精神，符合社会主义核心价值观的要求。

制定政治方面法律的配套税务规章和制定对经济社会有重大影响的税务规章，在提交局务会议审议前应当向国家税务总局党委报告。

按照规定应当向党中央、国务院报告的重要税务规章，依照有关程序办理。

第五条 制定税务规章，应当符合上位法的规定，体现职权与责任相统一的原则，切实保障税务行政相对人的合法权益。

没有法律或者国务院的行政法规、决定、命令的依据，税务规章不得设定减损税务行政相对人权利或者增加其义务的规范，不得增加本部门的权力或者减少本部门的法定职责。

税务规章不得溯及既往，但是为了更好地保护税务行政相对人权益而作出的特别规定除外。

第六条 税务规章的名称一般称“办法”“规定”“规程”“规则”“决定”或者“实施细则”，不得称“条例”。

第七条 税务规章应当根据需要，明确制定目的、依据、适用范围、主体、权利义务、具体规范、操作程序、法律责任、施行日期等。

税务规章用语应当准确、简洁，避免产生歧义；内容应当明确、具体，具有可操作性。

第八条　税务规章应当采用条文式。

税务规章内容复杂的，可以根据需要分章、节、条、款、项、目。章、节、条的序号用中文数字依次表述，款不编序号，项的序号用中文数字加括号依次表述，目的序号用阿拉伯数字依次表述。

第九条　国家税务总局各司局及其他机构（以下统称“司局”）认为需要制定税务规章的，应当于每年第一季度报请立项。

立项申请应当对制定税务规章的目的、依据、必要性、所要解决的主要问题、拟确立的主要制度等作出说明。

第十条　国家税务总局可以向社会公开征集税务规章制定项目建议。

国家税务总局各省、自治区、直辖市和计划单列市税务局以及国家税务总局驻各地特派员办事处，可以向国家税务总局提出税务规章制定项目建议，项目建议应当包括制定税务规章的依据、必要性、所要解决的主要问题等说明。

第十一条　国家税务总局政策法规司（以下称“政策法规司”）会同相关司局对立项申请和税务规章制定项目建议进行评估论证，拟订年度税务规章制定计划，报局务会议批准后向社会公布。

年度税务规章制定计划需要调整的，应当经局务会议批准。

第十二条　税务规章由主管司局负责起草。

税务规章内容涉及两个以上司局的，由局长指定的司局负责起草。

第十三条　起草税务规章，应当深入调查研究，广泛听取相关司局、基层税务机关和社会公众的意见；相关内容与其他部门关系紧密的，应当征求其他部门的意见。

除依法需要保密的外，起草司局应当将税务规章征求意见稿及其说明向社会公开征求意见，期限一般不少于30日。依法需要听证的，起草司局应当举行听证会。

起草专业性较强的税务规章，可以吸收相关领域的专家参与，或者委托有关专家、教学科研单位、社会组织起草。

第十四条　起草司局形成税务规章送审稿后，应当连同下列材料，一并送政策法规司审查：

（一）起草说明，包括制定税务规章的必要性、规定的主要措施、有关方面的意见及协调处理情况等；

（二）作为制定依据的法律，国务院的行政法规、决定、命令；

（三）其他相关材料，如听证会笔录、调研报告等。

按照规定应当对送审稿进行公平竞争审查的，起草司局应当提供相关审查材料。

第十五条 政策法规司应当从以下方面对税务规章送审稿进行审查：

（一）是否符合本办法第四条至第八条、第十三条的规定；

（二）是否与其他税务规章协调、衔接；

（三）是否正确处理各方面对税务规章送审稿主要问题的意见；

（四）是否符合立法技术要求；

（五）其他需要审查的内容。

第十六条 政策法规司按照世界贸易组织规则，对送审稿进行合规性评估。

第十七条 税务规章送审稿有下列情形之一的，政策法规司应当退回起草司局：

（一）制定税务规章的基本条件尚不成熟或者发生重大变化的；

（二）有关司局或者其他部门对税务规章送审稿规定的主要制度存在较大争议，起草司局未进行充分协商达成一致的；

（三）未按照本办法有关规定公开征求意见的；

（四）未按照本办法第十四条规定报送相关审查材料的。

第十八条 政策法规司应当按照规定，对税务规章送审稿涉及的主要问题深入调查研究、广泛听取意见；涉及重大利益调整的，应当开展论证咨询。

出现较大争议的，政策法规司应当进行协调，力求达成一致。不能达成一致的，政策法规司应当将主要问题、各方意见及时报局领导决定。

第十九条 政策法规司应当认真研究各方面意见，会同起草司局对税务规章送审稿进行修改，形成税务规章草案和草案说明，报局务会议审议。

第二十条 税务规章草案经局务会议审议通过后，政策法规司应当根据局务会议审议意见进行修改，形成草案修改稿，报请局长签署国家税务总局令公布。

第二十一条 由国家税务总局主办与国务院其他部门联合制定税务规章的，依照本办法的规定执行。

依照前款规定联合制定的税务规章，由局长和其他部门首长共同署名，并以国家税务总局令公布。

第二十二条 税务规章签署公布后，应当及时在《国家税务总局公报》、国家税务总局网站以及《中国税务报》上刊载。

在《国家税务总局公报》上刊登的税务规章文本为标准文本。

《国家税务总局公报》的编纂和有关税务规章公告事宜，由办公厅和政策法规司负责实施。

第二十三条 税务规章应当自公布之日起30日后施行；但是，公布后不立即施行将有碍施行的，可以自公布之日起施行。

第二十四条 税务规章由国家税务总局解释。

税务规章有下列情形之一的，国家税务总局应当及时作出解释：

（一）税务规章的规定需要进一步明确具体含义的；

（二）税务规章制定后出现新的情况，需要明确适用规章依据的。

第二十五条 税务规章解释文本由主管司局负责起草，政策法规司参照规章送审稿审查程序提出意见，报局长批准后以公告形式公布。

税务规章的解释与税务规章具有同等效力。

第二十六条 税务规章应当自公布之日起30日内报国务院备案，具体工作由政策法规司实施。

第二十七条 国家税务总局应当根据全面深化改革、经济社会发展需要以及上位法规定，及时组织开展税务规章清理工作。对不适应全面深化改革和经济社会发展要求、不符合上位法规定的税务规章，应当及时修改或者废止。

第二十八条 国家税务总局可以根据需要，开展税务规章立法后评估，并把评估结果作为修改、废止税务规章的重要参考，具体工作由主管司局实施。

第二十九条 编辑出版有关税务规章汇编，由政策法规司依照国务院《法规汇编编辑出版管理规定》的有关规定执行。

第三十条 国家税务总局负责草拟法律、行政法规代拟稿的，参照本办法办理。

第三十一条 本办法自2002年3月1日起施行。

8. 国家税务总局关于修改《税务规范性文件制定管理办法》的决定

国家税务总局令第 53 号

《国家税务总局关于修改〈税务规范性文件制定管理办法〉的决定》，已经 2021 年 12 月 27 日国家税务总局 2021 年度第 3 次局务会议审议通过，现予公布，自 2022 年 2 月 1 日起施行。

2021 年 12 月 31 日

国家税务总局关于修改《税务规范性文件制定管理办法》的决定

为进一步贯彻落实中共中央办公厅、国务院办公厅印发的《关于进一步深化税收征管改革的意见》，更好保护纳税人缴费人合法权益，国家税务总局决定对《税务规范性文件制定管理办法》作如下修改：

一、将第四条修改为：“制定税务规范性文件，应当充分体现社会主义核心价值观的内容和要求，坚持科学、民主、公开、统一的原则，符合法律、法规、规章以及上级税务规范性文件的规定，遵循本办法规定的制定规则和制定程序。”

二、将第十六条修改为：“各级税务机关从事纳税服务和政策法规工作的部门或者人员（以下统称纳税服务部门、政策法规部门）负责对税务规范性文件进行审查，包括权益性审核、合法性审核、世界贸易组织规则合规性评估。其中纳税服务部门负责权益性审核；政策法规部门负责合法性审核和世界贸易组织规则合规性评估。

“未经纳税服务部门和政策法规部门审查的税务规范性文件，办公厅（室）不予核稿，制定机关负责人不予签发。”

三、将第十七条第一款修改为：“起草税务规范性文件，起草部门应当深入调查研究，总结实践经验，听取基层税务机关意见。起草与税务行政相对人生产经营密切相关的税务规范性文件，起草部门应当听取税务行政相对人代表和行业协会商会的意见。起草部门可以邀请纳税服务部门和政策法规部门共同听取意见。”

四、将第十九条第一款修改为：“税务规范性文件送审稿应当由起草部门负责人签署后，依次送交纳税服务部门和政策法规部门审查。”

将第二款修改为：“送审稿内容涉及征管业务及其工作流程的，应当于送交审查前会签征管科技部门；涉及其他业务主管部门工作的，应当于送交审查前会签相关业务主管部门；未按规定会签的，纳税服务部门和政策法规部门不予审查。”

五、增加一条，作为第二十二条：“纳税服务部门应当就下列事项进行权益性审核：

“（一）是否无法律法规依据减损税务行政相对人的合法权利和利益，或者增加其义务，主要涉及业务办理环节、报送资料、管理事项等方面；

“（二）是否存在泄露税务行政相对人税费保密信息风险。

“对审核中发现的明显不适当的规定，纳税服务部门可以提出删除或者修改的建议。

“纳税服务部门审核过程中认为有必要的，可以通过召开座谈会、论证会等形式听取相关各方意见。”

六、增加一条，作为第二十三条：“纳税服务部门进行权益性审核，根据不同情况提出审核意见：

“（一）认为送审稿不存在无法律法规依据减损税务行政相对人权益或者增加其负担的情形的，提出审核通过意见；

“（二）认为送审稿减损税务行政相对人权益或者增加其负担的理由不充分，经协商不能达成一致意见的，提出书面审核意见并退回起草部门。”

七、将第二十五条改为第二十七条，修改为：“送审稿经纳税服务部门和政策法规部门审查通过的，按公文处理程序报制定机关负责人签发。”

八、将第二十六条改为第二十八条，修改为：“送审稿涉及重大公共利益或者对税务行政相对人合法权益、税务管理产生重大影响的，经纳税服务部门和政策法规部门审查通过后，起草部门应当提请集体审议。纳税服务部门或者政策法规部门在审查时，认为税务规范性文件涉及重大公共利益或者对税务行政相对人合法权益、税务管理产生重大影响的，可以建议起草部门提请集体审议。”

九、将第二十七条改为第二十九条，修改为：“税务机关牵头与其他机关联合制定规范性文件，省以下税务机关代地方人大及其常委会、政府起草涉及税务行政相对人权利义务的文件，业务主管部门应当将文件送审稿或者会签文本送交纳税服务部门和政策法规部门审查。

“经其他机关会签后，文件内容有实质性变动的，起草部门应当重新送交纳税服务部门和政策法规部门审查。

“其他机关牵头与税务机关联合制定的规范性文件，参照本条第一款规定执行。”

十、将第三十条改为第三十二条，第一款修改为：“制定机关的起草部门、纳税服务部门和政策法规部门应当及时跟踪了解税务规范性文件的施行情况。”

十一、将第三十四条改为第三十六条，修改为：“上一级税务机关的政策法规部门具体负责税务规范性文件备案登记、合法性审核和世界贸易组织规则合规性评估，会同纳税服务部门负责督促整改和考核工作；纳税服务部门负责税务规范性文件权益性审核工作；业务主管部门承担其职能范围内的税务规范性文件审查工作，并按照规定时限向政策法规部门送交审查意见。”

十二、将第三十七条改为第三十九条，修改为：“上一级税务机关对报送备案的税务规范性文件，应当就本办法第二十二条、第二十四条所列事项以及是否符合世界贸易组织规则进行审查。”

此外，对条文顺序和个别文字作相应调整和修改。

本决定自2022年2月1日起施行。

《税务规范性文件制定管理办法》根据本决定作相应修改，重新公布。

税务规范性文件制定管理办法

（2017年5月16日国家税务总局令第41号公布，根据2019年11月26日国家税务总局令第50号第一次修正，根据2021年12月31日国家税务总局令第53号第二次修正）

第一章　总则

第一条　为了规范税务规范性文件制定和管理工作，落实税收法定原则，建设规范统一的税收法律制度体系，优化税务执法方式，促进税务机关依法行政，保障税务行政相对人的合法权益，根据《中华人民共和国立法法》《规章制定程序条例》等法律法规和有关规定，结合税务机关工作实际，制定本办法。

第二条　本办法所称税务规范性文件，是指县以上税务机关依照法定职权和规定程序制定并发布的，影响纳税人、缴费人、扣缴义务人等税务行政相对人权利、义务，在本辖区内具有普遍约束力并在一定期限内反复适用的文件。

国家税务总局制定的税务部门规章，不属于本办法所称的税务规范性文件。

第三条　税务规范性文件的起草、审查、决定、发布、备案、清理等工作，适用本办法。

第四条　制定税务规范性文件，应当充分体现社会主义核心价值观的内容和要求，坚持科学、民主、公开、统一的原则，符合法律、法规、规章以及上级税务规范性文件的规定，遵循本办法规定的制定规则和制定程序。

第五条　税务规范性文件不得设定税收开征、停征、减税、免税、退税、补税事项，不得设定行政许可、行政处罚、行政强制、行政事业性收费以及其他不得由税务规范性文件设定的事项。

第六条　县税务机关制定税务规范性文件，应当依据法律、法规、规章或者省以上税务机关税务规范性文件的明确授权；没有授权又确需制定税务规范性文件的，应当提请上一级税务机关制定。

各级税务机关的内设机构、派出机构和临时性机构，不得以自己的名义制定税务规范性文件。

第二章　制定规则

第七条　税务规范性文件可以使用“办法”“规定”“规程”“规则”等名称，但是不得称“条例”“实施细则”“通知”“批复”等。

上级税务机关对下级税务机关有关特定税务行政相对人的特定事项如何适用法律、法规、规章或者税务规范性文件的请示所作的批复，需要普遍适用的，应当按照本办法规定的制定规则和制定程序另行制定税务规范性文件。

第八条　税务规范性文件应当根据需要，明确制定目的和依据、适用范围和主体、权利义务、具体规范、操作程序、施行日期或者有效期限等事项。

第九条　制定税务规范性文件，应当做到内容具体、明确，内在逻辑严密，语言规范、简洁、准确，避免产生歧义，具有可操作性。

第十条　税务规范性文件可以采用条文式或者段落式表述。

采用条文式表述的税务规范性文件，需要分章、节、条、款、项、目的，章、节应当有标题，章、节、条的序号用中文数字依次表述；款不编序号；项的序号用中文数字加括号依次表述；目的序号用阿拉伯数字依次表述。

第十一条　上级税务机关需要下级税务机关对规章和税务规范性文件细化具体操作规定的，可以授权下级税务机关制定具体的实施办法。

被授权税务机关不得将被授予的权力转授给其他机关。

第十二条　税务规范性文件由制定机关负责解释。制定机关不得将税务规范性文件的解释权授予本级机关的内设机构或者下级税务机关。

税务规范性文件有下列情形之一的，制定机关应当及时作出解释：

（一）税务规范性文件的规定需要进一步明确具体含义的；

（二）税务规范性文件制定后出现新的情况，需要明确适用依据的。

下级税务机关在适用上级税务机关制定的税务规范性文件时认为存在本条第二款规定情形之一的，应当提请制定机关解释。

第十三条　税务规范性文件不得溯及既往，但是为了更好地保护税务行政相对人权利和利益而作出的特别规定除外。

第十四条 税务规范性文件应当自发布之日起30日后施行。

税务规范性文件发布后不立即施行将有碍执行的，可以自发布之日起施行。

与法律、法规、规章或者上级机关决定配套实施的税务规范性文件，其施行日期需要与前述文件保持一致的，不受本条第一款、第二款时限规定的限制。

第三章 制定程序

第十五条 税务规范性文件由制定机关业务主管部门负责起草。内容涉及两个或者两个以上部门的，由制定机关负责人指定牵头起草部门。

第十六条 各级税务机关从事纳税服务和政策法规工作的部门或者人员（以下统称纳税服务部门、政策法规部门）负责对税务规范性文件进行审查，包括权益性审核、合法性审核、世界贸易组织规则合规性评估。其中纳税服务部门负责权益性审核；政策法规部门负责合法性审核和世界贸易组织规则合规性评估。

未经纳税服务部门和政策法规部门审查的税务规范性文件，办公厅（室）不予核稿，制定机关负责人不予签发。

第十七条 起草税务规范性文件，起草部门应当深入调查研究，总结实践经验，听取基层税务机关意见。起草与税务行政相对人生产经营密切相关的税务规范性文件，起草部门应当听取税务行政相对人代表和行业协会商会的意见。起草部门可以邀请纳税服务部门和政策法规部门共同听取意见。

听取意见可以采取书面、网络征求意见，或者召开座谈会、论证会等多种形式。

除依法需要保密的外，对涉及税务行政相对人切身利益或者对其权利义务可能产生重大影响的税务规范性文件，起草部门应当向社会公开征求意见。

法律、行政法规对规范性文件公开征求意见期限有明确规定的，从其规定。

第十八条 起草税务规范性文件，应当明确列举拟清理文件的名称、文号以及条款，避免与本机关已发布的税务规范性文件相矛盾。

同一事项已由多个税务规范性文件作出规定的，起草部门在起草同类文件时，应当对有关文件进行归并、整合。

第十九条 税务规范性文件送审稿应当由起草部门负责人签署后，依次送交纳税服务部门和政策法规部门审查。

送审稿内容涉及征管业务及其工作流程的，应当于送交审查前会签征管科技部门；涉及其他业务主管部门工作的，应当于送交审查前会签相关业务主管部门；未按规定会签的，纳税服务部门和政策法规部门不予审查。

起草部门认定送审稿属于重要文件的，应当注明“请主要负责人会签”。

第二十条 起草部门将送审稿送交审查时，应当一并提供下列材料：

（一）起草说明，包括制定目的、制定依据、必要性与可行性、起草过程、征求意见以及采纳情况、对税务行政相对人权利和利益可能产生影响的评估情况、施行日期的说明、相关文件衔接处理情况以及其他需要说明的事项；

（二）税务规范性文件解读稿，包括文件出台的背景、意义，文件内容的重点、理解的难点、必要的举例说明和落实的措施要求等；

（三）作为制定依据的法律、法规、规章以及税务规范性文件纸质或者电子文本；

（四）会签单位意见以及采纳情况；

（五）其他相关材料。

按照规定应当对送审稿进行公平竞争审查的，起草部门应当提供相关审查材料。

第二十一条 制定内容简单的税务规范性文件，起草部门在征求意见、提供材料等方面可以从简适用本办法第十七条、第二十条的规定。

从简适用第二十条的，不得缺少起草说明和税务规范性文件解读稿。

第二十二条 纳税服务部门应当就下列事项进行权益性审核：

（一）是否无法律法规依据减损税务行政相对人的合法权利和利益，或者增加其义务，主要涉及业务办理环节、报送资料、管理事项等方面；

（二）是否存在泄露税务行政相对人税费保密信息风险。

对审核中发现的明显不适当的规定，纳税服务部门可以提出删除或者修改的建议。

纳税服务部门审核过程中认为有必要的，可以通过召开座谈会、论证会等形式听取相关各方意见。

第二十三条 纳税服务部门进行权益性审核，根据不同情况提出审核意见：

（一）认为送审稿不存在无法律法规依据减损税务行政相对人权益或者增加其负担的情形的，提出审核通过意见；

（二）认为送审稿减损税务行政相对人权益或者增加其负担的理由不充分，经协商不能达成一致意见的，提出书面审核意见并退回起草部门。

第二十四条　政策法规部门应当就下列事项进行合法性审核：

（一）是否超越法定权限；

（二）是否具有法定依据；

（三）是否违反法律、法规、规章以及上级税务机关税务规范性文件的规定；

（四）是否设定行政许可、行政处罚、行政强制、行政事业性收费以及其他不得由税务规范性文件设定的事项；

（五）是否违法、违规减损税务行政相对人的合法权利和利益，或者违法、违规增加其义务；

（六）是否违反本办法规定的制定规则或者程序；

（七）是否与本机关制定的其他税务规范性文件进行衔接。

对审核中发现的明显不适当的规定，政策法规部门可以提出删除或者修改的建议。

政策法规部门审核过程中认为有必要的，可以通过召开座谈会、论证会等形式听取相关各方意见。

第二十五条　政策法规部门进行合法性审核，根据不同情况提出审核意见：

（一）认为送审稿没有问题或者经过协商达成一致意见的，提出审核通过意见；

（二）认为起草部门应当补充征求意见，或者对重大分歧意见没有合理说明的，退回起草部门补充征求意见或者作出进一步说明；

（三）认为送审稿存在问题，经协商不能达成一致意见的，提出书面审核意见后，退回起草部门。

第二十六条　政策法规部门应当根据世界贸易组织规则对送审稿进行合规性评估，并提出评估意见。

第二十七条　送审稿经纳税服务部门和政策法规部门审查通过的，按公文处理程序报制定机关负责人签发。

第二十八条 送审稿涉及重大公共利益或者对税务行政相对人合法权益、税务管理产生重大影响的，经纳税服务部门和政策法规部门审查通过后，起草部门应当提请集体审议。纳税服务部门或者政策法规部门在审查时，认为税务规范性文件涉及重大公共利益或者对税务行政相对人合法权益、税务管理产生重大影响的，可以建议起草部门提请集体审议。

第二十九条 税务机关牵头与其他机关联合制定规范性文件，省以下税务机关代地方人大及其常委会、政府起草涉及税务行政相对人权利义务的文件，业务主管部门应当将文件送审稿或者会签文本送交纳税服务部门和政策法规部门审查。

经其他机关会签后，文件内容有实质性变动的，起草部门应当重新送交纳税服务部门和政策法规部门审查。

其他机关牵头与税务机关联合制定的规范性文件，参照本条第一款规定执行。

第三十条 税务规范性文件应当以公告形式发布；未以公告形式发布的，不得作为税务机关执法依据。

第三十一条 制定机关应当及时在本级政府公报、税务部门公报、本辖区范围内公开发行的报纸或者在政府网站、税务机关网站上刊登税务规范性文件。

不具备本条第一款所述发布条件的税务机关，应当通过公告栏或者宣传材料等形式，在办税服务厅等公共场所及时发布税务规范性文件。

第三十二条 制定机关的起草部门、纳税服务部门和政策法规部门应当及时跟踪了解税务规范性文件的施行情况。

对实施机关或者税务行政相对人反映存在问题的税务规范性文件，制定机关应当进行认真分析评估，并及时研究提出处理意见。

第四章 备案审查

第三十三条 税务规范性文件应当备案审查，实行有件必备、有备必审、有错必纠。

第三十四条 省以下税务机关的税务规范性文件应当自发布之日起30日内向上一级税务机关报送备案。

省税务机关应当于每年3月1日前向国家税务总局报送上一年度本辖区内税务机关发布的税务规范性文件目录。

第三十五条　报送税务规范性文件备案，应当提交备案报告和以下材料的电子文本：

（一）税务规范性文件备案报告表；

（二）税务规范性文件；

（三）起草说明；

（四）税务规范性文件解读稿。

第三十六条　上一级税务机关的政策法规部门具体负责税务规范性文件备案登记、合法性审核和世界贸易组织规则合规性评估，会同纳税服务部门负责督促整改和考核工作；纳税服务部门负责税务规范性文件权益性审核工作；业务主管部门承担其职能范围内的税务规范性文件审查工作，并按照规定时限向政策法规部门送交审查意见。

第三十七条　报送备案的税务规范性文件资料齐全的，上一级税务机关政策法规部门予以备案登记；资料不齐全的，通知制定机关限期补充报送。

第三十八条　上一级税务机关对报送备案的税务规范性文件进行审查时，可以征求相关部门意见；需要了解相关情况的，可以要求制定机关提交情况说明或者补充材料。

第三十九条　上一级税务机关对报送备案的税务规范性文件，应当就本办法第二十二条、第二十四条所列事项以及是否符合世界贸易组织规则进行审查。

第四十条　上一级税务机关审查发现报送备案的税务规范性文件存在问题需要纠正或者补正的，应当通知制定机关在规定的时限内纠正或者补正。

制定机关应当按期纠正或者补正，并于规定时限届满之日起30日内，将处理情况报告上一级税务机关。

第四十一条　对未报送备案或者不按时报送备案的，上一级税务机关应当要求制定机关限期报送；逾期仍不报送的，予以通报，并责令限期改正。

第四十二条　税务行政相对人认为税务规范性文件违反法律、法规、规章或者上级税务规范性文件规定的，可以向制定机关或者其上一级税务机关书面提出审查的建议，制定机关或者其上一级税务机关应当依法及时研究处理。

有税务规范性文件制定权的税务机关应当建立书面审查建议的处理制度和工作机制。

第五章　文件清理

第四十三条　制定机关应当及时对税务规范性文件进行清理，形成文件清理长效机制。

清理采取日常清理和集中清理相结合的方法。

第四十四条　日常清理由业务主管部门负责。

业务主管部门应当根据立法变化以及税务工作发展需要，对税务规范性文件进行及时清理。

第四十五条　有下列情形之一的，制定机关应当进行集中清理：

（一）上级机关部署的；

（二）新的法律、法规颁布或者法律、法规进行重大修改，对税务执法产生普遍影响的。

第四十六条　集中清理由政策法规部门负责牵头组织，业务主管部门分工负责。

业务主管部门应当在规定期限内列出需要清理的税务规范性文件目录，并提出清理意见；政策法规部门应当对业务主管部门提出的文件目录以及清理意见进行汇总、审查后，提请集体讨论决定。

清理过程中，业务主管部门和政策法规部门应当听取有关各方意见。

第四十七条　对清理中发现存在问题的税务规范性文件，制定机关应当分类处理：

（一）有下列情形之一的，宣布失效：

1. 调整对象灭失；

2. 不需要继续执行的。

（二）有下列情形之一的，宣布废止：

1. 违反上位法规定的；

2. 已被新的规定替代的；

3. 明显不适应现实需要的。

（三）有下列情形之一的，予以修改：

1. 与本机关税务规范性文件相矛盾的；

2. 与本机关税务规范性文件相重复的；

3. 存在漏洞或者难以执行的。

税务规范性文件部分内容被修改的，应当全文发布修改后的税务规范性文件。

第四十八条　制定机关应当及时发布日常清理结果；在集中清理结束后，应当统一发布失效、废止的税务规范性文件目录。

上级税务机关发布清理结果后，下级税务机关应当及时对本机关制定的税务规范性文件相应进行清理。

第六章　附则

第四十九条　税务规范性文件的解释、修改或者废止，参照本办法的有关规定执行。

第五十条　各级税务机关在税务规范性文件制定管理过程中，应当充分发挥公职律师的作用。

各级税务机关负有督察内审职责的部门应当加强对税务规范性文件制定管理工作的监督。

第五十一条　税务规范性文件合规性评估的具体实施办法由国家税务总局另行制定。

第五十二条　本办法自 2017 年 7 月 1 日起施行。《税收规范性文件制定管理办法》（国家税务总局令第 20 号公布）同时废止。

9. 国家税务总局关于做好税务规范性文件权益性审核工作的通知

税总纳服函〔2022〕×号

国家税务总局各省、自治区、直辖市和计划单列市税务局，国家税务总局驻各地特派员办事处：

为贯彻落实中办、国办印发的《关于进一步深化税收征管改革的意见》，按照《税务规范性文件制定管理办法》（国家税务总局令第41号公布，第50号、第53号修改，以下简称《办法》）的要求，积极做好税务规范性文件权益性审核工作，现将有关事项通知如下。

一、充分认识做好权益性审核工作的重要性

建立税务规范性文件权益性审核机制，是税务部门深入贯彻习近平法治思想、落实《关于进一步深化税收征管改革的意见》的重要举措，是税务系统持续优化税收营商环境的重要内容，是维护纳税人缴费人合法权益的重要制度性安排。各级税务机关要提高思想认识，严格落实《办法》要求，进一步树立权益保护意识，认真开展权益性审核工作，将纳税人缴费人权益保护工作贯穿税务规范性文件制定、执行、监督全过程，更好地维护纳税人缴费人合法权益，促进税法遵从度和社会满意度提高。

二、准确把握权益性审核的主要内容和标准

《办法》新增关于在税务规范性文件制定过程中开展权益性审核的规定，涵盖权益性审核工作的全流程和各环节。各地税务机关要全面掌握权益性审核的内容和要求，准确把握工作重点，规范开展权益性审核工作。要牢固树立以纳税人缴费人为中心的理念，按照“依法依规、权益维护、科学民主、统筹兼顾”的原则，积极稳妥开展审核工作。县以上税务机关纳税服务部门要增设权益性审核岗位，一般由从事办税服务工作的人员具体负责；要选拔具有一定法律知识，熟悉纳税服务规范及业务操作流程、纳税人缴费人权利和义务保护规定的人员从事此项工作，认真做好权益性审核工作。

各级税务机关开展权益性审核工作时，要重点加强对业务办理环节、报送资料、管理事项以及税务行政相对人税费保密信息泄露风险等方面的审核，重点关注是否存在无法律法规依据减损税务行政相对人的合法权利和利益，或者增加其义务的情况，是否存在泄露税务行政相对人税费保密信息的风险。各级税务机关要建立和完善事前评估、事中审核、事后跟踪问效的闭环管理机制，对税务规范性文件起草说明中没有对税务行政相对人权利和利益可能产生影响进行评估或评估不完整、不全面的，纳税服务部门要及时请起草部门补充相关说明或资料。纳税服务部门要严格按照《办法》的有关规定，提出审核通过、审核不通过等审核意见；必要时提出听取意见、提请集体审议等建议。要跟踪了解税务规范性文件的施行情况，加强对下一级税务机关报送备案的税务规范性文件权益性内容审核，会同政策法规部门对备案审查情况进行考核，做好督促整改工作。

三、全力做好权益性审核各项工作

（一）尽快部署落实。《办法》将于2022年2月1日起施行，各地税务机关纳税服务部门要会同人事部门严格按照要求，及时做好税务规范性文件权益性审核岗位设置、人员安排等工作；会同相关部门，在电子公文系统中设置权益性审核相关岗位，确保《办法》顺利实施。

（二）组织学习培训。各地税务机关要抓紧组织相关人员认真学习《办法》，全面落实具体工作要求，准确把握权益性审核的主要内容和标准，熟练使用电子公文系统审核功能，全力做好权益性审核相关工作。

（三）统筹协同推进。权益性审核是税务规范性文件制定工作的重要组成部分，各地税务机关纳税服务部门要加强与政策法规部门的衔接，协同做好权益性审核相关工作；要加强与税务规范性文件起草部门的沟通协调，严格落实事前评估、事中审核、事后跟踪问效的闭环管理机制，提高审核质效。

（四）持续优化提升。各地税务机关纳税服务部门要加强权益性审核工作的业务指导和问题分析上报；税务总局将收集研究相关问题，组织编写典型案例，不断优化审核流程、细化审核标准、完善工作机制，指导各地税务机关积极开展权益性审核工作。

各地税务机关在权益性审核工作中遇到的重大问题和完善意见建议，请及时上报国家税务总局（纳税服务司）。

国家税务总局

2022年×月×日

（对税务系统内只发电子文件）

10. 国家税务总局办公厅关于做好党委规范性文件报备及管理工作的通知

税总办发〔2015〕×号

局内各单位：

为深入贯彻落实《中国共产党党组工作条例（试行）》，按照《中共中央办公厅秘书局关于做好党组（党委）规范性文件报送备案工作的通知》（中秘文发〔2015〕103号）的要求，现就做好党委规范性文件报备及管理工作通知如下：

一、关于党委规范性文件报备的范围和方式

税务总局党委在履行职责过程中形成的具有普遍约束力、可以反复适用的规则、规定、办法、细则、决议、决定、意见、通知等文件，包括贯彻执行中央决策部署、指导推动税收工作发展、涉及人民群众切身利益、加强和改进党的建设等方面的重要文件，应自发布之日起30日内，通过机要交通方式直接送中央办公厅法规局备案。

报送规范性文件备案，应当提交备案报告、正式文本和制定说明（样式见附件），一式3份，以骑马钉形式装订成册，同时报送电子文件光盘，并在报备信封上标明“备案”字样。

二、关于党委规范性文件报备工作的职责分工

（一）文件主办司局的职责

1. 起草文件及说明。在起草需报备的党委规范性文件时，一并起草制定说明。制定说明包括制定意图、主要内容、起草及征求意见情况、审议情况以及其他需向备案机关报告的重要事项。

2. 提交会签和审查。在需报备的党委规范性文件起草后，如需会签相关司局的，先行会签，再将文件及制定说明一并提交人事司进行审查；不需会签的，直接提交人事司进行审查。

（二）人事司职责

1. 办理备案文件审查。对需报备的党委规范性文件及其制定说明进行审查，重点审查文件与党章和其他党内法规以及党的理论、路线、方针、政策是否相抵触。对审查通过的，转办公厅进行再次审查和发文审核；对审查未通过的，退主办司局修改。

2. 做好文件报备把关。在对党委规范性文件编号和用印时，严格审核需报备的文件是否按报备要求进行办理，如不符合要求，应退主办司局补办后才予以编号和用印。

3. 报送文件目录备查。每年1月31日前，填写上一年度发布的党委规范性文件目录表（式样见附件），按要求报送中央办公厅法规局备查。

（三）办公厅职责

1. 办理再次审查和核稿。对需报备的党委规范性文件，在人事司审查通过后，再进行审查、核稿，对未经人事司审查通过的，不予审查、核稿。重点审查文件与宪法和法律是否一致、文件规定的内容是否明显不当、文件是否符合制定权限和程序，审核文种使用、公文格式、行文规则、公文拟制方面是否符合公文处理办法相关规定和要求。

2. 承办报备具体工作。对需报备的党委规范性文件印发后，按要求整理备案报告、正式文件、制定说明并装订成册，向中央办公厅法规局报备。其中，备案报告应载明制订机关、印发日期和文件名称，引用的文件名称应当准确、完整；正式文本含发布通知，正式文本的电子版与纸质版应当一致。

三、关于进一步做好党委文件管理工作的要求

各单位要高度重视、认真做好党委规范性文件报备工作，并在此基础上，进一步提高党委文件办理质量，加强党委文件办文管理。

一是完善党委文件的核稿和校对制度。各单位以“税总党委发”和“税总党委函”名义起草的文件，在送局领导签发前，应先送办公厅进行核稿，在正式印制前，办公厅应认真做好终校（需直送局领导的文件除外）。

二是加强对党委文件办理的绩效考核。对各单位以“税总党委发”和“税总党委函”名义起草的文件，纳入公文绩效管理考核范围，并将办理质量情况逐月考核通报。

三是规范党委文件的分发和归档工作。对主办司局要求自行分发的党委文件，办公厅予以协助；对主办司局需要办公厅封发的党委文件，由办公厅负责加盖党委印章后封发。文件印发完成后，统一按要求存档、归档。

四是改进党委文件电子件的运转流程。各司局在办理非涉密党委文件中，应做到纸质件和电子件同步流转。对涉密类党委文件，继续按照有关保密规定办理。

附件：1. 党委文件办理流程图

2. 国家税务总局关于《×××》的备案报告

3. 关于《×××》的备案说明

4. ×××年度文件目录

国家税务总局办公厅

2015 年×月×日

（对税务系统内只发电子文件）

附件 1

党委文件办理流程图

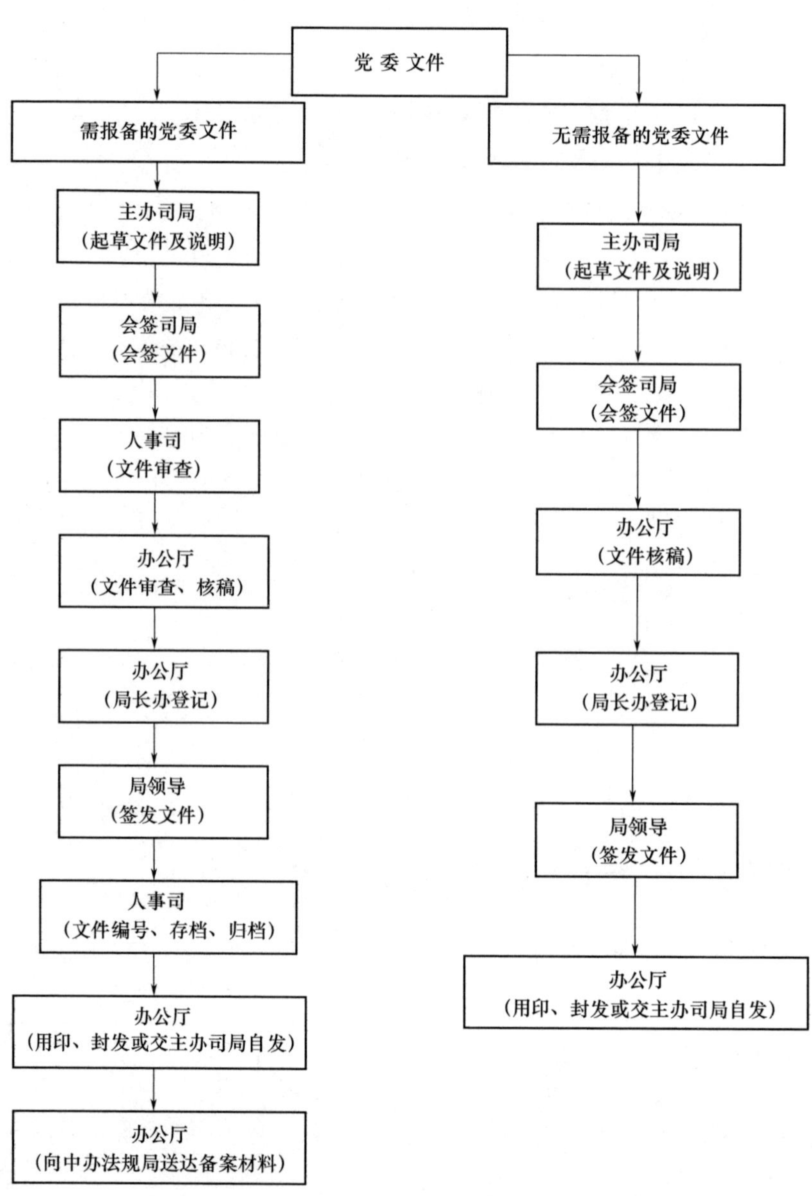

附件 2

国家税务总局关于《×××》的备案报告

中共中央办公厅：

现将中共国家税务总局委员会于×年×月×日印发的《×××》和备案说明一式一份报请中央备案。

国家税务总局办公厅（加盖印章）
年　月　日

注：标题用方正小标宋二号字，正文用方正仿宋三号字，数字用 Times New Roman 体，均加粗。

附件 3

关于《×××》的备案说明

中共国家税务总局委员会于×年×月×日印发了《×××》，现将有关制定问题作出如下说明：

……

注：标题用方正小标宋体二号字，正文用方正仿宋三号字，数字用 Times New Roman 体，均加粗。

附件4

××××年度文件目录

填表单位：国家税务总局　　　　　填表日期

序号	文件名称	发布文号	发布机关	发布日期	备注
1					
2					
3					

注：(1) 表格电子版用Excel格式，标题用方正小标宋二号字，正文用方正仿宋三号字，数字用Times New Roman体，均加粗。

(2) 文件名称用全称，填写完整准确。

(3) 已报送中央备案的文件，在备注栏中打“√”；发现漏报文件的，在备注栏中注明。

11. 中共国家税务总局委员会办公室关于印发《税务系统党委规范性文件备案审查办法（试行）》的通知（节选）

税总党委办发〔2022〕×号

中共国家税务总局各省、自治区、直辖市和计划单列市税务局委员会，中共国家税务总局驻各地特派员办事处委员会，中共国家税务总局税务干部学院委员会，局内各单位：

现将税务总局党委制定的《税务系统党委规范性文件备案审查办法（试行）》印发给你们，请结合接受中央巡视整改抓好落实。执行中遇到有关问题和重要情况，请及时向税务总局党委（办公室）报告。

附件：1. 备案报告模板（略）
　　　2. 备案说明模板（略）
　　　3. 年度文件目录（略）

中共国家税务总局委员会办公室
2022年×月×日

（对税务系统内只发电子文件）

税务系统党委规范性文件备案审查办法（试行）

第一章　总则

第一条　为了规范税务系统党委规范性文件备案审查工作，根据《中国共产党重大事项请示报告条例》《中国共产党党内法规和规范性文件备案审查规定》有关要求，结合税务系统工作实际，制定本办法。

第二条 本办法适用于各级税务局党委、国家税务总局驻各地特派员办事处党委、国家税务总局税务干部学院党委制定的规范性文件的备案审查工作。

第三条 本办法所称规范性文件，指各级税务局党委在履行职责过程中形成的具有普遍约束力、在一定时期内（一般指一年以上）可以反复适用的文件。包括贯彻落实习近平总书记重要讲话和重要指示批示精神，贯彻执行中央文件、中央会议精神，贯彻落实中央决策部署，以及上级税务局党委文件、会议精神，指导加强税务系统党的建设，推动税收工作发展，以及改革创新等方面的规则、规划、规定、计划、办法、方案、细则、举措、意见、通知等文件。

下列文件不列入规范性文件的备案审查范围：

（一）印发年度工作要点、工作总结等内容的文件；

（二）关于人事调整、表彰奖励、处分处理以及机关内部日常管理等事项的文件；

（三）请示、报告、会议活动通知、情况通报等文件；

（四）以党委办公室名义制发的文件；

（五）其他按照规定不需要备案审查的文件。

第四条 备案审查工作应当遵循下列原则：

（一）有件必备，凡属备案审查范围的都应当及时报备，不得瞒报、漏报、迟报；

（二）有备必审，对报备的党委规范性文件应当及时、严格审查，不得备而不审；

（三）有错必纠，对审查中发现的问题应当按照规定作出处理，不得打折扣、搞变通。

第五条 各级税务局党委办公室牵头办理规范性文件的备案审查工作，统筹协调、督促指导本系统备案审查工作。各级税务局党委工作部门（党委纪检组、党委办公室、党委组织部、党委宣传部等）应当在职责范围内对报备的规范性文件进行审查。

第六条 加强备案审查工作信息化建设，通过在电子公文系统建立功能完备、操作便捷的党委规范性文件备案审查模块，开展非涉密规范性文件的报备、审查、处理工作。

第二章　报备要求

第七条　各级税务局党委制定的规范性文件应当向上级税务局党委报备。

地方党委对规范性文件备案审查有明确要求的，从其规定，同时各级税务局党委还应当按照本办法要求向上级税务局党委进行报备。

第八条　应当报备的规范性文件，自印发之日起30日内由制定文件的税务局党委报备。

未按照规定时限报备的，上级税务局党委应当责令其限期补报。

第九条　报备规范性文件，应当提交备案报告、正式文本和备案说明。非涉密规范性文件的报备材料通过电子公文系统报送；涉密规范性文件的报备材料需装订成册，一式两份，电子文本刻录光盘一同通过机要途径报送。

备案说明应当写明文件制定背景、主要内容、政策创新及其依据、重要数据指标来源、征求意见、审议签批过程等情况。

第十条　各级税务局党委应当在每年1月31日前，将上一年度党委文件完整目录报送上级税务局党委备查。

第三章　文件审查

第十一条　上级税务局党委办公室收到下级税务局党委报备的规范性文件应当从形式上进行审查：

（一）报备文件是否属于报备范围；

（二）是否自印发之日起30日内报备；

（三）报备材料是否齐全；

（四）报备材料是否符合规定格式；

（五）电子文本与纸质文件是否一致。

第十二条　上级税务局党委办公室根据形式审查情况作出不同处理：

（一）属于报备范围且报送材料符合要求的，予以备案登记；

（二）不属于报备范围的，不予备案登记，并反馈下级税务局党委；

（三）属于报备范围但报送材料不符合要求的，通知下级税务局党委在5日内补正。

第十三条　上级税务局党委办公室备案登记后，按照工作职责分工，分送本级税务局党委工作部门，着重从下列方面进行审查：

（一）政治性审查。包括是否认真贯彻落实习近平新时代中国特色社会主义思想，是否同党的基本理论、基本路线、基本方略相一致，是否与党中央、国务院重大决策部署相符合，是否严守党的政治纪律和政治规矩，以及是否与上级税务局党委工作部署相符合等。

（二）合法合规性审查。包括是否同宪法和法律相一致，是否同党章、党内法规和规范性文件相抵触，是否与上级税务局党委规范性文件有关规定相冲突，是否符合制定权限和程序，是否落实精简文件、改进文风要求等。

（三）合理性审查。包括是否适应形势发展需要，是否可能在社会上造成重大负面影响，是否违反公平公正原则等。

（四）规范性审查。包括文件标题是否适当，体例格式是否正确，表述是否规范等。

第十四条 审查部门进行全面审查，对内容复杂敏感、专业性强、涉及面广的规范性文件，党委工作部门可以征求其他相关部门意见建议或者进行会商调研。

针对审查中发现的问题和有关部门的意见建议，可以要求下级税务局党委作出说明。

在审查中，应当注重保护下级税务局党委结合实际改革创新的积极性。

第十五条 审查部门提出审查意见报本级税务局党委办公室。党委办公室对审查意见进行复核，重点对规范性进行把关，汇总整理审查意见，按照规定权限和程序报批。

第四章 审查意见及整改

第十六条 上级税务局党委应当根据不同情形，对报备的规范性文件作出相应审查意见。

第十七条 对审查中没有发现问题的规范性文件，应当直接予以备案通过，并向下级税务局党委反馈。

发现已经备案通过的规范性文件存在问题的，可以重新启动审查程序。

第十八条 规范性文件没有原则性问题，但存在下列情形之一，可以予以备案通过，并向下级税务局党委提出书面建议：

（一）有关规定基本合法合规，但需要在执行中把握好尺度的；

（二）有关规定实施后上级精神发生变化或者新的改革措施即将出台，需要下级税务局党委了解掌握的；

（三）有关部门提出的意见建议具有较高参考价值的；

（四）存在文件标题、体例格式、文字表述等不规范情形的；

（五）其他需要提出建议的情形。

第十九条　规范性文件没有原则性问题，但存在下列情形之一，可以予以备案通过，并对下级税务局党委进行书面提醒：

（一）有关政治表述不够规范的；

（二）有关规定在执行中可能产生偏差或者引起误解的；

（三）有关规定不够合理的；

（四）制定程序不规范的；

（五）不符合精简文件、改进文风要求的；

（六）其他需要提醒的情形。

下级税务局党委在收到书面提醒后应当主动整改，对上级税务局党委要求反馈整改情况的，应当在30日内将整改情况报告上级税务局党委。

第二十条　规范性文件存在下列情形之一，应当不予备案通过，并要求下级税务局党委进行纠正：

（一）违背党章、党的理论和路线方针政策的；

（二）违反宪法和法律的；

（三）同党内法规和规范性文件相抵触的；

（四）同上级税务局党委工作部署不相符合的；

（五）同上级税务局党委规范性文件有关规定相冲突的；

（六）明显不合理的；

（七）不符合制定权限的；

（八）其他需要纠正的情形。

下级税务局党委应当在收到纠正要求后30日内报告相关处理情况，对复杂敏感、容易产生不利影响的事项，应当及时会同有关方面采取有效措施妥善处理。

纠正后的规范性文件符合要求的，予以备案通过。下级税务局党委未在规定时限内纠正问题或者报告有关纠正措施，且无正当理由的，上级税务局党委可以作出撤销相关规范性文件的决定。

第二十一条 需要整改或者纠正的规范性文件，可以采用修改原文件、印发补充文件等方式。

第二十二条 上级税务局党委对报备规范性文件作出需要纠正的决定时，下级税务局党委应当及时向地方党委报告。

地方党委对报备规范性文件作出需要纠正的决定时，下级税务局党委应当及时向上级税务局党委报告。

第二十三条 对未发现问题的规范性文件，上级税务局党委一般在收到报备文件后30日内完成审查处理工作。发现可能存在问题的，可以适当延长时间，但一般不超过3个月。

备案审查工作有关资料应当及时存档备查。

第二十四条 上级税务局党委应当加强对备案审查工作情况的监督检查，不定期对下级税务局党委报备情况进行通报，对未按规定报备、报备规范性文件经审查出现重大问题的严格绩效考评与问责。

第五章 附则

第二十五条 本办法由国家税务总局党委办公室负责解释。

第二十六条 本办法自印发之日起施行。

12. 国家税务总局关于印发《税收个案批复工作规程》的通知

税总党工发〔2023〕×号

国家税务总局各省、自治区、直辖市和计划单列市税务局，国家税务总局驻各地特派员办事处，局内各单位：

现将《税收个案批复工作规程》印发给你们，请认真执行。各单位在执行中遇到的问题及建议，请及时报告税务总局。

国家税务总局

2023年×月×日

税收个案批复工作规程

第一条　为提高税务行政决策的科学化、民主化，落实政务公开要求，强化内部制约监督机制，规范税收个案批复工作，制定本规程。

第二条　本规程所称税收个案批复，是指税务机关针对特定税务行政相对人的特定事项如何适用税收法律、法规、规章或规范性文件所做的批复。

第三条　税务机关作出税收个案批复均适用本规程。

凡税收法律、法规规定的对税务行政相对人的许可、审批事项，不属于本规程适用范围。

第四条　税收个案批复拟明确的事项需要普遍适用的，应当按照《税务规范性文件制定管理办法》制定税务规范性文件。

已作出的税收个案批复不能作为新办理税收个案批复的依据。

第五条　税收个案批复必须以税务机关的名义作出。下级税务机关不得执行以上级税务机关内设机构名义作出的税收个案批复。

第六条 办理税收个案批复，应当符合法律规定，注重内部分工制约，坚持公开、公平、公正、统一的原则。

第七条 有下列情形之一的，不得作出税收个案批复：

（一）超越本机关法定权限的；

（二）与上位法相抵触的；

（三）对其他类似情形的税务行政相对人显失公平的。

第八条 税务机关应以正式文件方式作出税收个案批复，不得以口头、便函等其他方式作出。税务总局税收个案批复发文字号使用“税总××函”，各省级税务机关使用的发文字号应当比照执行。

第九条 税收个案批复事项一般应由税务行政相对人的主管税务机关以正式文件方式提出，并逐级报送有权作出批复的税务机关。

上级机关交办、本机关领导批办、相关部门转办或纳税人直接提出的申请拟作出批复的，应当逐级发送至税务行政相对人的主管税务机关调查核实，提出处理意见后，以正式文件方式附相关资料逐级报送有权作出批复的税务机关。必要时，拟批复机关可以补充调查核实。

第十条 税收个案批复事项，应当由办公厅（室）统一负责登记，依据部门职责分发主办业务部门。

各业务部门直接收到的税收个案批复事项，应当首先转送办公厅（室）统一登记。未经办公厅（室）登记、分发的税收个案批复事项，不得办理。

第十一条 主办业务部门收到办公厅（室）分发的税收个案批复事项后，应当登记并明确主办人员。按照本规程第九条第二款规定，需要转送主管税务机关进一步调查核实的，主办业务部门应及时办理。

第十二条 主办业务部门认为不应作出税收个案批复的，应当书面说明理由，经本部门负责人批准后，报办公厅（室）备案。

第十三条 主办业务部门拟作出税收个案批复的，应将批复文本连同起草说明及其他相关材料送交纳税服务部门、负有税收执法监督检查职能的部门及其他相关业务部门会签，纳税服务部门、负有税收执法监督检查职能的部门履行监督职责，其他相关业务部门进行业务审核。

起草说明应包括申请事项、调查核实情况、征求其他相关机关意见情况、批复的必要性及依据、对其他税务行政相对人的影响等内容。

第十四条　会签后，主办业务部门应将全部案卷材料送交政策法规部门进行合法性审核。

第十五条　对会签、合法性审核中存在不同意见且经过协商难以达成一致的，主办业务部门应将各方意见及相关材料报主管局领导裁定。

第十六条　经会签、合法性审核无异议，或主管局领导裁定同意批复的，主办业务部门应当自收到会签、审查或领导裁定意见之日起5个工作日内，按照公文处理程序送办公厅（室）稿。

第十七条　未经纳税服务部门、负有税收执法监督检查职能的部门会签和政策法规部门合法性审核的税收个案批复，办公厅（室）不予核稿，局领导不予签发。

第十八条　除涉及国家秘密、商业秘密、个人隐私外，税收个案批复应当自作出之日起30日内，由批复机关的办公厅（室）在税务机关公报、本辖区范围内公开发行的报纸或本税务机关网站上公布。

不具备前款规定公布条件的税务机关，应当自税收个案批复作出之日起5个工作日内，在办税服务场所或公共场所通过公告栏等形式，公布其作出的税收个案批复。

第十九条　税务总局税收个案批复应当抄送驻税务总局纪检监察组办公室。省以下税务机关税收个案批复应当抄送同级党委纪检组。

第二十条　省以下税务机关主办业务部门应当于税收个案批复作出之日起30日内，主动将税收个案批复及相关资料送同级负有税收执法监督检查职能的部门，由该部门报送上一级税务机关负有税收执法监督检查职能的部门。上一级税务机关负有税收执法监督检查职能的部门应将收到的税收个案批复及相关材料分送同级主管业务部门、政策法规部门以及其他相关业务部门审核。

审核发现税收个案批复不符合规定的，应由负有税收执法监督检查职能的部门及时通知作出税收个案批复的下级税务机关纠正。下级税务机关应于30日内纠正，并将纠正情况报告上级税务机关负有税收执法监督检查职能的部门。

第二十一条　主办业务部门应当按档案管理规定将税收个案批复材料整理归档。

第二十二条　本规程前述条款没有规定时限的，按照下列规定办理：

（一）上下级税务机关送出材料均不得超过15个工作日；

（二）各部门会签、审核均不得超过15个工作日；

（三）调查核实不得超过30个工作日。

征求其他相关单位意见的时间不计算在本规程规定的时限内。

情况复杂或者社会影响巨大的案件，可适当延长时限。

第二十三条 违反本规程规定办理税收个案批复的，按照有关规定追究相关人员责任。

第二十四条 本规程自印发之日起施行。《国家税务总局关于印发〈税收个案批复工作规程（试行）〉的通知》（国税发〔2012〕14号）同时废止。税务总局印发的其他文件与本规程规定不一致的，以本规程为准。

13. 中共国家税务总局委员会关于印发《中共国家税务总局委员会贯彻落实中央八项规定实施细则的实施办法》的通知（节选）

税总党委发〔2023〕×号

中共国家税务总局各省、自治区、直辖市和计划单列市税务局委员会，中共国家税务总局驻各地特派员办事处委员会，中共国家税务总局税务干部学院委员会，局内各单位：

现将修订后的《中共国家税务总局委员会贯彻落实中央八项规定实施细则的实施办法》印发给你们，请结合实际认真贯彻执行。

中共国家税务总局委员会

2023 年×月×日

（对税务系统内只发电子文件；此件属于工作秘密，仅供税务系统内部使用，严格控制知悉范围，严禁通过互联网、手机、微信等传播使用和对外发布）

中共国家税务总局委员会
贯彻落实中央八项规定实施细则的实施办法

为深入贯彻落实党的二十大精神和二十届中央纪委二次全会部署要求，根据《中共中央政治局贯彻落实中央八项规定实施细则》精神，结合税务工作实际，制定本实施办法。

……

三、精简文件简报

9. 减少各类文件简报。科学制定并严格执行税务总局年度发文计划，从严控制发文数量和发文规格，减少临时性发文，没有实质内容，可发可不发的文件简报一律不发。对未列入年度发文计划的项目，一般不予发文；确需发文的，要按从严掌握、一事一报原则提出申请。严控配套类、分工类发文。制发文件需要明确责任分工的，一般应在同一份文件中明确，不另发配套类、分工类文件。不得以贯彻落实督查考核等名义要求下级税务机关制发配套文件。不得随意将是否制发配套文件作为考核评判贯彻落实情况的指标。科学确定文件密级、保密期限、信息公开类别和发送范围。各级税务机关（含内设机构）要严格按权限和程序制发文件，不得多头报文发文，总局机关内设机构未经授权不得直接向上级部门报送文件，不得向各省级税务局党委发布指令性公文或在公文中提出指令性要求；不得为减少文件数量，刻意将红头文件改白头文件、正式文件改便函等形式下发。严格控制税务总局下发简报的种类和数量，因重要改革或专项工作确需新增简报的，相关司局应商办公厅提出意见，报请税务总局主要负责同志审批，种类不得超过1种，压缩简报编发数量。各省级税务机关对重要信息或具有重要参考价值的意见建议，需要向税务总局报纸质《税务专报》的，要按照统一格式，由各省级税务机关主要负责同志审签后报送，每年报税务总局主要领导一般不超过10期，其他每位局领导一般不超过5期。

10. 提高文件简报质量和时效。规范文件、简报的报送程序和格式，加强综合协调，按要求做好会签及审核把关，完善前置审核机制，切实做到优质高效。文件涉及纪检监察工作的，印发前应征求驻税务总局纪检监察组意见。弘扬“短、实、新”优良文风，文件要突出政治性、思想性、针对性和可操作性，严格控制篇幅。除部署全局性、综合性工作外，文件稿篇幅一般不超过10页、字数一般不超过5000字，部署专项工作或具体任务的文件稿一般不超过4000字。呈报党中央、国务院的报告应当严格按照有关规定要求办理。下级税务机关呈报上级税务机关的报告应当具有实质性内容和参考价值，综合报告一般不超过5000字，专项报告一般不超过3000字。简报要重点反映重要动态、经验、问题和工作意见建议。在税务系统内部充分运用电子公文系统办理和传递文件简报，减少纸质文件，降低行政运行成本，提高工作效率。

11. 严格文稿发表和接受采访。税务总局党委成员代表税务总局发表讲话和文章、个人发表署名文章，须报税务总局党委主要负责同志批准，涉及重要工作的讲话、文章应报税务总局党委批准。对以税务总局领导个人名义发表的讲话、文章，不得冠以“重要”“汇编”的表述形式进行传达或编印。除税务总局统一安排外，税务总局党委成员个人不公开出版著作、讲话单行本，不发贺电、贺信，不题词、题字、作序。未经税务总局党委批准，税务总局党委成员不得接受国内媒体、国（境）外媒体采访，不得为国（境）外机构、组织和人员举办或资助的各类研讨会、论坛、庆典、宴会等活动书面致辞、题写贺词贺信等。

……

14. 国家税务总局办公厅关于进一步加强总局机关档案工作的通知（节选）

税总办发〔2021〕×号

局内各单位：

为认真贯彻落实习近平总书记对档案工作的重要批示精神以及《“十四五”全国档案事业发展规划》部署要求，进一步提高总局机关档案工作水平，推动总局机关档案工作制度化、规范化、科学化发展，现将有关事项通知如下：

……

二、健全完善归档门类和收集范围

各单位要严格按照《机关档案管理规定》（国家档案局令第 13 号）列明的档案门类进行收集、整理、归档，确保档案收集齐全完整，整理规范有序。

（一）规范文书档案归档工作。各单位要认真对照总局机关关于文书档案保管的规定要求，每年度及时对本司局的文书档案进行全面梳理和归档，做到收集齐全、核定准确、规范标注。办公厅要进一步做好《情况通报》（包括其他形式印发的局领导讲话）、《税收专报》（包括以主要负责同志名义报送的专题报告、函件等）、总局领导署名文章的归档工作，并建立相关专题电子档案库，便于保管、查询和利用。

……

国家税务总局办公厅

2021 年×月×日

（对税务系统内只发电子文件）

15. 国家税务总局关于印发《税务工作秘密管理暂行办法》的通知（节选）

税总发〔2021〕×号

国家税务总局各省、自治区、直辖市和计划单列市税务局，国家税务总局驻各地特派员办事处，局内各单位：

经税务总局保密委员会全体会议审议通过，现将《税务工作秘密管理暂行办法》印发给你们，请认真贯彻执行。

附件：税务工作秘密事项范围目录

国家税务总局

2021年×月×日

（对税务系统内只发电子文件；此件属工作秘密，仅供税务系统内部使用，严格控制知悉范围，严禁通过互联网、手机、微信等传播使用和对外发布）

税务工作秘密管理暂行办法

第三章　工作秘密的确定

第十条　各级税务机关确定工作秘密应当作出书面记录，注明承办人、审批人、确定依据或者理由，在相应载体左上方作出标志，并以附注形式明确管理要求。

（一）属于正式发文的工作秘密，应当明确标注“内部”字样；

（二）属于非正式发文的工作秘密，应当明确标注“内部资料注意保管”字样；

（三）属于无法作出或者不宜作出工作秘密标志的文件资料和税费数据，确定该工作秘密的税务机关应当书面通知知悉范围内的机关、单位或者人员。

第十一条 各级税务机关应当定期主动审核或者依申请审核本机关确定的工作秘密，有下列情形之一的，及时予以解除：

（一）党内法规、法律、行政法规、规章或者国家有关规定调整后，相关事项属于应予以公开事项的；

（二）形势发生变化，解除工作秘密不会对各级税务机关正常履行职能或者国家安全、公共利益造成不利影响的。

第十二条 各级税务机关对已确定的工作秘密事项有不同意见的，可以向确定工作秘密的机关提出；确定机关未予处理，或者对确定机关作出的决定仍有异议的，可以提请其上级税务机关确定。

第十三条 上级税务机关发现下级税务机关工作秘密确定不当的，应当及时通知其纠正，也可以直接纠正。

第四章 工作秘密的管理

第十四条 工作秘密一经确定，应当采取必要的保护措施；未经批准，不得公开。

第十五条 工作秘密载体管理应当遵守下列规定，确保全过程安全可控：

（一）制作工作秘密载体，应当使用税务系统内部安全可靠的设备、场所进行，或者选择具有国家秘密载体印制资质的单位；

（二）制作属于工作秘密的电子公文、数据，应当通过电子公文系统或税务专网其他渠道存储、处理和传输。严禁使用非安全移动存储介质存储工作秘密。严禁通过 QQ、微信、钉钉等互联网即时通讯工具、互联网邮箱和互联网视频会议系统等处理、传输工作秘密；

（三）收发工作秘密载体，应当有相应的记录；

（四）传递工作秘密载体，应当按照国家有关规定对工作秘密载体进行包装密封；

（五）保管工作秘密载体，应当将其存放于文件柜、密码柜等安全的设备中，按要求做好归档工作；

（六）借阅、复制、汇编工作秘密或者携带工作秘密载体外出，应当履行审批登记程序；任何机关、单位和工作人员不得擅自携带工作秘密载体出境，确需携带的，应当经本机关负责人或者其指定的人员批准；

（七）维修工作秘密载体，应当由本机关、单位人员负责；确需由外单位人员维修或者送外维修的，应当指派专人现场监督；

（八）销毁工作秘密载体，应当履行内部登记程序，确保过程安全可控、信息无法还原，不得出售、赠予或者丢弃。

16. 国家税务总局办公厅关于进一步规范税务公文报送工作有关事项的通知

税总办发〔2015〕×号

国家税务总局各省、自治区、直辖市和计划单列市税务局，局内各单位：

近年来，各省税务机关认真贯彻修订后的《全国税务机关公文处理办法》等规定，落实公文处理绩效考核要求，向税务总局报送公文工作总体上更加规范，但仍存在违反行文规则、公文主送机关不规范、公文格式不正确等问题。为进一步规范公文报送工作，根据上级相关文件精神，结合税务机关实际，现就有关事项通知如下：

一、各司局起草，以税务总局正式文件（包括税总发、税总函及税总办发、税总办函）下发，需要各省税务机关反馈或报告情况的，应写明反馈或报告的时间、具体方式，以便于工作落实。

二、各省税务机关根据税务总局正式文件或司局便函要求报送有关情况，一般应根据对等原则并结合工作实际，选择发文字号和文种等要素。

（一）税务总局以税总发下发，或者以税务总局其他正式文件下发、明确要求以省税务机关名义报告税务总局，或者所报材料需经省税务机关主要负责人签发的，省税务机关一般应以“××税发”文件报送，主送“国家税务总局”，文种选用“报告”，并由主要负责人或者主持工作的负责人签发。

（二）税务总局以税总函下发，明确要求报送有关情况或将有关情况报送税务总局（××司局）的，省税务机关一般应以“××税函”文件报送，主送“国家税务总局办公厅”，文种选用“函”。

（三）税务总局以税总办发（函）下发，明确要求报送有关情况或将有关情况报送税务总局（××司局）的，省税务机关应以“××税办函”文件报送，主送“国家税务总局××司局”，文种选用“函”。

（四）各司局以司局便函要求各地报送有关情况，不得要求各省税务机关以正式文件报送税务总局或相关司局，省税务机关应以对口处室便函回复，主送“国家税务总局××司局”。

三、各省税务机关根据税务总局正式文件、业务处室根据税务总局司局便函要求反馈或报告有关情况，应在公文附注处注明相关业务联系人的单位、姓名和电话；涉及两个以上（含）业务部门工作的应标注所有业务部门的联系方式，以便于文件准确分办和工作联系。

四、为进一步精简公文，提高公文办理效率，税务总局正式文件或司局便函要求下级报送有关情况的，除涉密件或其他必须用纸质文件报送、不宜用电子文件报送的外，一般应以电子文件报送。非编号文件或材料，能通过可控 FTP 或内网邮件等方式报送的，一般应以可控 FTP 或内网邮件等安全便捷的方式报送。

五、除税务总局领导同志直接交办事项外，各省税务机关应以本机关名义向税务总局报送公文，不得以机关或机关负责人名义向税务总局领导同志报送公文，不得在向税务总局报送公文的同时并列主送或抄送税务总局领导同志、相关业务司局。

六、各省税务机关根据工作需要主动向税务总局报送的上行文（请示、报告、意见），以及报送税务总局的紧急重大情况报告，仍然按照税务总局相关规定，按原有途径、方式和要求报送。

国家税务总局办公厅

2015 年×月×日

17. 国家税务总局办公厅关于进一步精简文件转变文风提高办文效率的通知

税总办发〔2016〕×号

国家税务总局各省、自治区、直辖市和计划单列市税务局，局内各单位：

为深入贯彻落实中央八项规定精神，继续做好精简文件工作，切实减轻机关和基层工作负担，根据巡视整改要求，现就进一步精简文件、转变文风、提高办文效率有关事项通知如下：

一、严格控制发文数量

（一）**制发文件应确有必要**。注重思想性、针对性和可操作性，坚决纠正以文件落实文件、以发文等同落实等错误认识和做法，防止文件照抄照转、内容空泛松散。

以下6种情形，一律不得制发正式文件：

1. 法律法规已有明确规定的；

2. 现行文件相关规定仍然适用的；

3. 上级或其他单位已经公开发布的文件，本单位落实中没有具体贯彻意见和措施的；

4. 机关负责人的讲话；

5. 非涉密、非敏感事项适宜通过电话、短信、微信或内网邮件、可控FTP等便捷方式发布的；

6. 没有实质内容、可发可不发的。

（二）**统筹协调简并发文**。以下4种情形，应尽量归并发文：

1. 制定税收政策和管理措施、进行工作部署，凡主题类似、内容相近、关联较大、可以归并的尽量归并发文；

2. 对工作配套类、方案分工类文件数量进一步精简，原则上应合并到一个文件中或作为文件附件一并印发，不单独发文；

3. 成立或调整议事协调机构发文，根据需要，对成员单位可采取只明确到相关单位或职务，成员单位相关成员调整由接替其职责和职务的人员自然接替，避免因人员变动而频繁调整发文；

4. 开展税收情报交换、下发出口退税指标等适合类处理、批处理的文件，通过分缮方式归并发文。

（三）**规范议事协调机构发文**。税务总局议事协调机构原则上不向各省税务局及其党委行文，确需行文的应当经过议事协调机构领导小组组长批准并严格控制。

（四）**减少针对同一事项报送文件**。税务总局要求各省税务局报送的工作情况，一般只需在工作结束后、年度终了等关键时间节点行正式文件上报，对阶段性定期报送的实施情况、进展情况只需以便函或其他简便方式对口报送。

（五）**严格控制涉密文件数量**。按照国家有关规定和要求，加强定密管理，严格定密程序，尽可能控制和减少涉密文件数量。

二、切实规范发文形式

（六）**严格遵守行文规则**。主办单位要按照隶属关系和职权范围，根据行文对象、行文内容，准确选择正式文件或非正式文件，党口类文件或行政类文件等行文类别和适用文种。

除上级机关负责人直接交办事项外，不得以本机关名义向上级机关负责人报送文件，不得以本机关负责人名义向上级机关报送文件。

（七）**正确使用发文字号**。坚持复文与来文对等、就低不就高的原则，能以便函等非正式文件回复的，不以正式文件回复；能以办公厅（室）名义发文的，不以税务机关名义发文；能以信函格式发文的，不以文件格式发文。

（八）**有效使用便函**。以下10种情形，一般使用便函办理：

1. 召开视频会议或组织视频培训的通知；
2. 召开四类会议的通知；
3. 告知会议或培训补充事项的通知；
4. 开展集中办公的通知；
5. 各内设机构年度重点工作安排或要点的通知；
6. 一般性（非跨司局）软件补丁升级的通知；
7. 要求各地报送经验材料的通知；
8. 要求各省税务机关填报各类数据、信息的通知；

9. 征求各地税务机关意见；

10. 对同级部门以便函或非编号文件形式征求意见的回复。

三、精简纸质文件印制

（九）合理控制文件印发范围。主办单位和办公厅（室）要根据行文内容，合理确定文件印发范围，行文内容只涉及部分单位的，不得普发。

（十）积极推行电子文件。在税务系统内部之间充分运用税务综合办公信息系统办理和传递文件。除涉密件、作为执法或批复依据以及其他不适合发电子文件的外，其他文件一律只发电子文件；发送便函以及单位内部会签、征求意见的函件，除涉密件外，原则上一律采用电子件传递。

（十一）尽量减少纸质文件印制。主办单位和办公厅（室）要根据行文对象和工作需要，准确确定文件印制份数，尽可能减少纸质文件数量。主送各省税务机关的税总发、税总函文件，除涉密件外，今后局内各单位一律只发电子文件。

四、积极倡导优良文风

（十二）强化责任意识。要牢固树立文件办理无小事的观念，起草文件应严格贯彻党的路线方针政策，遵从国家法律法规，完整准确体现发文机关意图，并同现行有关文件和政策规定协调衔接，力戒前后矛盾。要层层严格审核把关，做到办文流转到哪里，责任就延伸到哪里，以高度负责的态度，办好每一份文件。

（十三）切实改进文风。倡导“短、实、新”，反对“长、假、空”。起草文件应减少一般性论述和“穿靴戴帽”，做到开门见山、直陈主题、要言不赘、意尽文止。税务总局部署重要税收工作的文件一般不超过6000字，部署专项税收工作或具体税收任务的文件一般不超过4000字。

（十四）着力提升办文质量。起草文件要体现符合实际、改革创新、便于操作和落实的要求，提出科学可行的实招、硬招、新招，确保文件务实管用。要不断加强办文能力建设，着力提高办文人员素质，力求行文格式规范、结构清晰、逻辑严谨、语言精练，办出高质量、高水平。

五、严格征求意见及会签程序

（十五）认真做好征求意见工作。主办单位应根据起草文件内容的相关性，充分征求相关单位包括基层的意见和建议，合理安排反馈时间，提高征求意见质效。对反映合理或较为集中的意见，应尽可能在制发文件中采纳吸收；对不能吸收的也应及时沟通，说明理由，争取理解。

（十六）**严格落实文件会签要求**。主办单位起草文件涉及外部门或局内相关单位职权范围的，必须按照规定会签，在保障效率的前提下，为会签单位预留充分的时间。

税收规范性文件须经政策法规部门进行合法性审查和合规性评估。

文件内容涉及局内相关议事协调机构职责的，应会签负责议事协调机构日常工作的部门。

会签单位要对会签文进行认真研究，特别要从加强工作统筹方面，提出意见建议，防止工作交叉布置、多头下达带来的“文件打架”或相互不协调等问题。

对应会签而未会签的，应经而未经合法性审查和合规性评估的，办公厅（室）不予核稿，并在绩效考评中扣分。

（十七）**加强对征求意见及会签情况的审核**。主办单位起草文件应在办文说明中对征求意见和文件会签的情况予以详细说明，特别是对没有采纳的不同意见，要充分说明理由和沟通情况，以便于领导决策。对应说明而未说明的，办公厅（室）不予核稿。

六、切实减轻基层负担

（十八）**简化基层相关文件及材料报送**。按照必要性、便利性原则，尽量减少基层向上级税务机关报送相关文件、材料，并优化报送方式。能以简便方式报送的，尽量不用文件方式报送；能以便函报送的，不以正式文件报送。

税务总局各司局便函中不得要求各省税务局以正式文件方式报送有关材料。

各省税务局向税务总局报备税收规范性文件的方式，可以便函形式报送，具体报送要求由政策法规司另行明确。

（十九）**制发文件应密切联系基层实际**。坚持服务基层、贴近基层的原则，文件制发要充分考虑基层实际，多问需于基层、问计于基层，深入基层一线开展有针对性调查研究，切实了解和掌握第一手资料，增强文件的指导性、可操作性和相对稳定性，尽可能减少反复制发“补丁文件”，坚决杜绝文件不接地气、难以操作的现象。

（二十）**文件实施应为基层预留合理的时间**。各单位制发文件应增强工作的计划性和预见性，尽可能减少特急件和加急件。需要基层报送材料、填报数据、反馈情况等，应尽可能为基层预留充分的准备时间。对预留时间不足5日的正式发文，主办单位必须在办文说明中详细说明理由。对应说明而未说明的，办公厅（室）不予核稿。

国家税务总局办公厅

2016年×月×日

（对税务系统内只发电子文件）

18. 校对符号及其用法

中华人民共和国国家标准

GB/T 14706—93

校 对 符 号 及 其 用 法

Proofreader's marks and their application

1　主题内容与适用范围

本标准规定了校对各种排版校样的专用符号及其用法。

本标准适用于中文(包括少数民族文字)各类校样的校对工作。

2　引用标准

GB 9851　印刷技术术语

3　术语

3.1　校对符号　proofreader's mark

以特定图形为主要特征的、表达校对要求的符号。

4　校对符号及用法示例

编号	符号形态	符号作用	符号在文中和页边用法示例	说　明
一、字符的改动				
1		改　正	增高出版物质量。(提) 改革开改(放)	改正的字符较多,圈起来有困难时,可用线在页边画清改正的范围 必须更换的损、坏、污字也用改正符号画出
2		删　除	提高出版物物质质量。	
3		增　补	要搞好校工作。(对)	增补的字符较多,圈起来有困难时,可用线在页边画清增补的范围
4		改正上下角	16=42 H2SO4 尼古拉·费欣 0.25+0.25=0.5 举例:2×3=6 X:Y=1:2	

GB/T 14706—93

续表

编号	符号形态	符号作用	符号在文中和页边用法示例	说明
二、字符方向位置的移动				
5		转正	字符颠倒要转正。	
6		对调	认真经验总结。 认真验结经总。	用于相邻的字词 用于隔开的字词
7		接排	要重视校对工作， 提高出版物质量。	
8		另起段	完成了任务。明年……	
9		转移	校对工作，提高出 版物质量要重视。 "。以上引文均见中文新版《 列宁全集》。 编者 年 月 …… 各位编委：	用于行间附近的转移 用于相邻行首末衔接字符的推移 用于相邻页首末衔接行段的推移
10	或	上下移	序号 名称 数量 01 显微镜 2	字符上移到缺口左右水平线处 字符下移到箭头所指的短线处
11	或	左右移	要重视校对工 作，提高出版物质量。 3 4 5 6 5 欢呼 歌 唱	字符左移到箭头所指的短线处 字符左移到缺口上下垂直线处 符号画得太小时，要在页边重标

GB/T 14706—93

续表

编号	符号形态	符号作用	符号在文中和页边用法示例	说　明
12		排　齐	校对工作非常重要。必须提高印刷质量，缩短印制周期。国家标准	
13		排阶梯形	RH_2	
14		正　图		符号横线表示水平位置，竖线表示垂直位置，箭头表示上方

三、字符间空距的改动

编号	符号形态	符号作用	符号在文中和页边用法示例	说　明
15	V >	加大空距	一、校对程序 校对胶印读物、影印书刊的注意事项：	表示在一定范围内适当加大空距 横式文字画在字头和行头之间
16	Λ <	减小空距	二、校对程　序 校对胶印读物、影印书刊的注意事项：	表示不空或在一定范围内适当减小空距 横式文字画在字头和行头之间
17	#	空 1 字距 空 1/2 字距 空 1/3 字距 空 1/4 字距	第一章校对职责和方法 1. 责任校对	多个空距相同的，可用引线连出，只标示一个符号
18	Y	分　开	Goodmorning!	用于外文

GB/T 14706—93

续表

编号	符号形态	符号作用	符号在文中和页边用法示例	说　明
			四、其　他	
19	△	保　留	认真搞好校对工作。	除在原删除的字符下画△外，并在原删除符号上画两竖线
20	○＝	代　替	○色的程度不同，从淡○色到深○色具有多种层次，如天○色、湖○色、海○色、宝○色……　○＝蓝	同页内有两个或多个相同的字符需要改正的，可用符号代替，并在页边注明
21	○○○	说　明	第一章　校对的职责　改黑体	说明或指令性文字不要圈起来，在其字下画圈，表示不作为改正的文字。如说明文字较多时，可在首末各三字下画圈

5　**使用要求**

5.1　校对校样，必须用色笔（墨水笔、圆珠笔等）书写校对符号和示意改正的字符，但是不能用灰色铅笔书写。

5.2　校样上改正的字符要书写清楚。校改外文，要用印刷体。

5.3　校样中的校对引线要从行间画出。墨色相同的校对引线不可交叉。

GB/T 14706—93

附　录　A

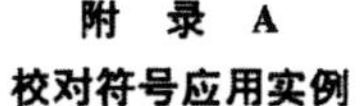

校对符号应用实例

（参考件）

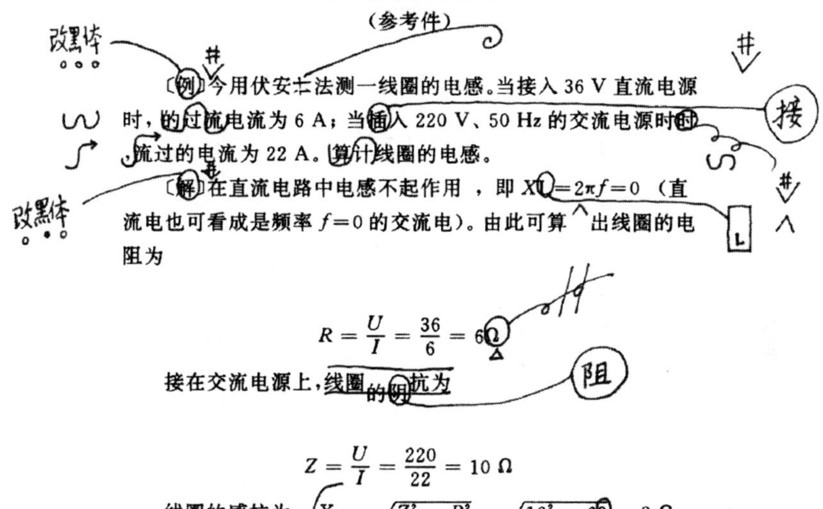

〔例〕今用伏安=法测一线圈的电感。当接入 36 V 直流电源时，的过流电流为 6 A；当插入 220 V、50 Hz 的交流电源时时，流过的电流为 22 A。算计线圈的电感。

〔解〕在直流电路中电感不起作用 ，即 $XL=2\pi f=0$ （直流电也可看成是频率 $f=0$ 的交流电）。由此可算出线圈的电阻为

$$R=\frac{U}{I}=\frac{36}{6}=6\Omega$$

接在交流电源上，线圈的阴抗为

$$Z=\frac{U}{I}=\frac{220}{22}=10\ \Omega$$

线圈的感抗为 $X_L=\sqrt{Z^2-R^2}=\sqrt{10^2-62}=8\ \Omega$

故线圈的电感为

$$L=\frac{X_L}{2\pi f}=\frac{8}{2\pi\times 50}=0.025\ \text{H}=25\ \text{mH}$$

第七节　电　容　电　路

电容器接在直流电源上，如图 3-13 甲所示。电路呈断路状态。若把它接在交流电源上，情况就不一样。电容器板上的电荷与其两端电压的关系为 $q=c_{u_c}$。当电压 uc 升高时，极板上

附加说明：

本标准由中华人民共和国新闻出版署提出。

本标准由全国印刷标准化技术委员会归口。

本标准由人民出版社负责起草。